FALKEN BÜCHEREI

SCHACH-BIBLIOTHEK

Weltmeister Karpow (links) in Bad Kissingen 1980
gegen den deutschen WM-Kandidaten Dr. Hübner

Auch 1983/84 steht Hübner wieder in den Kandidatenwettkämpfen zur Weltmeisterschaft mit acht Kandidaten.

Theodor Schuster

Neue Schacheröffnungen

FALKEN VERLAG

Für Liebhaber des »königlichen Spiels« ist im gleichen Verlag und vom gleichen Autor ein großes Handbuch »Schach« erschienen, das Partien aus allen Phasen des Spiels demonstriert und erläutert.

CIP-Kurztitelaufnahme der Deutschen Bibliothek

Schuster, Theo:
Neue Schacheröffnungen / von Theodor Schuster. –
Niedernhausen/Ts.: Falken-Verlag, 1979.
(Die Falken-Bücherei: Schach-Bibliothek)
ISBN 3-8068-0478-8

ISBN 3 8068 0478 8

6272 Niedernhausen/Ts.
Diagramme: K. Eggmann, Schönenberg-CH
Fotos: Michael Kupferschmidt
Druck: H. G. Gachet & Co., 6070 Langen

817 2635 44

Inhalt

Vorwort

Was werde ich mit Schwarz spielen? Diese Frage stellen sich Schachspieler aus allen Kategorien der Spielstärken, besonders aber Turnierspieler, oft schon tagelang vor Beginn des Turniers.
In dieser Zusammenstellung neuer Schacheröffnungen wird dem Leser eine streng begrenzte Auswahl geboten, die auf dem neuesten theoretischen Stand ist. Im Vordergrund steht die Entgegnung 1. ... b7-b6, egal ob Weiß mit 1. e2-e4 oder 1. d2-d4 eröffnet. Dieser in England als »Owen-Eröffnung« bezeichnete Spielbeginn für den Nachziehenden kam in den Jahren 1977/78 stark auf. Es werden dazu aber auch alle Eröffnungen untersucht, die b7-b6 als zweiten oder dritten Zug aufweisen, also auch die Normalvariante der Damenindischen Verteidigung.
Die Pirc-Verteidigung mit 1. ... d7-d6 und die Robatsch-Verteidigung 1. ... g7-g6 zeigt, was man mit Schwarz auf 1. e2-e4 oder auch 1. d2-d4 entgegnen kann – nicht muß!
Wie der Schachspieler auf 1. d2-d4 entgegnen soll, dafür bietet die Zusammenstellung im Schlußteil ein Patentrezept, das hundertprozentig klappt, und zwar ohne daß er große Theoriekenntnisse pauken muß. Ein praktischer Hinweis mit der Französischen Verteidigung (Lc8-d7-c6xe4) und eine Rarität mit dem von Weiß angenommenen Damengambit (!) vervollständigen die schachtheoretischen Fingerzeige für die Praxis.
Für das vorliegende Buch sind die Weltturniere von Montreal 1979, Lone Pine 1979, München 1979, Schacholympiade 1978 und natürlich alle 1978 abgelaufenen Turniere ausgewertet worden.
Für das vorliegende Buch sind die wichtigsten Ereignisse in den Turniersälen bis Mitte 1981 ausgewertet worden.
Für die Neubearbeitung wurde besonders die Englische Verteidigung, auch Owen-Verteidigung oder neuerdings einfach Miles-Verteidigung genannt, mit den wesentlichen Neuerungen von 1981 aktualisiert. Ebenfalls berücksichtigt wurde der Aufwärtstrend zum Damengambit, wie er sich in den achtziger Jahren fortsetzt.

Englische Verteidigung (Die Owen-Eröffnung)

Wie verteidigt man mit Schwarz?

Die »Unregelmäßigen« Schacheröffnungen, einst Waisenkinder, sind heute der Hit in der Schachtheorie.
Wer mit Schwarz eine Schachpartie spielen muß (mit den weißen Farben »darf« man spielen . . .), sieht sich in der Regel vor eine schwere Aufgabe gestellt: Wie soll ich mich verteidigen? Also, während die Fragestellung für den Spieler mit den weißen Steinen sich angenehm auf die positive Formel beschränkt: »Wie greife ich an?«, sieht sich der Gegner von Theorie und Erfahrung in die Ecke gedrängt. Er muß verteidigen, - muß er?
Nun, die Gesetze der Schachlogik, oder einfach der Logik, verlangen ihre Beachtung. Wer anzieht, hat in der Schachpartie eher als der Gegner mit Schwarz die Gelegenheit zur Initiative. Weiß kann erfahrungsgemäß dem Verlauf der Eröffnung eher die Konturen geben als der Nachziehende. Das bedeutet jedoch nicht unbedingt einen Vorzug oder Vorteil, den Weiß gesetzmäßig bis ins Mittelspiel hinein festhalten könnte. In der Regel gelingt es dem Schwarzen schon nach zehn Zügen »die Spiele auszugleichen«, wie die Formel in der Schachsprache lautet.
Es bleibt weitgehend eine Frage des Temperaments, der Veranlagung, wie weit sich der einzelne Spieler in der Eröffnung von der Tatsache »Angriff« (weißer Zug) oder »Verteidigung« (schwarzer Gegenzug) leiten läßt. Der Vorteil von Weiß, der »Anzugsvorteil«, kann sich für den Spieler mit Schwarz zum schädlichen *Vorurteil* ausweiten. Ich habe schon beobachtet, daß Stellungen schon allein aus dem Grunde für eine Seite günstiger von Spielern beurteilt worden ist, weil sie Weiß gehörten. Die Augen vieler Schachspieler sind schon so einseitig zum Nachteil von Schwarz verdorben, daß bei einer Stellungsbeurteilung in Eröffnung oder Mittelspiel die weiße Position davon profitiert. In diesen Fällen pflege ich zu sagen: »Diese Seite steht (wohl nur) deswegen besser, weil die Figuren weiß angestrichen sind!«
Dem einseitigen Urteil zugunsten der weißen Farben im Schach liegt freilich ein massives Motiv zugrunde: In der Mehrzahl werden Partien mit Weiß gewonnen! In den meisten Turnieren etwa im Verhältnis 60:40. Zur möglichst nahen Angleichung der Chancengleichheit des Anziehenden und des Nachziehenden muß es gehören, daß die Schachspieler die Hälfte aller Schachpartien mit den *schwarzen*

Steinen vor Augen nachspielen müssen! Ebenso muß in der Schachliteratur darauf gedrängt werden, daß Diagramme, also Stellungswidergaben im Bild, nicht immer von Weiß aus, sondern auch von Schwarz aus erfolgen müssen. Solange die Schachliteratur im eingefahrenen Gleis fortfährt, wird die Chancengleichheit für Schwarz künstlich blockiert. Jeder Schachspieler hat doch genausooft vor den schwarzen Steinen zu sitzen wie vor den weißen! Also soll er auch nach dem Turnier, bei der Analyse oder beim Problemlösen das Brett so vor sich aufstellen, daß er die schwarzen Steine vor Augen hat. Das ist alles eine Frage der Übung, des freien Willens und der Disziplin. Für das objektive Schauen der Zusammenhänge auf dem Schachbrett ist es von großem Vorteil, wenn der Schachspieler genausooft von Schwarz wie von Weiß aus die Stellungen betrachtet.
Wie schwer hier ein Wandel durchzusetzen ist, mag folgendes zeigen: In einem Schachbuch verwendete ich eine größere Anzahl von Diagrammen, die von Schwarz aus betrachtet werden mußten (Ziffern und Buchstaben andersherum, dem Betrachter also die schwarze Partei vor Augen). Schrieb da doch ein Leser eines Tages an den Verlag: »Mir gefällt das Buch, aber es stören die vielen verkehrt gedruckten Diagramme. Haben Sie diese Fehler nicht bemerkt?«

Die Schachspieler dürfen sich nicht über den Nachteil der schwarzen Farben im Schach beschweren, wenn sie nicht bereit sind, etwas für die Beseitigung dieses Vorurteils zu tun. Um einen möglichst objektiven Blick im Schach zu bekommen, gilt daher der Ratschlag:
Oft mit Schwarz nachspielen: Stellungen beim Analysieren oder auch im Turnier (wenn man Weiß spielt) von Schwarz aus anschauen.
Das soll nun nicht heißen, daß in unseren theoretischen Untersuchungen und Empfehlungen Weiß plötzlich zum Prügelknaben werden soll; es soll nur versucht werden, für Schwarz etwas mehr Chancengleichheit herauszuschlagen. Zum Vorteil für das Schach, zum Vorteil für den »Nachzug«, denn mit Weiß hat man sowieso kaum Hemmungen. (Womit wir allerdings unfreiwillig schon wieder ein wenig das bekannte Vorurteil akzeptieren ...)

Die Indischen Flankenspiele

Die Flankenspiele von Schwarz im 1. Zug wie 1. ... g6 oder 1. ... b6 wurden etwa bis zum Jahre 1950 theoretisch als minderwertig eingestuft. Die herrschende Meinung, von den führenden Theoretikern manipuliert (einige davon: Grünfeld, H. Müller, A. Becker, Dr. Euwe, vor dem 1. Weltkrieg natürlich vor allem Dr. Tarrasch), führte auch im Schachpublikum dazu, daß diese »Unregelmäßigen Verteidigungen« – mit dem Odium der Minderwertigkeit im Unterton – gemieden wurden. Die Umwälzung durch die Neuromantiker Reti, Nimzowitsch, Breyer und anderen nach dem Zweiten Weltkrieg, erreichte vorerst nur die Etablierung der Indischen Verteidigungen für Schwarz wie 1. ... Sg8-f6 (Königsindisch in Verbindung mit nachfolgendem g7-g6) oder Nimzowitsch-Indisch mit Sg8-f6/e7-e6/Lf8-b4. Für Weiß wurden Eröffnungszüge wie 1. Sg1-f3, 1. c2-c4 und mit ihnen verbunden 2. g2-g3 (oder gar 2. b2-b3) erst allmählich hoffähig. Züge von Schwarz dagegen mit 1. ... b6, 1. ... g6 oder 1. ... d6 waren weiterhin mit dem Odium der Minderwertigkeit, wenn nicht schlimmerem, behaftet (Stümperzüge).

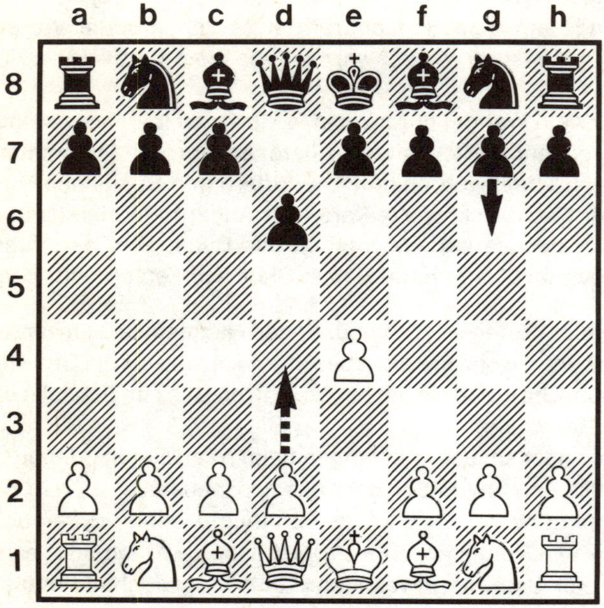

Es dauerte auch nach dem Zweiten Weltkriege noch Jahrzehnte, bis die junge Meistergeneration begann, die Saat der Neuromantiker aus den Zwanziger Jahren aufgehen zu lassen. Dieses Mal aber mit der Konsequenz, radikal mit den Vorurteilen der vergangenen Schachepoche aufzuräumen. Freilich – die positionellen Prinzipien des Schachspiels, von den großen Meistern seit Morphy, Steinitz und Tarrasch gültig, durften auch in der Eröffnung nicht über den Haufen geworfen werden.

Die jungen Großmeister der Turnierära – etwa von 1970 an – führten die *Neuen Schachideen* in schöpferischer Weise fort, und das Schachpublikum griff sie begierig auf. Die Leser wissen, daß Eröffnungszüge von Schwarz wie 1. ... g7-g6 oder 1. ... d7-d6 oder 1. ... Sg8-f6 schon im vorigen Jahrhundert von Großmeistern wie Tschigorin, L. Paulsen, Pillsbury und sogar Marshall (Benoni-Eröff-

nung!) sporadisch angewandt worden sind, aber eben nur sporadisch. Und wenn große Meister hin und wieder Eröffnungsexperimente wagen, so schickt sich das noch lange nicht für den Schachamateur.
Einer der ersten Bannerträger einer »Unregelmäßigen Eröffnung«, nämlich von 1. ... d7-d6 (nach 1. e2-e4), war der jugoslawische Großmeister V. Pirc. Er spielte diese Eröffnung – was sehr wichtig ist! – mit Erfolg. Im Gefolge der herrschenden Indischen Eröffnungsflut in den Jahrzehnten seit 1950 war auch noch Raum für den kleinen Bauernzug wie 1. ... d7-d6. Spielte früher dieser Bauernzug nach der Französischen Verteidigung 1. ... e7-e6 erst die x-te Geige (zuvor rangierten in der Gunst der Theoretiker Caro-Kann, Aljechin-Verteidigung, ja sogar Skandinavisch), so änderte sich die Situation in den großen Turnieren der Nachkriegszeit. Das Feld war psychologisch geebnet! Jetzt konnte man auch mit bisher für zweit- oder drittrangig geltenden Eröffnungszügen experimentieren. Die neue Generation zeigte sich übersättigt von der Vorherrschaft des Damengambits (es beherrschte seit Aljechin-Capablanca 1927 die Turnierszene), von dem Einerlei der Spanischen Litanei. Da blieb dem Schwarzen sowieso meist nur ein 30 %-Ergebnis. Wer theoriegläubig auf Französisch, Caro-Kann oder Aljechin auswich, durfte auch als Meister nicht mehr als ein Remis im Turnier unter ebenbürtigen Partnern erwarten. In diesem Stadium konnte es kein großes Risiko bedeuten, sich neuen Ufern zuzuwenden, wenn man die schwarzen Steine zu spielen hatte.

Stellung nach 1. e2-e4 b7-b6 (Englische Verteidigung)

Die Leser wissen um den Siegeszug dieser Verteidigungen: 1. ... d7-d6 Pirc, und 1. ... g7-g6 Robatsch. Zu diesen beiden Eröffnungen stellten sich in den Jahren 1975 bis 1978 die *Damenindischen Variationen* zur Seite.
Damit möchte ich alle Eröffnungen bezeichnen, in denen Schwarz im 1. oder im 2. Zuge b7-b6 antwortet. Die bisher als Damenindisch klassifizierte Verteidigung sieht so aus:
1. d2-d4 Sg8-f6 2. c2-c4 e7-e6 3. Sg1-f3 b7-b6
Unter dem Firmenzeichen Damenindisch müssen aber auch noch weitere Spielanfänge gesehen werden, in denen der Zug b7-b6 schon im 2. Zug oder auch wie in der Englischen Verteidigung (dort als Antwort auf 1. e2-e4) im 1. Zug erfolgt.
Der kurze geschichtliche Rückblick sei damit beendet. Wenden wir uns der Praxis, in unserem Falle der Theorie der neuen Schacheröffnungen zu.
Das ausgewählte Material ist sorgfältig aus Meisterturnieren und theoretischen Untersuchungen zusammengestellt. Immer mit dem für den Leser wichtigen Blickpunkt: daß *Schwarz* mindestens mit gleichem Spiel (in einigen Fällen mit Pluszeichen) aus dem Eröffnungsabschnitt herauskommt und für das Mittelspiel gerüstet ist.
Es kann nicht verschwiegen werden, daß wie bei allen anderen Eröffnungen, so auch bei den untersuchten »Neuen Schacheröffnungen« die Statistik noch immer zugunsten von Weiß aussagt. Bis der Nachspielende in den Nachschlagewerken (Turnierbulletins, Turnierbücher, Schachinformator etc.) ein Ergebnis 0:1 findet – also zugunsten von Schwarz eine Partie beendet –, dominiert vielleicht fünfmal das Ergebnis 1:0. Das ist freilich auch ein psychologisches Problem; denn nicht immer ist am Endergebnis zugunsten von Weiß die bessere Eröffnung von Weiß ausschlaggebend gewesen. Andererseits werden auch mit Schwarz Partien gewonnen, bei denen sich nach wenig geglückter Eröffnung die Lage im Mittelspiel oder im Endspiel noch um 180 Grad geändert hat.

Der neue Hit mit Schwarz

1. ... b7-b6

Oder Damenindisch mit 2. ... b7-b6
Wenn Weiß 1. e2-e4 oder 1. d2-d4 oder 1. c2-c4 oder 1. Sg1-f3 spielt, kann Schwarz problemlos mit 1. ... b7-b6 erwidern.

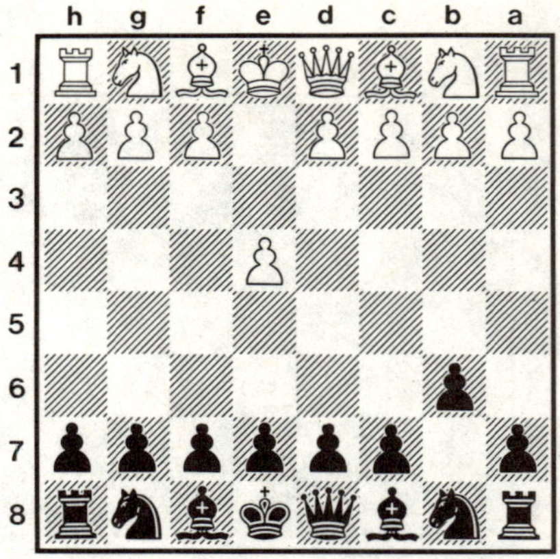

Stellung nach 1. e2-e4 b7-b6

Früher bezeichnete man die Spielweisen 1. ... b7-b6 oder 1. ... g7-g6 als Unregelmäßige Eröffnungen, und in zahlreichen theoretischen Werken kann man noch diese Bezeichnung finden. Die Definierung »Unregelmäßig« sagt aus, daß es sich nicht um eine der üblichen Eröffnungen handelt, die von der Theorie bis weit ins Mittelspiel hinein analysiert und in der Turnierpraxis eines Jahrhunderts erprobt sind.
In neuerer Zeit haben die englischen Schachspieler gegen die nichtssagende Bezeichnung »Unregelmäßig« auf ihre Schachgeschichte zurückgegriffen, soweit es sich um den Eröffnungszug 1. ... b7-b6 handelt: Sie nennen es die »Owen-Eröffnung« nach dem englischen Meister John Owen (* 1827, † 1901). Owen zählte zu den stärksten Spielern Englands; er holte 1862 im Turnier zu Birmingham hinter Anderssen und L. Paulsen den 3. Preis, noch vor Steinitz, Barnes, Löwenthal, Blackburne und anderen. In einem Vorgabematch mit Morphy 1858 (der Amerikaner gab Bauer und Anzug vor) unterlag er jedoch mit 0:5 bei 2 Unentschieden.

Wir untersuchen eine Reihe Eröffnungen aus der modernen Meisterpraxis, in denen der Zug 1. ... b7-b6 nebst 2. ... Lc8-b7 vorkommt. Und zwar sowohl Partien, in denen Weiß zuerst 1. e2-e4, als auch 1. d2-d4, oder auch 1. c2-c4 und eventuell 1. Sg1-f3 gezogen hat. Die reine Owen-Eröffnung fußt auf 1. e2-e4 b7-b6, aber Namen und Formalien sind auch hier unbedeutend. Es kommt in den meisten Fällen sowieso zum Doppelschritt des weißen Damen- oder Königsbauern, oft auch zum Doppelschritt des c- und des d-Bauern bei Weiß. In Deutschland wird diese Eröffnung auch als »Englische Verteidigung« bezeichnet.

Elementarer Eröffnungstrick

Es existiert kein Eröffnungswerk, in dem diese grundlegende Eröffnungsvariante angegeben wäre, die schon im 17. Jahrhundert bekannt war.

1. e2-e4 b7-b6
2. d2-d4 Lc8-b7
3. Lf1-d3 f7-f5

Ein logischer Zug, aber trotzdem zweischneidig. In der Urform kommt es zum Kurzschluß durch diese Folge:

4. e4xf5 Lb7xg2
5. Dd1-h5† g7-g6

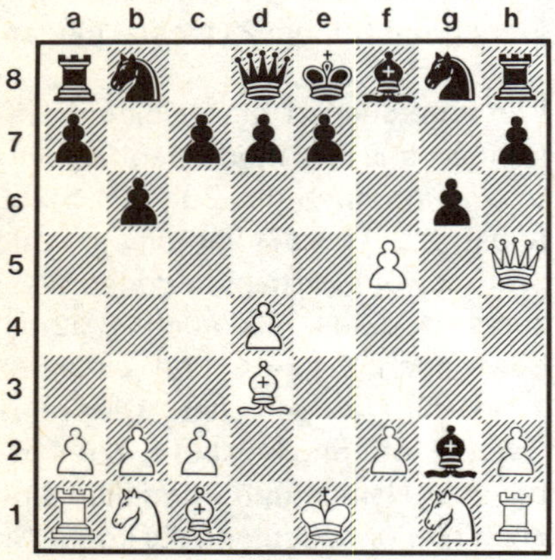

Stellung nach 5. ... g7-g6

6. f5xg6

Bevor wir zur korrekten Spielweise für Schwarz an dieser Stelle übergehen, den Mattschluß, den schon Polerio 1726 zeigte:

6. ... Sg8-f6??
7. g6xh7†! Sf6xh5
8. Ld3-g6‡

Das Ganze ist aber nicht ein Scherz oder eine Eintagsfliege. Immer wieder tauchte das variierte Abspiel in der Turnierpraxis auf, auch mit Einschiebung der Züge c2-c4 und e7-e6.

Die Stammvariante

Die *korrekte Behandlung der Opfervariante* anhand einiger Beispiele:

6. ... Lf8-g7!

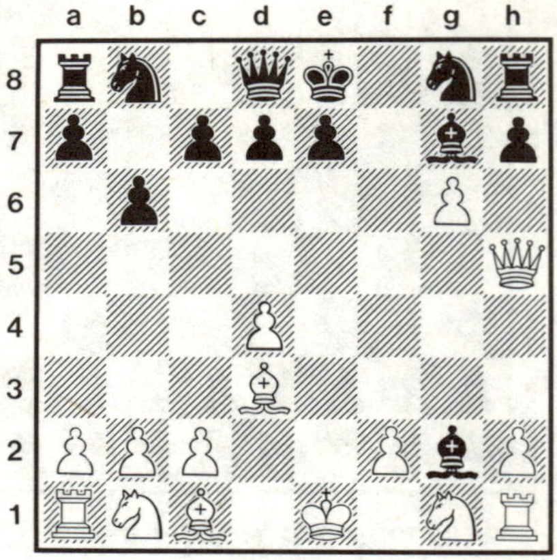

So spielt Schwarz richtig!

Folgen wir der Partie *Lekander – Schüssler* aus der Landesmeisterschaft Schweden 1977:

7. g6xh7† Ke8-f8

Noch ungeklärt ist in der Theorie, ob, wie man zunächst annahm, jetzt 8. Sg1-f3!? Sg8-f6 9. Dh5-g6 Lg2xf3 10. Th1-g1 Th8xh7 zum Gewinn für Weiß führt. Zum Beispiel 11. Dg6-g3! Lf3-e4 12. Ld3xe4 Sf6xe4 13. Dg3-f3† Kf8-g8 14. Df3xe4 dürfte Schwarz eine verlorene Stellung haben.

In der Variante nach
8. Sg1-f3 Sg8-f6 9. Dh5-g6

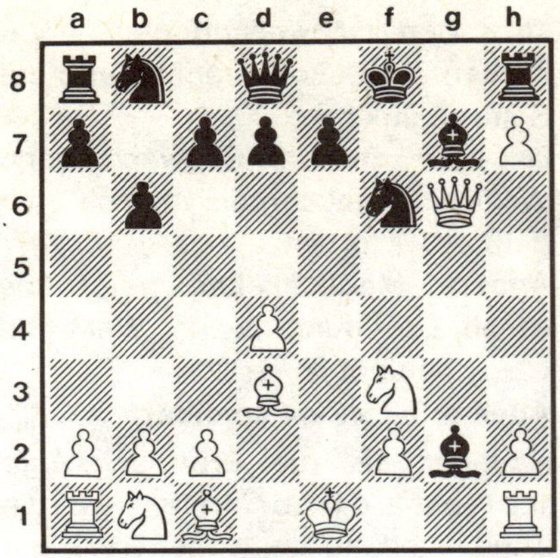

darf sich Schwarz aber keinesfalls auf 9. ... Lg2xh1? einlassen:

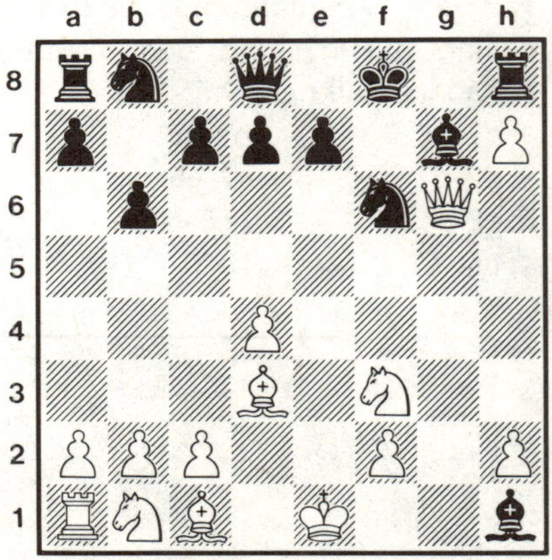

Stellung nach 9. ... Lh1:

10. Lc1-h6! Th8xh7 11. Sf3-g5 Lg7xh6 12. Sg5xh7† Sf6xh7 13. Dg6xh6† Kf8-f7 14. Dh6xh7† Kf7-e6 15. Dh7-g6† und gewinnt. Wir setzen fort mit dem 8. Zug der Stammvariante von S. 14 nach 7. ... Ke8-f8.

8. h7xg8D†? Kf8xg8
Vor 8. ... Tg8:? 9. Sf3 Lh1: 10. Sg5 muß sich Schwarz hüten.
9. Dh5-g4 Lg2xh1

Schwarz hat sein Ziel erreicht, er hat den Th1 erobert und die Qualität gewonnen. Dafür wurde die schwarze Königsstellung entblößt – aber als Ersatz stehen Th8 und Lg7 aktiv. Nur wenigen Schachspielern dürfte bekannt sein, daß es sich nicht um eine dillettantische Variante handelt, sondern um eine durchaus spielbare Eröffnung.
10. h2-h4 Lh1-d5

Besser als das frühere 10. ... e6, weil der Läufer an der Sicherung der Königsstellung mitwirken kann.
11. Sb1-c3 Ld5-f7
12. Lc1-g5 Sb8-c6
13. 0-0-0 Sc6-b4

Ungesund ist das Wegnehmen des Bd4 mit 13. ... Sd4: 14. Le4 d5 15. Sd5: Ld5: 16. Td4: gewinnt (Ld4: 17. Lh6† samt matt).

Oder der Versuch, auf Qualitätsgewinn zu spielen mit 13. ... Lh5? 14. Lc4† d5 15. De6† Lf7 16. Dc6: dc4: 17. Sf3 Tc8 18. De4, und Weiß beherrscht trotz Qualitätsminus eindeutig die Lage.

14. Sg1-f3 Sb4xd3†
15. Td1xd3 Lf7-e6
16. Dg4-g2 Th8-h7
17. Sf3-e5 c7-c6
18. Td3-g3 Dd8-f8
(18. ... Kf8? 19. Le7:†, auch 19. Sg6†)
19. Se5-g6 Df8-f7

20. Sg6xe7†	Kg8-h8
21. Tg3-f3	Df7-h5

Weiß hat sein Pulver verschossen, am Ende muß der Mehrbesitz der Qualität für Schwarz entscheiden. Nach 22. Se4 Lh6 (Fesselung!) 23. Sf5 Lf5: 24. Tf5: folgte der Witz Dh4:! und Weiß mußte im 30. Zug aufgeben.

Versucht Weiß anstelle von h2-h4 den Lh1 einzusperren, kann die Partie folgende Wendung nehmen: *Zakeralo-Drevorivec* (1968 in Belgrad):

8. h7xg8:D†	Kf8xg8
9. Dh5-g5	Lg2xh1
10. f2-f3	Th8xh2
11. Dg5-d5†	e7-e6

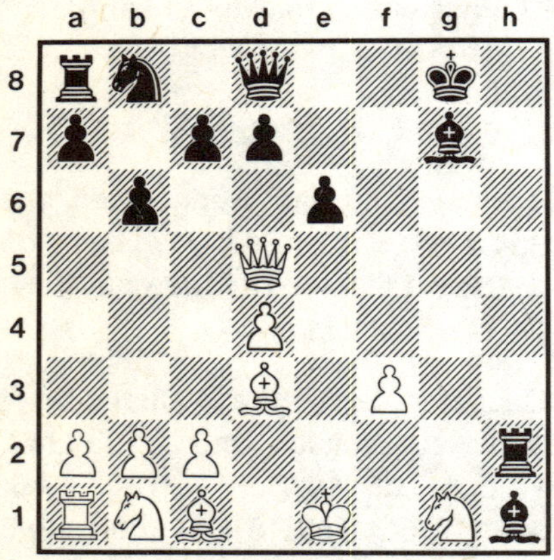

Weiß erobert den Ta8

12. Dd5xa8	Dd8-h4†
13. Ke1-d1	Dh4-f2

Die weiße Dame kann noch den Sb8 kassieren, doch seinem König ist nicht mehr zu helfen. Es geschah noch 14. Db8:† Kf7 15. Se2 Lf3: 16. Sc3 Th1† 17. Kd2 Lh6‡

Wir halten also dieses Ergebnis fest: In der Stammvariante gewinnt Weiß dann, wenn er richtig mit 8. Sf3! fortsetzt. Den Nachweis bringen die Varianten auf Seite 14 rechts, und auf Seite 15 links.

Dagegen gewinnt Schwarz, wenn Weiß in Unkenntnis falsch mit 8. h7xg8:† fortsetzt.

Andere Möglichkeiten zeigt die b7-b6 Eröffnung, wenn Weiß mit c2-c4 beginnt.

Auch auf 1. c2-c4 spielbar.

Häufiger als die Eröffnungszüge 1. e4 b6 2. d4 Lb7 treffen wir die Zugumstellung an, wobei Weiß den Bauernzug c2-c4 und Schwarz e7-e6 einschaltet.

Partien von Großmeistern stehen zur Auswahl, ebenfalls mit dem Einschlag auf g2 und dem Damenschachausfall nach h5.

1. c2-c4	b7-b6
2. d2-d4	e7-e6
3. e2-e4	Lc8-b7
4. Lf1-d3	f7-f5

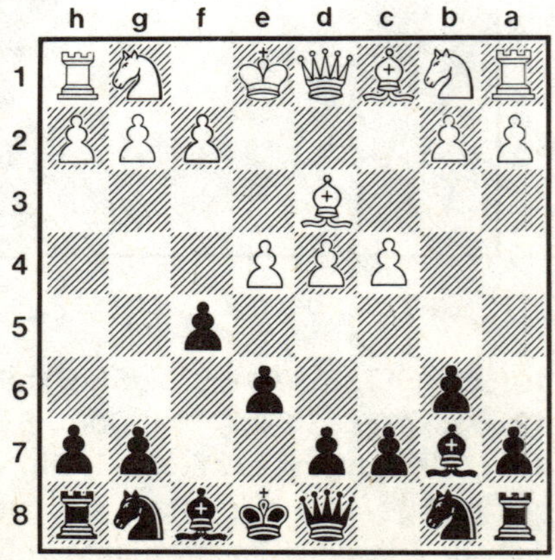

Stellung nach 4. ... f7-f5

5. e4xf5!

Man sieht, wie sich selbst junge Großmeister mit dieser Eröffnung und der kuriosen Variante auf Großturnieren befassen. Die englischen Meister, Väter der wieder neu aufgekommenen Eröffnung, hatten bisher geglaubt, daß sich Weiß nicht auf den Einschlag Lg2: einlassen dürfe. Die Partie beweist das Gegenteil.

5. ... Lb7xg2
6. Dd1-h5† g7-g6

Zum Unterschied der ersten Stammvariante sind die Züge c2-c4 und e7-e6 vorgeschaltet. Schwarz kann aber nicht mit Ke7? ausweichen wegen 7. Dg5† mit Verlust des Lg2.

7. f5xg6 Lf8-g7

Daß 7. ... Sg8-f6?? 8. g6-g7† Sf6xh5 9. g7xh8D Sg7 10. Dh8xh7 nicht in Betracht kommt, liegt auf der Hand.

8. g6xh7† Ke8-f8
9. h7xg8D:† Kf8xg8

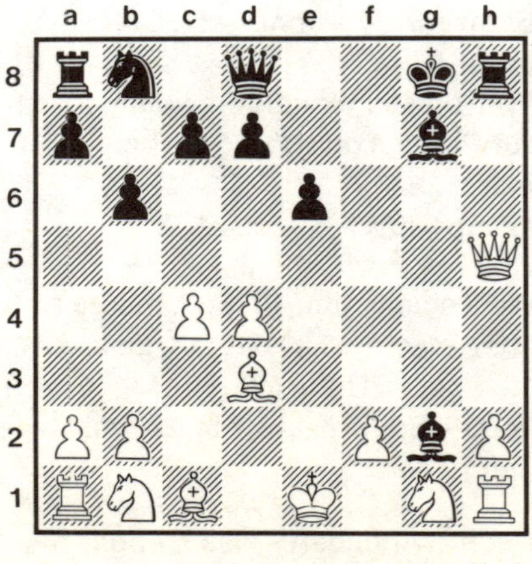

Stellung nach 9. ... Kf8xg8

W. Browne (USA) - A. Miles (GB)
(Tilburg 1978):
9. Sg1-e2!

Der neue Zug von Browne

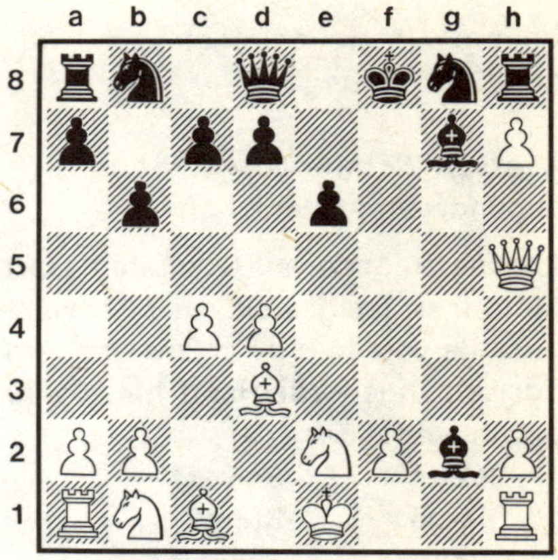

Stellung nach 9. Sg1-e2!

Es ist auf Anhieb schwer zu begreifen, daß Weiß auf den »natürlichen« Schlagfall 9. h7xg8† großzügig verzichtet und auch noch den Th1 (der sowieso eine Beute des schwarzen Damenläufers bleibt) gibt. Aber so fernliegend ist die Aktion von Weiß gar nicht, selbst wenn Schwarz mit Sf6 ein wichtiges Tempo gewinnt, denn der Bh7 bleibt als lästiger Pfahl im Fleisch der schwarzen Königsstellung. Der Se2 droht nach f4 zu gehen und tödlich Sg6† zu drohen.

9. ... Lg2xh1
10. Lc1-g5 Sg8-f6
11. Dh5-h4 Sb8-c6
12. Se2-f4 Kf8-f7

Der kritische Punkt.
In der Partie geschah weiter 13. Lg6† Ke7 14. Sh5 und 1:0 im 29. Zug.

Short siegt mit 1. ... b7-b6 bei der Jugend-WM 1980

Neuere Untersuchungen aber anhand der Partie

Akesson (Schweden) – N. Short (GB)
Jugendweltmeisterschaft 1980

führten zu anderen Resultaten. Dort hatte man festgestellt, daß Schwarz anstelle von 12. ... Kf7? zwei andere Fortsetzungen zur Hand hat, beide gewinnverheißend: a)

12. Se2-f4?! Sc6xd4
13. Sf4-g6† Kf8-e8
14. Dh4xd4 Th8xh7

Danach bedrohen Abzüge wie Se4 oder Sd5 die wDd4. Der schwedische Jugendmeister wies jetzt auf die Variante hin:

15. Sg6-e5 Th7xh2
16. Dd4-f4 Th2-g2! ∓

Weiß spielt daher besser so:
15. h2-h4

Um auf 15. ... Sd5 mit 16. Se5 antworten zu können. Weiß scheint hier noch nicht verloren zu sein, denn für die Qualität besitzt er ein gutes Zusammenspiel seiner Figuren.

Aus diesem Grund erscheint die Variante b) überzeugender für Schwarz zu sein:
12. Se2-f4?! e6-e5!

Variante mit 12. ... e6-e5!

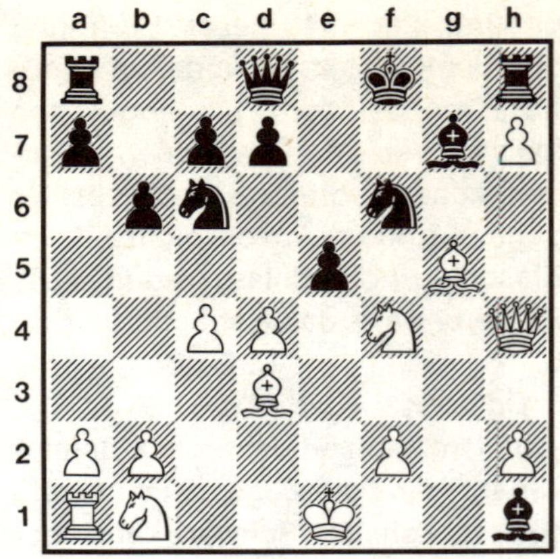

Wenig Wirkung hätte 12. ... Sb4 wegen 13. Lg6.
13. Sf4-g6† Kf8-f7
Auf 13. Sh5 geschieht e4!
14. d4xe5 Th8-e8
Auch 14. ... Th7: 15. Df4 Sb4 16. Lf5 Th5∓ ist möglich (15. Dg3 De8!)
15. h7-h8S† Lg7xh8
16. Sg6xh8† Te8xh8

Schwarz gewinnt (17. Df4 Se5:! usw.).
Von diesen Varianten kommen wir zur Partie *Akesson – Short* aus Dortmund 1980:
12. Sb1-d2! e6-e5

Weiß spielte nun 13. Sg3, mußte sich aber nach 13. ... e4! 14. Le4: Le4: 15. Sge4: Th7: (15. Sde4:? Sd4:!) 16. Df4 Sd4: 17. Lf6:? im 24. geschlagen geben.

Nach Angaben des englischen Großmeisters Dr. Nunn, Sekundant von Short, hätte Weiß gerade noch Ausgleich halten können mit 17. Sf6:! Lf6: 18. Lf6: Se6 19. Df5 Tf7 20. Se4 Sc5 21. Sc5:! bc5: (ja nicht Tf6:?? wegen 22. Sd7:†! gewinnt) 22. Dc5:† d6 23. Ld8: dc5: 24. Lg5= Wir kehren zurück zur Stellung Akesson – Short nach dem 12. Zug e6-e5, und wie Weiß hätte das Spiel verstärken können:

13. 0-0-0!	e5-e4
14. Ld3xe4	Lh1xe4
15. Sd2xe4	Th8xh7
16. Dh4-f4	Kf8-f7

In dieser noch nicht in Turnieren erprobten Stellung verfügt Weiß über diese zwei Möglichkeiten: a)

17. d4-d5?!	Sc6-e5!
18. Df4-f5	

Witzig ist 18. De5: Se4: 19. Df5+ Sf6 20. Lf6: Df6: mit Mattdrohung auf b2.

18. ...	Th7-h5
19. Td1-g1	

Schwarz noch immer mit einem Turm plus – aber in ungeklärter Lage. In Frage kommt zum Beispiel 19. ... Kg8!
20. Sf6:† Df6: 21. Lf6: Tf5: 22. Tg7:† Kf8 23. Th7 Te8, jetzt mit guten Gewinnaussichten für Schwarz. Aber sicher wird man in der Praxis eine derartige Situation zu vermeiden versuchen.

Dagegen besitzt Weiß Gewinnaussichten mit einer anderen Version im 17. Zug, b)

Magerramnow – Psachis, SU 1980
Der neue sowjet. Landesmeister von 1981, V. Psachis, kam mit Schwarz in Verluststellung:

17. Se2-c3!	Th7-h5
18. h2-h4±	

Deshalb ist dringend die Verstärkung der schwarzen Zugfolge schon im 5. Zug zu beachten in der Partie Seirawan – Schüssler 1979.

Das Zwischenschach 5. ... Lb4†!

Seirawan – Schüssler, Malmö 1979

1. c2-c4	b7-b6
2. d2-d4	e7-e6
3. e2-e4	Lc8-b7
4. Lf1-d3	f7-f5
5. e4xf5	

Nun ein wichtiges Zwischenschach des Schwarzen mit Freimachung von Feld f8!

5. ...	Lf8-b4†!

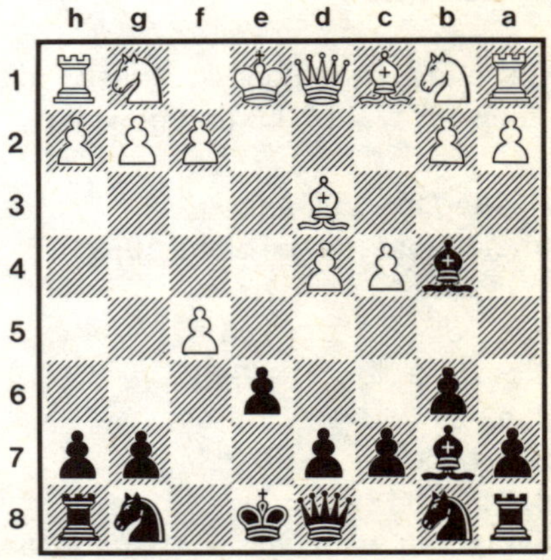

Stellung nach 5. ... Lb4†!
Das Ei des Kolumbus – Schwarz frißt nicht sofort auf g2, sondern schafft

seinem König das Fluchtfeld f8 unter Tempo (Schachgebot Lb4†). Spielt Weiß jetzt unachtsam 6. Ld2?, so erobert Schwarz problemlos den Th1, weil nach 6. ... Ld2: † 7. Sd2 Lg2: 8. Dh5† einfach Kf8 folgen kann.

In der Partie des schwedischen b6-Spezialisten Schüssler folgte:

6. Ke1-f1 e6xf5

7. c4-c5!

Nach 7. Lf5: Sf6 samt 0-0 kann Schwarz auf Entwicklungsvorsprung pochen.

7. ... b6xc5

8. a2-a3 c5-c4

9. Ld3xc4 Lb4-d6

10. Sb1-c3

Nicht 10. Lg8: La6†! 11. Ke1 De7† mit Vorteil für Schwarz.

10. ... Sg8-f6

11. Sg1-f3 Dd8-e7 (1/2/41)

1. ... b7-b6 im Interzonenturnier Toluca 1982

Exweltmeister Spasski spielt mit Schwarz 1. ... b7-b6 und gewinnt!

A. Adorjan – B. Spasski

Interzonenturnier Toluca 1982

1. c2-c4 b7-b6

2. d2-d4 Lc8-b7

3. Sb1-c3 e7-e6

4. e2-e4 Lf8-b4

5. Lf1-d3 f7-f5!

6. Dd1-h5†

Fehlerhaft wäre, wie wir bereits aus der Partie Seirawan – Schüssler wissen, der Bauerngewinn 6. ef5:? wegen Lg2: 7. Dh5† Kf8 und Schwarz gewinnt.

6. ... g7-g6

7. Dh5-e2 Sg8-f6

8. f2-f3

Wieder würde auf 8. e5? der Einschlag Lg2: folgen. Ebenso falsch ist auch 8. Lg5? fe4: 9. Le4: Se4:! Damenopfer. Nach 10. Ld8: Sc3: 12. De5 0-0! wäre Weiß total geplatzt.

8. ... Sb8-c6

9. e4-e5?

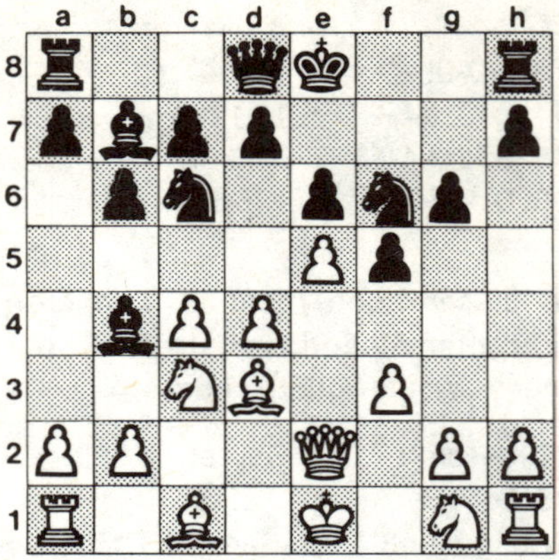

Stellung nach 9. e4-e5?

Eine erstaunliche Verrechnung unter Weltmeisterkandidaten. Aber schon 1975 hat der US-Meister Regan statt dessen richtig empfohlen 9. Le3 f4 10. Lf4: Sd4: Ausgleich.

9. ... Sc6xd4!

10. De2-f2

Doppelangriff auf beide Springer, jedoch:

10. ... Sf6-h5!

11. Df2xd4 Lb4-c5

12. Dd4xc5 b6xc5

Nach ein paar Zügen 0:1.

Es hätte auch der Versuch – statt die Dame einkreisen zu lassen – mit 11. g4 fg4: 12. Dd4: Dh4† (auch gf3:) nichts genutzt.

Auswahl von Spielanfängen von 1980 bis 1982

Flear – Plaskett (England 1982)
1. d4 e6 2. c4 b6 3. e4 Lb7 4. Ld3 f5 5. ef5: Lg2: 6. Dh5† g6 7. fg6: Lg7 8. gh7:† Kf8 9. Lg5
Merke: Die bekannte Gewinnvariante Sf3 zieht nicht durch, wenn das Zugpaar c2-c4/e7-e6 eingeschaltet ist! Schwarz könnte sich dann erfolgreich mit De7 (bei Lh6) verteidigen.
9. ... Sf6 10. Dh4 Lh1: 11. Se2 Sc6 12. Sd2 b5!? 13. 0-0-0 bc4: 14. Lb1
Falls 14. Sc4:, dann Sb4 15. Lb1 Lf3! 16. Sf4! Sa2:† 17. La2: Th:7: ∓.
14. ... Ld5 15. Sf4!
Oder 15. Tg1 Sb4 16. Lh6 Lh6: 17. Dh6: Ke7 nebst Kd6 = Auch 16. Sf4 Sd3† 17. Ld3: cd3: 18. Sg6† Ke8 19. Sh8: Lh8: nebst d6/Kd7 ist gut auszuhalten.
15. ... Tb8 16. Tg1?
Diese abenteuerliche Variante haben die Spieler angegeben als besser für Weiß und zum Ausgleich: 16. Sh5 Sd4: 17. Sf6: Se2† 18. Kc2 Lf6: 19. Lf6: Th7:! 20. Ld8: Th4: 21. Lh4: Sd4† Dauerschach!
Schwarz aber patzte mit 16. ... Tb2:/? und verlor im 21. Zug.

Viner – Efimow (SU 1981)
1. d4 e6 2. c4 b6 3. e4 Lb7 4. Sc3 Lb4 5. f3 f5 6. ef5: Sh6 7. fe6: Sf5! Der Leser vergleiche dazu S. 30–31. 8. Sh3 Dh4† 9. g3 Dd4: 10. Dd4: Sd4: 11. Kf3 Lf3∓ Auch 9. Sf2 Dd4: =, oder 8. Se2 0-0 9. ed7: Sd7: mit großem Entwicklungsvorsprung für die 2 Bauern.

Pagden – Plaskett (London 1982)
Besonders die englischen Großmeister praktizieren die b6-Verteidigung.
1. c4 b6 2. d4 Lb7 3. Sc3 e6 4. a3 f5 5. d5 Sf6 6. g3 Lc5 7. Lg2 0-0 8. Sh3 a5 9. 0-0 Sa6 10. e4 Sg4 11. Sf4 Df6 12. ef5: ef5: 13. Sd3 Tae8 14. Lf4 d6 15. Sb5 Te7 16. Sc5: Sc5: 17. b4 ab4: 18. ab4: Sa6 19. Tb1 g5 20. Lc1 Se5 21. f4 gf4: 22. gf4: Sg4 23. Sd4 Tg7 24. Se6 De6:! Ein Damenopferknall bringt Schwarz den Sieg. 25. de6: Se3 26. Le3: Tg2:† 27. Kg1 Tg3† 28. Dd5 Ld5:† 29. cd5: Te3: 0:1

Hölzl – Miles (Baden 1980)

1. c2-c4	b7-b6
2. d2-d4	Lc8-b7
3. Lc1-g5	f7-f6
4. Lg5-d2	e7-e6
5. Sg1-f3	f6-f5
6. g2-g3	Sg8-f6
7. Lf1-g2	g7-g6
8. Sb1-c3	Lf8-g7
9. 0-0	0-0
10. d4-d5	Sb8-a6 =

Smejkal – Miles (Baden 1980)

1. c2-c4	b7-b6
2. d2-d4	Lc8-b7
3. Lc1-g5	f7-f6
4. Lg5-d2	e7-e6
5. Sb1-c3	f6-f5
6. Sg1-f3	Sg8-f6
7. g2-g3	Sb8-c6!
8. e2-e3	

Man beachte die Fehlerfeinheit 8. Lg2? Sd4:!

8. ...	Lf8-b4
9. Lf1-g2	Sf6-e4 =

Die erwünschte Normalstellung für Schwarz

Kagan - Sahovic (Biel 1976):

1. e2-e4 b7-b6
2. Sg1-f3 Lc8-b7
3. Sb1-c3 e7-e6
4. d2-d4 Lf8-b4
5. Lf1-d3 Sg8-f6

Die von Schwarz erwünschte Grundstellung

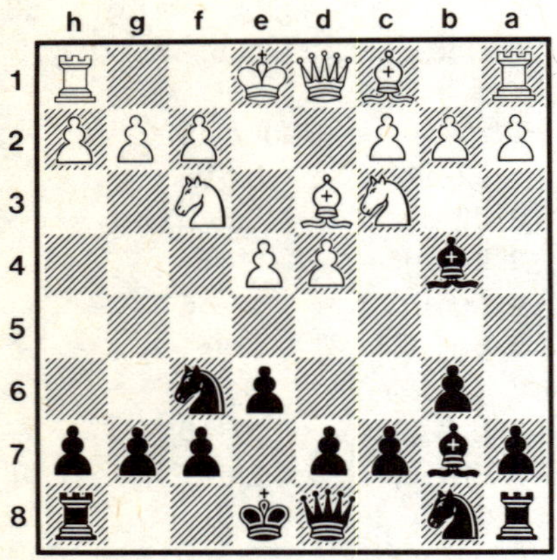

Stellung nach dem 5. Zug

Die entstandene Position nach dem 5. Zug ist die von Schwarz eigentlich gewünschte »Grundstellung«, die Position, die er erreichen möchte.

6. Dd1-e2 d7-d5

7. e4xd5

Wenn 7. e4-e5, so 7. ... Sf6-e4, um schwächere Spieler zu erschrecken.

Ein starker Gegner jedoch wird darauf mit 8. 0–0! antworten und den Bc3 opfern. Wie gefährlich dem Schwarzen Eröffnungsabenteuer zu stehen kommen können, zeigen diese zwei Möglichkeiten:

a) 8. 0–0 Sc3: 9. bc3: Lc3:? 10. Tb1 und der Königsläufer ist vom Spiel ausgeschlossen. Breitseiten bedrohen den schwarzen König, abgefeuert mit Sg5, Dh5, Tb3 usw.

b) 8. 0–0 Lc3: 9. bc3: Sc3: 10. De1 Se4 11. La3 und wieder befindet sich der Nachziehende in unüberbrückbaren Schwierigkeiten.

7. ... Sf6xd5
8. Lc1-d2 Sd5xc3
9. b2xc3 Lb4-e7
10. Sf3-e5 0–0
11. De2-h5 g7-g6
12. Dh5-h3

Remis durch Dauerschach konnte Weiß bereits haben mit 12. Sg6: fg6: 13. Lg6: fg6: 14. Dg6:† Kh8 =. Er möchte offenbar gegen den Großmeister - weil ja mit Weiß verpflichtet! - mehr versuchen. Es ging schief mit 0:1 im 43. Zug.

Barle - Sahovic (Meisterschaft YU 1977):

1. e2-e4 b7-b6
2. d2-d4 Lc8-b7

Die Grundstellung nach den ersten zwei Zügen

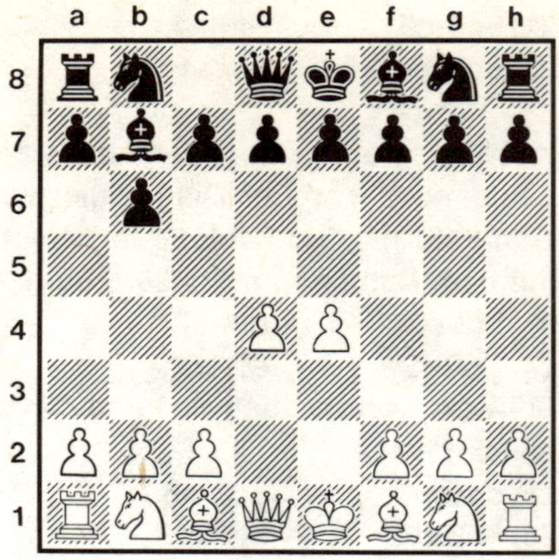

3. f2-f3

Eine seltene Erwiderung, die man auch kennen muß.

3. ...	d7-d5
4. e4-e5	

Auf 4. Sc3 wählt Schwarz den festen Aufbau 4. ... e6!

4. ...	Dd8-d7
5. Lc1-e3	e7-e6
6. f3-f4	c7-c5
7. c2-c3	Sb8-c6
8. Sg1-f3	

Bekannte Stellungsbilder aus der Französischen Partie sind entstanden. Schwarz kann jetzt gut mit 8. ... Sh6 nebst Sf5 und h7-h5 fortsetzen, oder auch gleich mit h7-h5. Nach 8. ... Sh6 9. Ld3 Sf5! 10. Lf5: ef5: stünde Schwarz aussichtsreich.

In einer Partie *Matulovic - Nikolic*, Meisterschaft Jugoslawien 1977, geschah:

1. e2-e4	b7-b6
2. d2-d4	e7-e6
3. c2-c4	Lc8-b7
4. f2-f3	d7-d6

Bei gleichen Chancen gewann Schwarz durch Ungenauigkeiten des Gegners im 42. Zug.

Warners – Wilschut (Wijk a. Z. 1981)

3. Sg1-f3	Lc8-b7
4. Lf1-d3	c7-c5
5. 0-0	c5xd4
6. Sf3xd4	Sb8-c6
7. Sd4xc6	Lb7xc6
8. c2-c4	Dd8-h4 =

In den Bundesligakämpfen 1978 kam es zum spannenden Duell:

Westphal (Karlsruhe) - Nippgen (Heidelberg):

1. e2-e4	b7-b6
2. d2-d4	Lc8-b7
3. Lf1-d3	e7-e6
4. f2-f4	d7-d5
5. e4-e5	Dd8-d7

Dieser für solche Positionen typische Zug ist gegen den weißen Damenausfall Dd1-g4 gerichtet. Wie in den bekannten französischen Varianten wäre dann f7-f5! als Abwehr möglich, weil g7 von der sD geschützt ist.

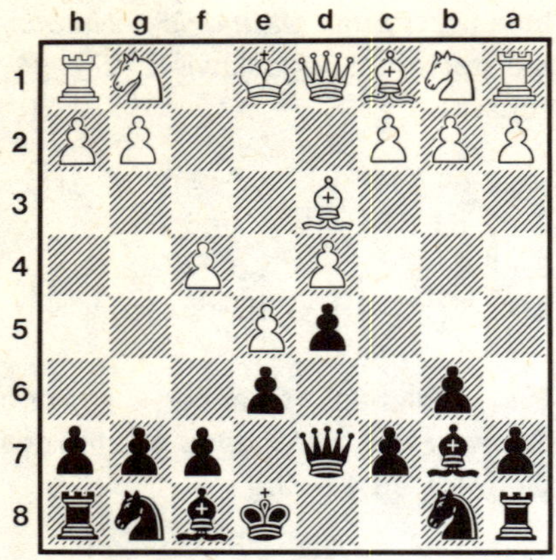

Stellung nach 5. ... Dd8-d7

6. Sg1-f3	Sg8-e7
7. 0–0	g7-g6
8. Lc1-e3	h7-h5
9. Dd1-e2	Se7-f5
10. Le3-f2	Sb8-c6
11. c2-c3	0–0–0
12. Sb1-d2	Kc8-b8
13. Sf3-g5	Td8-c8

Um dem Sc6 das Feld d8 zu reservieren. Weiß spielt in der Folge am Königsflügel, anstatt am Damenflügel Aktivitäten zu versuchen. Allerdings steht Schwarz gut gerüstet, die Felder g4/f5 sind durch den weißfeldrigen Aufbau g6/h5 blockiert, und am Damenflügel ist die Auffangstellung Kb8/Tc8 vorbereitet.

14. h2-h3	Sc6-d8
15. g2-g4	Sf5-e7
16. b2-b4	Se7-g8
17. Sd2-b3	f7-f6!
18. e5xf6	Sg8xf6
19. Ld3xg6	h5xg4
20. h3xg4	Dd7-g7
21. Lg6-d3	Sf6-e4
22. Ld3xe4	d5xe4

Im Hintergrund schaut der flankierte Läufer auf der großen Diagonalen bis zum Feld h1. Der Schlußpunkt folgt mit dem Damenopfer im 29. Zug.

23. Lf2-e3	Lf8-e7
24. De2-f2	e6-e5!

Schwarz konnte auch Sc6 und dann e6-e5 spielen.

25. d4xe5	Sd8-e6
26. Sb3-d4	Se6xg5
27. f4xg5	Le7xg5
28. Le3xg5	Dg7xg5
29. Df2-f4	e4-e3!

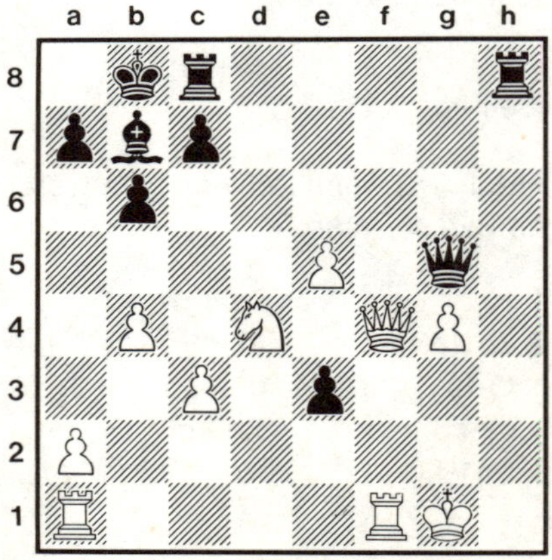

Triumph des Läufers auf b7!

Nach 30. Dg5: käme Th1‡. Weiß kann aber auf keine Weise das Matt in 2 Zügen verhindern, nicht einmal durch 30. Df3 Dg4:†!! samt Th1‡ (nur sinnlose Züge wie 30. Sc6† Lc6: und 31. De3: De3:† verlängerten das Matt auf 4 Züge).

Der Läuferausfall nach a6

In der normalen Damenindischen Verteidigung wird oft auch der Läuferausfall Lc8-a6 angewandt, um den weißen Königsläufer zu eliminieren oder Druck auf das Feld c4 auszuüben. Dasselbe Motiv wurde auch in der Modernen Damenindischen Verteidigung eingeführt, wobei Sf6 noch zurückgehalten wird.

1. e2-e4	b7-b6
2. d2-d4	e7-e6
3. Sg1-f3	d7-d5
4. e4-e5	Lc8-a6

In der Partie aus der Europameisterschaft der Mädchen 1978 geschah zwischen *Joseleani - Barbara Hund* (Leverkusen):

5. Lf1xa6	Sb8xa6
6. Dd1-e2	Sa6-b8
7. 0–0	Sg8-e7
8. Tf1-d1	a7-a6
9. b2-b3	Dd8-d7
10. c2-c4	Sb8-c6
11. Sb1-c3	Se7-f5
12. Lc1-f4	g7-g6
13. Ta1-c1	Lf8-g7

Die Begegnung endete im 50. Zug mit remis. Barbara Hund, inzwischen Deutsche Meisterin, gehörte schon 1978 der deutschen Frauen-Olympiamannschaft in Argentinien an. Von der FIDE wurde ihr 1982 der Titel einer Internationalen Großmeisterin verliehen.

Browne - Christiansen (USA-Meisterschaft 1977):

1. d2-d4	e7-e6
2. c2-c4	b7-b6
3. d4-d5	Lc8-a6

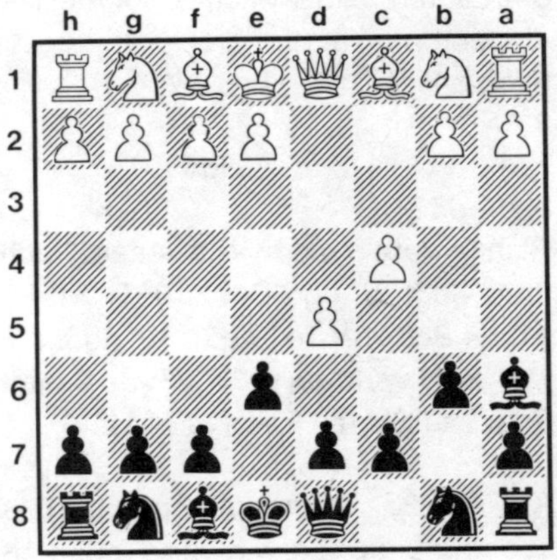

Stellung nach 3. ... Lc8-a6

4. e2-e4	e6xd5
5. e4xd5	Sg8-f6
6. Sb1-c3	Lf8-b4
7. Dd1-e2†	Lb4-e7 (auch De7)
8. De2-c2	c7-c6
9. Lf1-d3	b6-b5

Nach 10. cb5: cb5: 11. Sge2 b4 12. Se4 Sd5: 13. 0–0 0–0 14. Td1 Da5 15. S2g3 g6 16. Lh6 Te8 17. Dd2! Sf6 18. Df4 erwies sich die gut entwickel-

te weiße Stellung als weit überlegen. Schwarz gab im 38. Zug auf.

Aus einem Turnier in Jugoslawien 1979:

Rakic – Tatai

1. d2-d4	Sg8-f6
2. Sg1-f3	b7-b6
3. Lc1-f4	Lc8-a6!?
4. Sb 1-d2	e7-e6

Die Variante könnte auch auf den Beispielen von S. 41 an stehen. Wegen des Läuferausfalls nach a6 soll sie hier eingeordnet sein.

5. c2-c4	La6-b7
6. Dd1-c2	c7-c5
7. e2-e4	c5xd4
8. e4-e5?	

Richtig wäre 8. Sd4: = gewesen. Nach 8. ... Sh5! 9. Lg5 Dc7 10. 0-0-0 h6 11. h4 Sc6 12. Te1 hg5: 13. hg5: d3! war Weiß verloren (13. Ld3: Sb4 samt Sd3: und Sf4 mit Fall des Th1).

Auf der 23. Schacholympiade 1978 sah man die Entwicklung mit La6 einige Male:

Arafih - *Giardelli* (Buenos Aires 1978):

1. c2-c4	b7-b6
2. d2-d4	e7-e6
3. Sg1-f3	Sg8-f6
4. g2-g3	Lc8-a6
5. Dd1-a4	c7-c5
6. Lf1-g2	La6-b7
7. 0–0	Lf8-e7
8. Sb1-c3	0–0
9. Da4-c2	c5xd4
10. Sf3xd4	Lb7xg2
11. Kg1xg2	Dd8-c8
12. Dc2-d3	Sb8-c6

0:1 im 41. Zug.

In der *Normalvariante* mit

1. e2-e4	b7-b6
2. d2-d4	Lc8-b7
3. Sb1-c3	e7-e6
4. Lf1-d3	Sg8-f6

muß Schwarz nach

5. Sg1-e2	d7-d5
6. e4-e5	

auf der Hut bleiben.

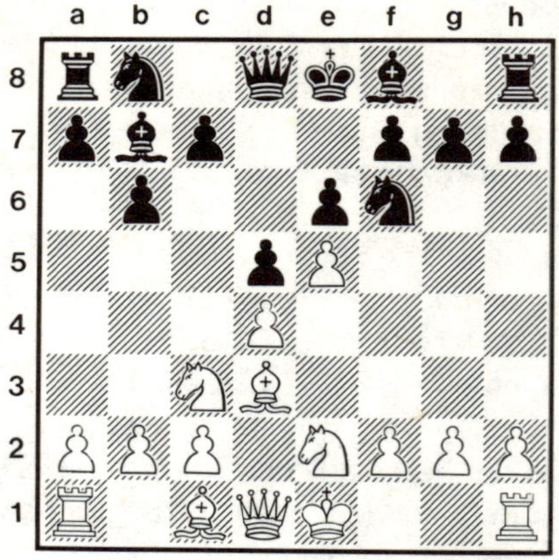

Stellung nach 6. e4-e5

In der Partie Peters - Sahovic (Lone Pine 1977) geriet Schwarz in große Schwierigkeiten, als er unbedacht den Springer nach d7 zurückzog:
6. ... Sf6-d7? 7. Se2-f4 Lf8-e7 8. Dd1-g4 g7-g6 9. Sf4xg6! f7xg6 10. Ld3xg6† h7xg6 11. Dg4xg6† Ke8-f8 12. h2-h4 Le7-f6
Schwarz muß etwas von seinem gewonnen Material zurückgeben, ohne sich endgültig befreien zu können. Weiß behielt auch nach

13. Th3 De8 14. Lh6† Th6: 15. Dh6:† Lg7 16. Dh7 Df7 17. Tf3† Sf6 18. ef6: Lf6 die Initiative. Der erfahrene jugoslawische Großmeister gewann jedoch mit der Mehrfigur nach allerlei Abenteuer die Partie im 64. Zug (0:1).

Richtig müßte in der Diagrammstellung folgen:
6. ... Sf6-g8!

Der einzig gute Zug. Verlieren würde 6. ... Se4 7. Le4: de4: 8. Sg3 Lb4 9. 0–0 Lc3: 10. bc3: 0–0 11. Dg4 usw.
7. Se2-f4 Dd8-d7!

Schwarz kann die lange Rochade anpeilen und sich ähnlich wie in der Partie Westphal - Nippgen mit g6/h5/Se7/Sf5 aufbauen.

Schwarz spielt Sge7 anstelle Sgf6

1. e2-e4	b7-b6
2. d2-d4	e7-e6
3. c2-c4	Lc8-b7
4. Sb1-c3	Lf8-b4
5. Dd1-c2	Sg8-e7
6. Lf1-d3	d7-d5

(Siehe Diagramm nächste Spalte)

7. c4xd5	e6xd5
8. Dc2-a4†	Se7-c6
9. Sg1-f3	d5xe4
10. Ld3xe4	0–0
11. 0–0	Lb4xc3
12. b2xc3	Sc6-a5

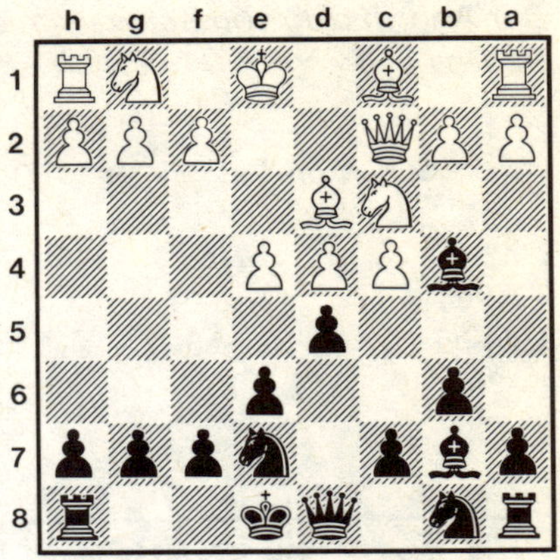

Stellung nach 6. ... d7-d5

Frey - Verduga (Lone Pine 1977), remis im 36. Zug.

Oder ähnlich *Hübner - Miles,* aber mit Blockade des eigenen d-Bauern:

1. c2-c4	b7-b6
2. e2-e4	Lc8-b7
3. Sb1-c3	e7-e6
4. Sg1-f3	Lf8-b4
5. Lf1-d3	Sg8-e7
6. 0–0	0–0
7. Tf1-e1	f7-f5
8. e4-e5	

Die Aufstellung mit Lf1-d3 mit Blokkade des d-Bauern gehört zu den ganz modernen Eröffnungsmethoden. Denselben Luxus kann sich Schwarz jedoch kaum leisten, wie wir noch in der Partie Karpow-Miles sehen werden.

Anstelle des Bauernvorstoßes wurde für Weiß als besser empfohlen: 8. a2-a3 Lb4xc3 9. d2xc3 f5xe4 10. Ld3xe4 Lb7xe4 11. Te1xe4 Sb8-c6 12. Sf3-d4 Dd8-e8 =

Der Angriffszug von Schwarz mit Dd8-h4

Visier – G. Padron (Las Palmas 1977):

1. d2-d4	b7-b6
2. c2-c4	Lc8-b7
3. d4-d5	e7-e6
4. a2-a3	

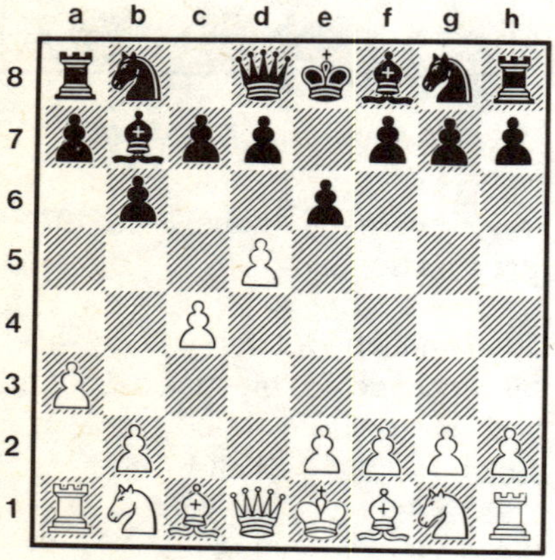

Stellung nach 4. a2-a3

Eine Waffe des Anziehenden gegen die schwarzen Attacken ins Zentrum – hier auf den Bd5, ein anderes Mal gegen den Be4 – bildet die Läuferfesselung Lf8-b4. Dagegen kann Weiß mit dem Bauernzug a2-a3 vorbeugen. Das bedeutet jedoch einen Tempoverlust, daher lassen viele Meister die Fesselung zu und bevorzugen die rasche Entwicklung. Man sehe dazu die Partie Petrosjan – Böhm.

4. ...	Dd8-h4
5. Sb1-c3	Dh4xc4

Auch hier verzichtet Weiß auf die Deckung seines angegriffenen Bauern c4; er erhofft dafür Kompensation mit rascher Entwicklung, vor allem mit dem Direktangriff e2-e4.

6. e2-e4	Dc4-c5
7. Lc1-e3	Dc5-e7

Mit ähnlichen Positionen, teils sogar zuggetreu, werden wir noch Bekanntschaft machen. Ob der geopferte Bauer den Entwicklungsvorsprung wert ist, wird wohl von der jeweiligen Spielstärke der Gegner abhängen.
In der Partie *Ree – Böhm* (1977) klingt schon ein Grundthema der modernen Damenindischen Verteidigung an: der Damenausfall nach h4

1. d2-d4	e7-e6
2. c2-c4	b7-b6
3. e2-e4	Lc8-b7
4. f2-f3	Lf8-b4†
5. Lc1-d2	Dd8-h4†

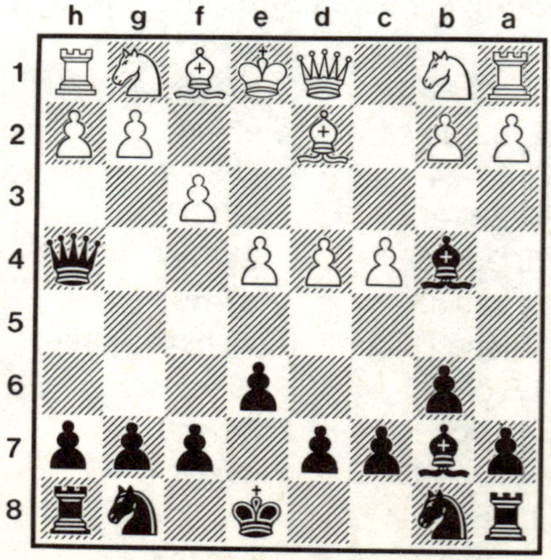

Stellung nach 5. ... Dd8-h4†

Damenausfälle nach h4 kommen in der Schachtheorie öfters vor: sie sollen die weiße Königsstellung schwächen durch Erzwingung des Bauernaufzuges g2-g3.

6. g2-g3	Dh4-e7
7. Sg1-h3	f7-f5
8. e4xf5	e6xf5†
9. Ke1-f2	Lb4xd2
10. Dd1xd2	Sb8-c6
11. Sb1-c3	0–0–0

Der sK verabschiedet sich aus der Mitte. Die Spiele sind ausgeglichen. Es ist erstaunlich, wieviel Neuland in der Eröffnung immer wieder entdeckt wird, wieviele Möglichkeiten es gibt, eingefahrene Gleise zu meiden.

Farago - Miles (Hastings 1977):

1. d2-d4	b7-b6
2. c2-c4	Lc8-b7
3. Sb1-c3	e7-e6
4. e2-e4	Lf8-b4
5. Dd1-c2	Dd8-h4
6. Lf1-d3	f7-f5
7. g2-g3	Dh4-h5

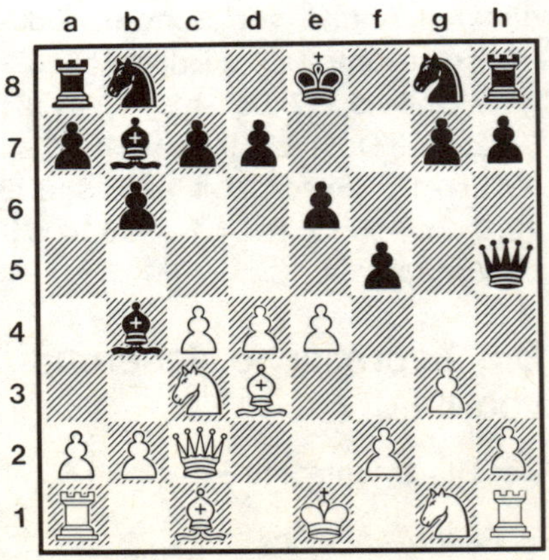

Stellung nach 7. ... Dh4-h5

Der Zentrumskampf um das Feld und Be4 ist in vollem Gange. Die Seele jeder Eröffnung bleiben die Auseinandersetzungen um die Zentralfelder. Bei Französisch zum Beispiel geht es um den Besitz und die Verteidigung der Zentrumsfelder e4/d5; im Damengambit sind d5/c4 und d4/c5 die kritischen Felder; bei Caro Kann mit 1. e4 c6 2. d4 d5 3. Sc3 (3. Sd2) geht es ähnlich wie bei Französisch um die Mittelfelder e4/d5. Die richtige Strategie läuft meist darauf hinaus, das Duell um die Zentralfelder möglichst lange im Gleichgewicht, in der Spannung zu belassen.

8. Ld3-e2	Dh5-f7
9. f2-f3	f5xe4
10. f3xe4	Sg8-f6
11. d4-d5	0–0
12. Sg1-f3	Df7-g6
13. Le2-d3	Dg6-h5

Schwarz besaß leichte Initiative und gewann im 33. Zug.

Polugajewski - Kortschnoi (Kandidatenwettkämpfe 1977):

1. d2-d4	e7-e6
2. c2-c4	b7-b6
3. e2-e4	Lc8-b7
4. Dd1-c2	Dd8-h4
5. Sb1-d2	Lf8-b4
6. Lf1-d3	f7-f5

Auch 6. ... Dh4-g4 kommt in Anmerkung.

7. Sg1-f3	Lb4xd2†
8. Ke1-f1?	

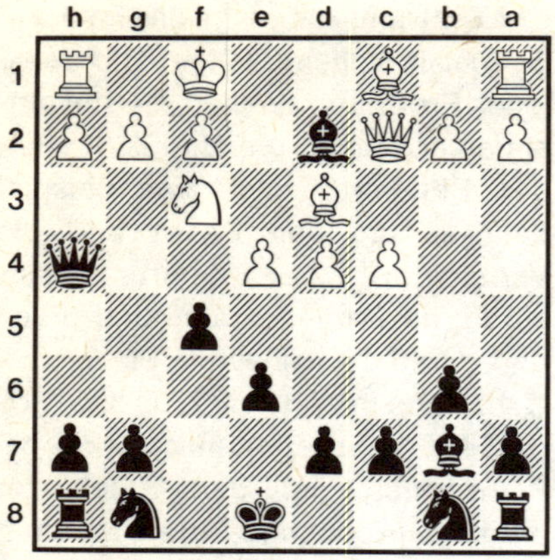

Stellung nach 8. Ke1-f1

Nach R. Keene hätte Weiß besser 8. Ld2: Dg4 9. Se5 Dg2: 10. 0–0–0 fe4: 11. Le2 gespielt.

8. ...	Dh4-h5
9. Lc1xd2	Sg8-f6
10. e4xf5	Lb7xf3
11. g2xf3	Sb8-c6
12. Ld2-c3	0–0
13. Ta1-e1	Dh5-h3†

Auch 13. ... Dh5xf3 war gut.

14. Kf1-e2	Ta8-e8
15. Ke2-d1	e6-e5!

Nach 16. d4xe5 Sc6xe5 17. Ld3-e2 (nimmt Weiß noch zweimal auf e5, käme zum Schluß Dh3xf3† und Th1 fällt) Se5xf3 18. Dc2-d3 Te8xe2 19. Te1xe2 Dh3-g2 20. Th1-e1 Sf3xe1 21. Kd1xe1, und mit Dg1† nebst Dh2: hätte Schwarz seine Position überlegen gestalten können. Aber auch mit 21. ... Dg2xh2 siegte der nachherige Herausforderer Kortschnoi im 59. Zug.

Nach den Anfangszügen: 1. c2-c4 b7-b6 2. d2-d4 e7-e6 3. e2-e4 Lc8-b7 4. Sb1-c3 Lf8-b4. 5. f2-f3 Dd8-h4† sehen wir eine oft vorkommende Situation:

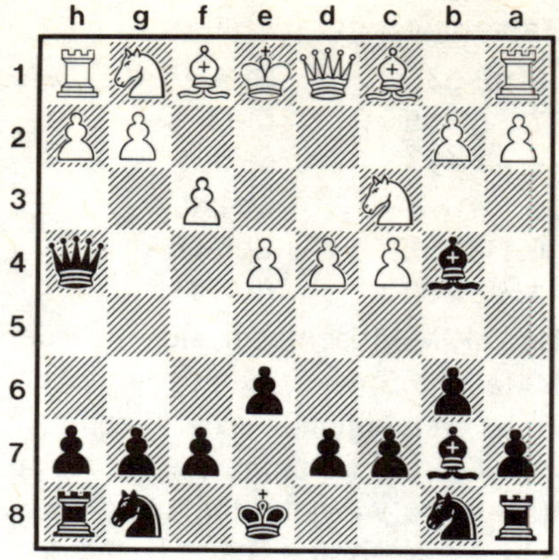

Stellung nach 5. f2-f3 Dd8-h4†

In der Partie Ree – Miles folgte beim IBM-Turnier 1978: 6. g2-g3 Dh4-h5 7. Lc1-d2 f7-f5 8. e4xf5 Dh5xf5 9. Sc3-b5 Lb4xd2† 10. Dd1xd2 Sb8-a6 11. 0-0-0 Sg8-e7 12. Lf1-d3 Df5-f6 13. Sg1-h3 Df6xf3 ($^1/_2$/62).

Der ungarische GM Ribli hatte den direkten Angriff von Schwarz Dd8-h4† so bekämpft: 5. ... Dd8-h4† 6. g2-g3 Dh4-h5 7. Sg1-h3 Lb4xc3† 8. b2xc3 Dh5-a5 9. Lc1-d2 f7-f5 10. Lf1-d3 f5xe4 11. f3xe4 Sg8-f6 12. 0–0 e6-e5 13. Ta1-b1 a7-a6 14. c4-c5 Vorteil Weiß.

Die theoretische Neuerung von 1980

Das Bauernopfer mit 6. ... Sg8-h6!

O. Panno – A. Miles

1. c2-c4	b7-b6

2. Sb1-c3 e7-e6
3. e2-e4 Lc8-b7
4. d2-d4 Lf8-b4
5. f2-f3 f7-f5

Es ist für Schwarz wichtig, die weiße Zentrumsbasis e4 anzugreifen.

6. e4xf5 Sg8-h6!?

Die Neuerung von Miles!

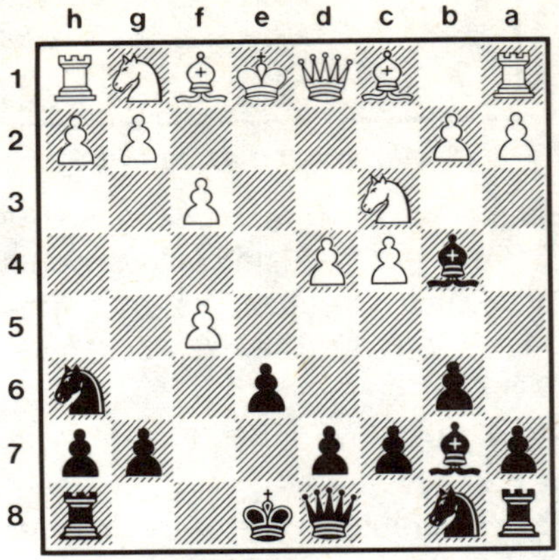

Stellung nach 6. ... Sg8-h6

Im Fall von nun 7. Lc1xh6 folgt Dd8-h4†! samt Dh4xh6. Der argentische GM läßt sich die Sache beweisen und nimmt das Bauernopfer an.

7. f5xe6 Sh6-f5!

Es wird also ein zweiter Bauer ins (Eröffnungs-) Geschäft gesteckt.
Schwarz rechnet mit dem Entwicklungsvorsprung, denn Weiß verlöre mit dreimaligem Schlagen auf f5, e6 und d7 drei Züge. Zunächst muß sich Weiß gegen Dh4† vorsehen. Bei 8. e6xd7† selbstverständlich Sb8xd7.

8. Sg1-e2 d7xe6
9. Lc1-f4

Verfehlt wäre der vermeintliche Figurengewinn 9. Da4† Sc6 10. d5? ed5: 11. cd5: Dd5:! (12. Db4: Sb4: 13. Sd5: Ld5: ∓)

9. ... 0-0
10. Dd1-d2 Dd8-h4†
11. Se2-g3 Lb4-d6

Falls 10. g3, so Dh5! und Bf3 fällt.

12. Lf4xd6 c7xd6
13. Sc3-e2

Erzwungen, da Sg3 und Bd4 angegriffen sind.

13. ... Sb8-c6
14. 0-0-0 Sc6xd4
15. Se2xd4 Sf5xg3

Auch bei 15. Sf5: Sf5: stünde Schwarz auf Gewinn (16. g4? Lf3:!).

16. h2xg3 Dh4xh1
17. Sd4xe6 Tf8-f6

Und Schwarz gewann (18. Dd6:? Dh6†!)

Zweimal binnen Jahresfrist wurde Weltmeister Karpow mit dem Zug Dd8-h4 konfrontiert, beide Male gegen den mutigen, jungen GM Miles.

Karpow - Miles (Las Palmas 1977):

1. c2-c4 b7-b6
2. d2-d4 Lc8-b7
3. d4-d5

Das ist die Methode Karpows, den Zentrumskampf um e4/d5 zu bestreiten.

3. ... e7-e6
4. a2-a3 Sg8-f6
5. Sb1-c3

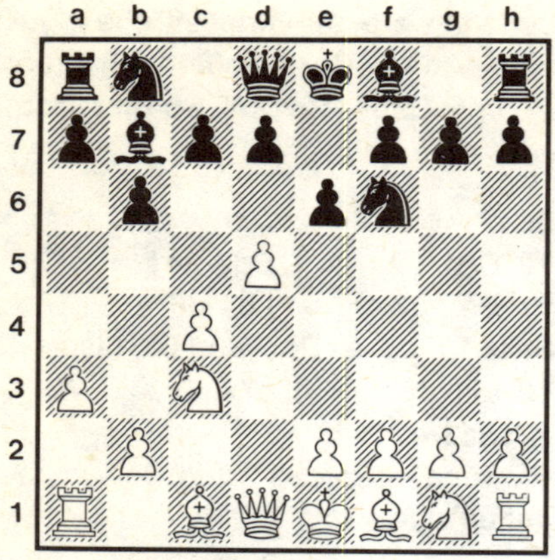

Stellung nach 5. Sb1-c3

Schwarz kann auf den Bd5 keine weiteren Angriffe richten.

Miles überspannte wohl die Situation, als er hier 5. ... Lf8-d6? zog – von allen Seiten mit einem Fragezeichen versehen. Im 9. Zug mußte Schwarz den Zug mit Le7 und Lf6 zurücknehmen, hatte aber bald eine Verluststellung (1:0 im 34. Zug).

Im stärksten Turnier der Neuzeit, in Bugojno 1978 (Co-Sieger Karpow und Spasski) kam die Variante wieder aufs Brett:

Karpow – Miles (Bugojno 1978):

1. c2-c4	b7-b6
2. d2-d4	e7-e6
3. d4-d5	Dd8-h4!
4. Sb1-c3	Lf8-b4

Es fällt auf, daß Schwarz im beiderseitigem Tempowettlauf erst im 12. Zug zum 2. Eröffnungszug Lc8-b7 Zeit findet!

Im Falle von 4. ... Dh4xc4 folgte 5. e2-e4 Dc4-c5 6. Lc1-e3 Dc5-b4? (richtig De7) 7. a2-a3 Db4xb2 8. Sc3-b5 Db2-

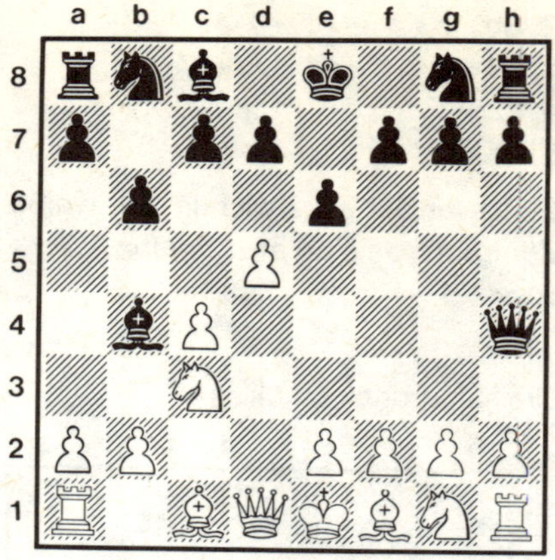

Stellung nach 4. ... Lf8-b4

e5 (sonst Damenfang Ld4) 9. Sg1-f3 De5xe4 10. Lf1-d3 und Schwarz büßt die Dame ein, auch bei 10. ... Dg4 11. h3 Dg2: 12. Th2 nach bekannter Manier.

5. Lc1-d2	Sg8-f6

Zu gefährlich wäre für Schwarz 5. ... Dc4:? 6. e4 Dc5 7. Tc1! usw.

6. e2-e3	Lb4xc3

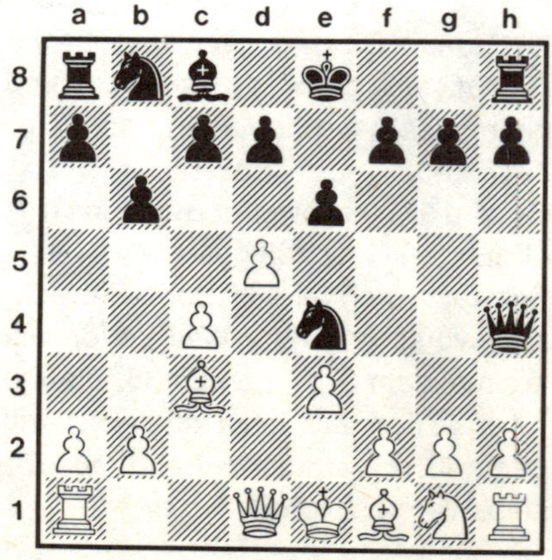

Stellung nach 7. ... Sf6-e4

Jetzt wäre 6. Sf3? Dc4: 7. e4 Dc5 8. Tc1 Sg4 9. De2 La6! für Weiß nicht zu empfehlen.

7. Ld2xc3 Sf6-e4!

Schwarz gleicht im 7. Zug aus (Df2:‡ droht)

8. Dd1-c2	Se4xc3
9. Dc2xc3	0–0
10. g2-g3	Dh4-e4
11. f2-f3	De4-g6
12. Sg1-e2	Lc8-b7

Erst jetzt findet Schwarz Zeit zum Themazug Lb7! Miles erreichte ein günstiges Mittelspiel 13. 0–0–0 d6 14. g4 Sd7 15. h4 Df6 16. Df6: Sf6: 17. e4 Sd7 18. Sc3 Se5, beging aber im 27. Zug einen entscheidenden Fehler (1:0 im 56. Zug).

Oogard - Miles; die ersten drei Züge wie zuvor, dann:

4. e2-e3	Sg8-f6
5. a2-a3	Lc8-b7
6. Sg1-f3	

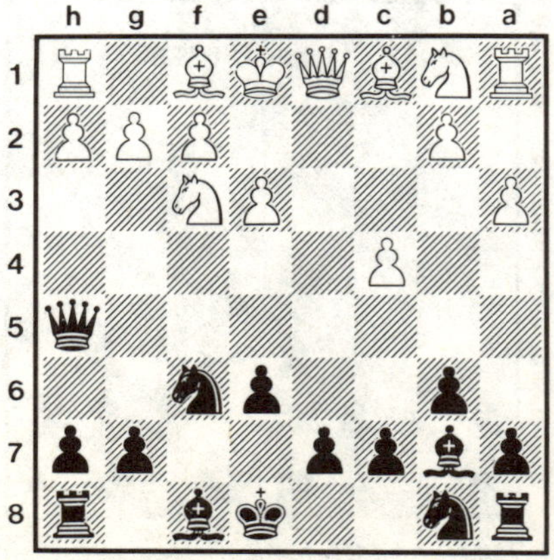

Stellung nach dem 7. Zug

Miles merkt im Schach-Informator an: 6. Sc3 ed5: 7. cd5: Se4 8. Dc2 Sc3: 9. Dc3: Ld5: 10. Dc7: Sc6 plus für Weiß.

6. ...	Dh4-h5
7. d5xe6	f7xe6

Daß Weiß bald in Nachteil geriet, verwundert nicht nach den weiteren Zügen: 8. Le2 Dg6 9. Sh4 Dh6 10. Lf3 Sc6 11. g3 g5! 12. e4 Se5 13. Lg2 Dg7 14. f4 gh4: und im 19. Zug 0:1.

Ein Jahr später verteidigte Miles seinen allseits getadelten Zug Lf8-d6 aus der Partie gegen Karpow auf Las Palmas 1977:

Olafsson - Miles (Las Palmas 1978):

1. c2-c4	b7-b6
2. Sb1-c3	e7-e6
3. d2-d4	Lf8-b4
4. e2-e3	Lc8-b7
5. Sg1-e2	f7-f5
6. a2-a3	Lb4-d6

Freilich läßt sich die Position wenig mit der gegen Karpow von Las

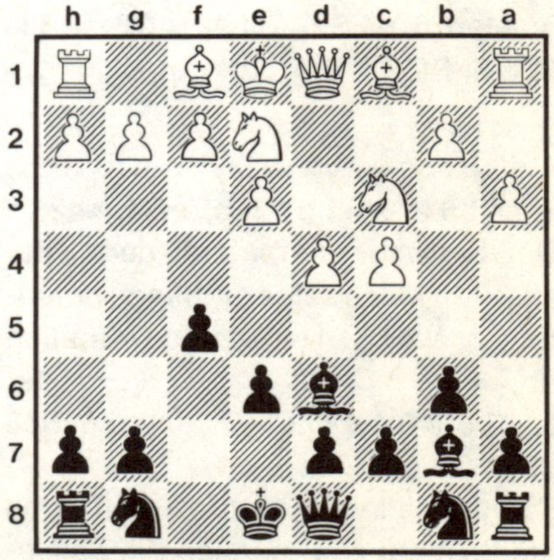

Stellung nach 6. ... Lb4-d6

Palmas 1977 vergleichen. Der Zug ist hier wohl berechtigt, denn Tausch würde Weiß entwickeln (Se2xc3), und Le7 verstellte der Dame die »Aussichten«.

7. d4-d5	Sg8-f6

Im Fall von 7. Sb5 Le7, demnächst a6/Ld6 zurück hätte Weiß wenig erreicht.

8. Se2-d4	0–0
9. d5xe6	Sf6-e4!

Schwarz verwickelt das Spiel. Miles gibt an: 10. Se4: fe4: oder 10. Sd5 Sc6

10. Dd1-c2?	Se4xc3
11. Dc2xc3	Dd8-f6
12. e6xd7	Sb8xd7

mit besserem Spiel für Schwarz (0:1 im 52. Zug).

Akesson – Plaskett (Schweden 1982)
1. c4 b6 2. d4 Lb7 3. d5 e6 4. a3 g6
Eine Neuerung; aber ebenso kommt auch 4. ... Se7 in Betracht.
5. Sf3 Lg7
Im Fall von 5. e4 folgt Lg7 6. f3 f5! usw. Schwarz konnte jetzt auch f5! spielen. 6. e4 Se7 7. Le2 0-0 8. Sc3 f5 9. ef5: Sf5: = 0:1/30.

Andersson – Miles (Olympiade 1982)
1. c4 b6 2. Sf3 Lb7 3. b3 e6 4. Lb2 c5
Der Schwede vermasselt dem Spezialisten Miles seine Lieblingsvarianten; er weicht selbst ungewöhnlich ab.
5. e3 Sf6 6. Le2 Le7 7. 0-0 0-0 8. Sc3 d5
Das hat alles mit unserem Thema nichts mehr zu tun. Auch die Spieler waren nach 19 Zügen erschöpft: ½

Schwarz spielt 1. ... oder 2. ... b7-b6 und Weiß unterläßt e2-e4

1. d2-d4	e7-e6
2. c2-c4	b7-b6

Die Frage seitens Schwarz: »Was spiele ich aber, wenn der Gegner mit 2. e2-e4 in Französisch überleitet, also nicht 2. c2-c4 spielt?«, wird ganz einfach so beantwortet: Wir spielen trotzdem dann 2. ... b7-b6 und nicht Original-Französisch mit 2. ... d7-d5! *Das führt zwingend zu dem Schluß, daß man mit Schwarz in der Französischen Verteidigung ebensogut 2. ... b7-b6 spielen kann!*

In Biel, August 1979, sah man sehr originell: 1. e4 e6 2. d4 a6 (?!) 3. Sf3 b5 4. Ld3 c5 5. c3 Lb7 = (0:1/17 Afek - Basman).

3. Sg1-f3	Lc8-b7
4. a2-a3	Sg8-f6
5. Sb1-c3	d7-d5

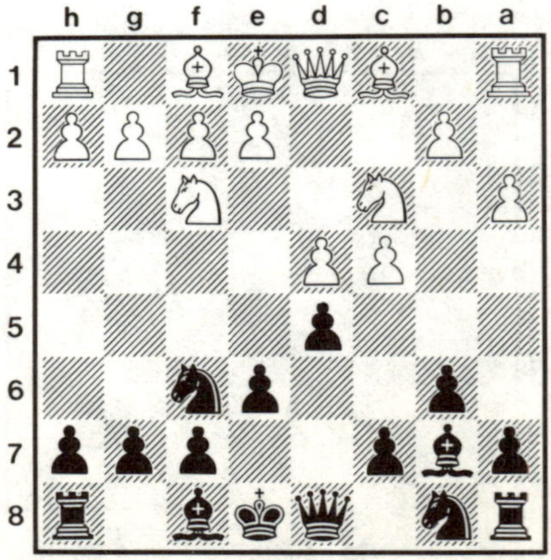

Damengambit mit Tartakower-Verteidigung

Wieder kann der Schachfreund erkennen, daß es in allen Fällen ein gutes System ist, mit Schwarz sich nach Art des Damengambits aufzustellen: also mit e6, d5, Sf6, Le7, oder wie hier, zuvor b6 samt Lb7.

Unser Beginn entstammt der Partie Spassov - Ree von der 23. Schacholympiade (Bulgarien - Holland).

Als schwächer erwies sich in der Partie Huss - Arnold, Biel 1978, die Folge: 5. ... Lf8-e7 6. d4-d5 e6xd5 7. c4xd5 c7-c5? Nach 8. d5-d6 Le7-f8 9. Dd1-d3 mußte Schwarz schon im 13. Zug kapitulieren.

Hernandes - Miles
(Las Palmas 1977):

1. c2-c4	b7-b6
2. Sb1-c3	Lc8-b7
3. Sg1-f3	e7-e6
4. d2-d4	Sg8-f6
5. e2-e3	d7-d5

Es ist die gleiche Position auf dem Brett wie bei der vorigen Partie, jedoch ist hier besser e2-e3 anstelle des Tempoverlustes a2-a3 geschehen.

6. c4xd5	e6xd5
7. Lf1-b5†	c7-c6

Diesen Zug finden wir immer wieder in der Schachtheorie; es wird zunächst die Verstellung der Diagonalen b7-e4 verstopft, und Weiß kann eventuell e2-e4 spielen (bei Gelegenheit).

8. Lb5-d3	Sb8-d7
9. 0-0	Lf8-e7
10. b2-b3	0-0

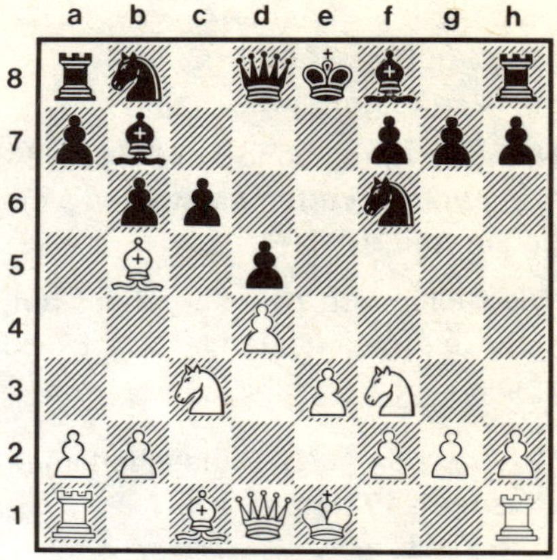

Stellung nach 7. ... c7-c6

Wie man sieht, kann mit Schwarz auch ein erfolggewohnter Großmeister nicht zaubern in der Eröffnung. Miles hat sich streng an die Eröffnungsprinzipien gehalten (Entwicklung geht vor!). Die Position ist ausgeglichen, auch wenn Schwarz im 40. Zug gewann.

Ganz natürlich stellte sich Exweltmeister Petrosjan gegen die b6-Eröffnung auf:

Petrosjan - Böhm (Lone Pine 1978):

1. d2-d4	e7-e6
2. c2-c4	b7-b6
3. Sb1-c3	Lf8-b4
4. e2-e3	Lc8-b7

Oder 4. Dd1-c2 c7-c5 5. a2-a3 Lb4-a5 6. Sg1-f3 Lc8-b7 7. e2-e3 Sg8-f6 8. Lc1-d2 0-0 9. Lf1-e2 Lb4xc3 10. Ld2xc3 Sf6-e4 = Larsen-Miles, Interzonenturnier Riga 1979 (1:0/49),

5. Sg1-e2	f7-f5
6. a2-a3	Lb4-e7
7. d4-d5	e6-e5

8. e3-e4	f5-f4
9. g2-g3!	f4xg3
10. h2xg3	

Nicht Schwarz, sondern Weiß profitierte vom scharfen schwarzen Vorgehen mit f7-f5-f4.

Wie stellen sich zwei Koryphäen auf, wenn sie gegeneinander mit b7-b6 spielen?

Tal - Karpow (SU-Mannschaftsmeisterschaft 1977):

1. Sg1-f3	Sg8-f6
2. c2-c4	b7-b6
3. Sb1-c3	Lc8-b7
4. d2-d4	e7-e6
5. Lc1-g5	Lf8-e7
6. e2-e3	Sf6-e4
7. Lg5xe7	Dd8xe7
8. Sc3xe4	Lb7xe4
9. Lf1-e2	0-0
10. 0-0	d7-d6
11. Sf3-d2	Le4-b7

(½/30)

Miles – Kuprejtschik (Reykjavik 1980):

1. d2-d4	Sg8-f6
2. c2-c4	e7-e6
3. Sg1-f3	b7-b6
4. Lc1-f4	Lc8-b7
5. e2-e3	Lf8-e7
6. h2-h3	c7-c5
7. Sb1-c3	c5xd4
8. Sf3xd4	0-0
9. Sd4-b5	Sf6-e8
10. Dd1-d2	

Bei 10. Lb8: Tb8: 11. Sa7: Sf6 12. Sab5 d5 erhält Schwarz gutes Gegenspiel.

10. ...	a7-a6
11. Sb5-d6	Se8xd6
12. Lf4xd6	Le7xd6
13. Dd2xd6	b6-b5!

Um auf 14. cb5: Da5! zu spielen (0:1/40)

Weiß baut sich auf mit Sg1-f3/g2-g3 oder Sg1-f3/Lc1-f4/e2-e3

Die großen Schachspieler wissen aus Erfahrung heraus, daß mit *scharfen Behandlungsweisen* dem Eröffnungssystem b7-b6 *nicht beizukommen ist.* Daher wählen sie einfache, ruhige Systeme, womit Weiß ja nichts verschenkt. Solange der Anziehende anerkannten Prinzipien der Schacheröffnung folgt, kann er nicht in Nachteil geraten. Der Nachziehende darf bei der Konfrontation mit einer ruhigen (»harmlosen«) Eröffnungsvariante nicht falsche Schlüsse ziehen, etwa in der Richtung: »Der hat ja Angst vor mir, der spielt passiv, da werde ich schnellstens etwas unternehmen.«
Einige Beispiele aus der Turnierpraxis zu den angezeigten zwei ruhigen Spielweisen von Weiß. Zuerst die Flankierung g2-g3:

Pfleger - Larsen (TV-Turnier BBC/NDR 1978):

1. c2-c4	Sg8-f6
2. Sg1-f3	b7-b6
3. g2-g3	Lc8-b7
4. Lf1-g2	c7-c5
5. 0-0	g7-g6
6. b2-b3	Lf8-g7

7. Lc1-b2 0–0
8. Sb1-c3 Sb8-a6!

Es ist ein Doppelfianchetto entstanden, im Volksmund auch »Doppelloch« genannt.

Abkehr von der Symmetrie

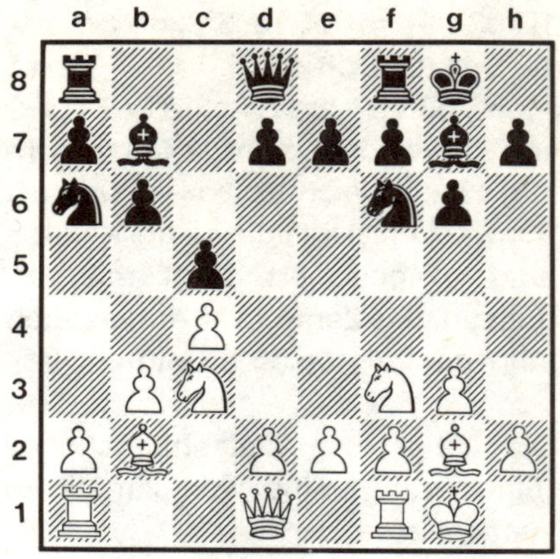

Stellung nach 8. ... Sb8-a6

In keiner Eröffnung darf der Nachziehende zu lange dem symmetrischen Spielverlauf folgen, also dieselben Züge wie Weiß einfach nachziehen. Stets würde Weiß davon profitieren. Die Spiele sind ausgeglichen; es folgte noch 9. e2-e3 d7-d5 10. Sf3-e5 Dd8-b8 11. f2-f4 d5xc4 =

Georgadse – Agsamow
(Zonenturnier Erewan 1982)

1. c2-c4	Sg8-f6
2. Sg1-f3	b7-b6
3. g2-g3	Lc8-b7
4. Lf1-g2	e7-e6
5. Sb1-c3	Lf8-e7
6. 0–0	0–0
7. d2-d4	Sf6-e4

Damit ist man im Normal-Damenindisch gelandet.

V. d. Sterren - Miles
(Wijk aan Zee 1978):

1. c2-c4	b7-b6
2. Sg1-f3	Lc8-b7
3. g2-g3	c7-c5
4. Lf1-g2	g7-g6
5. 0–0	Lf8-g7
6. Sb1-c3	Sg8-f6
7. d2-d4	Sf6-e4
8. Sc3xe4	Lb7xe4
9. Lc1-e3	Sb8-c6
10. d4-d5	Sc6-b4

($\frac{1}{2}$/45)

Weiß hält sich mit d2-d3 zurück:

Olafsson - Karpow
(Tilburg 1977):

1. Sg1-f3	Sg8-f6
2. g2-g3	b7-b6
3. Lf1-g2	Lc8-b7
4. 0–0	e7-e6
5. d2-d3	d7-d5

Weiß spielt Königsindisch im Anzug.

6. Sb1-d2 Sb8-d7

Weiß käme nach 6. ... Lf8-e7 mit 7. e2-e4 0–0 8. e4-e5 Sf6-e8 9. Tf1-e1 c7-c5 10. c2-c3 Sb8-c6 11. Sd2-f1 Se8-c7 zu leichtem Vorteil.

7. c2-c3	Lf8-e7
8. Dd1-c2	0–0
9. e2-e4	c7-c5 =

(0:1/41)

Und nochmal die gleiche Paarung:

Olafsson – Karpow
(Bad Lauterberg 1977):

1. Sg1-f3	Sg8-f6
2. c2-c4	b7-b6
3. d2-d3	Lc8-b7
4. e2-e4	d7-d6
5. Sb1-c3	c7-c5
6. g2-g3	e7-e6
7. Lf1-g2	Lf8-e7
8. 0–0	0–0
9. Tf1-e1	Sb8-c6
10. b2-b3	a7-a6
11. Lc1-b2	Ta8-b8

Mustergültig eröffnet

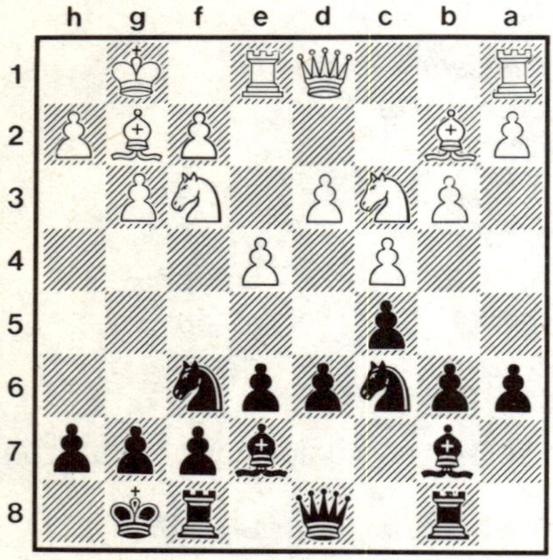

Stellung nach dem 11. Zug

Der Leser beachte, daß Weltmeister und Großmeister genauso Allerweltszüge in der Eröffnung machen wie »Hinz und Kunz« (es tun sollten!). Alle vier Springer stehen auf den aktiven Feldern der 3. und 6. Reihe, beide Teile haben rochiert, die Damen sind noch in der Grundstellung. Es gilt nur noch, die stets schwierige Aufgabe zu lösen, einen oder beide Türme ins Spiel zu bringen.
Daher noch ein paar Züge weiter: 12. d3-d4! c5xd4 13. Sf3xd4 Sc6xd4 14. Dd1xd4 Dd8-c7 15. Ta1-c1 Tf8-c8 16. h2-h3 Le7-f8 17. Sc3-d1 (als besser wird 17. Kh2 samt f2-f4 empfohlen) 17. ... Lb7-c6 18. Dd4-e3 Dc7-d8. Schwarz erreichte die ideale Aufstellung: g7 gesichert, die Türme verbunden, das Zentrum in Auffangstellung, der Vorstoß b6-b5 parat (½/94).

Die Väter des Damenfianchettos (Flankierung) sind weit zurück zu suchen, etwa:

Kostitsch – A. Steiner
(Budapest 1921!)

1. d2-d4	Sg8-f6
2. Sg1-f3	b7-b6
3. g2-g3	Lc8-b7

Sicher gibt es solche Spielanfänge auch noch weiter zurück.

Zwei Turnier-Asse,
Portisch - Hübner
(Tilburg 1978):

1. c2-c4	Sg8-f6
2. Sb1-c3	e7-e6
3. Sg1-f3	b7-b6
4. e2-e4	Lc8-b7
5. d2-d3	c7-c5

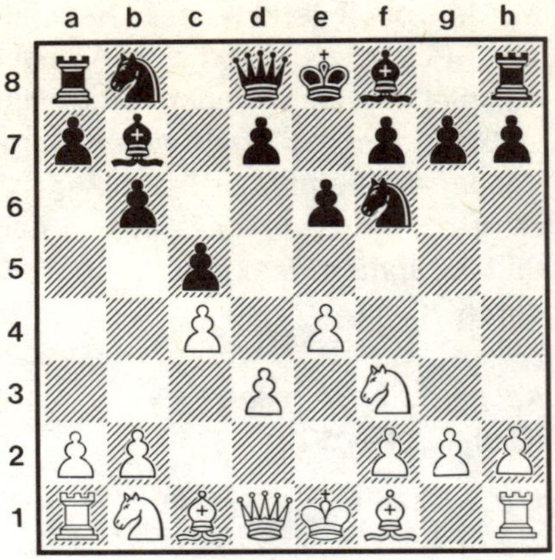

Stellung nach dem 5. Zug

6. g2-g3	Sb8-c6
7. Lf1-g2	Lf8-e7
8. 0-0	0-0
9. d3-d4	

Den typischen Nachzug des d-Bauern kennen wir bereits aus der vorigen Partie; den Zug d3-d4 treffen wir auch in der Caro-Kann-Verteidigung an, wenn sich Weiß mit d2-d3 aufbaut und drei Züge später schon mit d3-d4 nachstößt.

9. . . .	c5xd4
10. Sf3xd4	Ta8-c8
11. b2-b3	a7-a6
12. Lc1-b2	Dd8-c7
13. Ta1-c1	Dc7-b8 =

Ein typisches Verfahren, die Dame wird von »Zugluft« auf der c-Linie freigehalten. Der ganze Aufbau ist für beide Seiten supermodern.

Portisch – Dschindschichaschwili
(23. Schacholympiade):

1. Sg1-f3	b7-b6
2. g2-g3	Lc8-b7
3. Lf1-g2	e7-e5
4. d2-d3	g7-g6
5. e2-e4	Lf8-g7

Wir sehen zwei ausgekochte Schachfüchse im Eröffnungskampf. Der ungarische WM-Kandidat spielt einen reservierten Aufbau, doch wissen wir bereits: auch solche Partieanlagen können nachhaltig sein. Die Stellung bleibt ganz geschlossen.

6. h2-h4	h7-h5

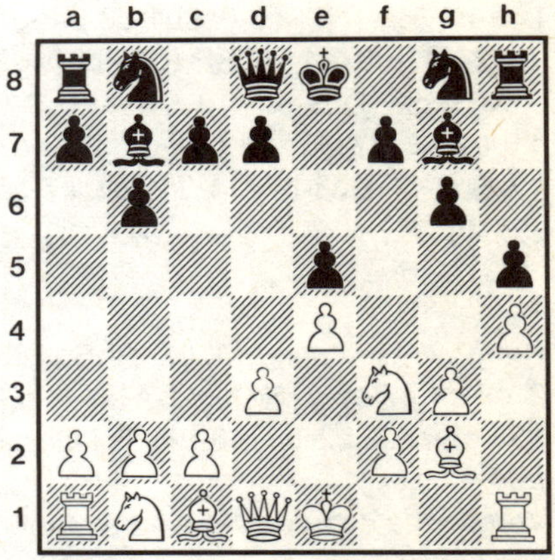

Stellung nach 6. ... h7-h5

7. c2-c4	Sg8-e7
8. Sb1-c3	c7-c5
9. a2-a3	Sb8-c6
10. Ta1-b1	Sc6-d4
11. Sf3xd4	c5xd4
12. Sc3-d5	Se7xd5
13. e4xd5	d7-d6

1:0/26, nachdem Schwarz ein unkorrektes Figurenopfer gebracht hatte. Einige weitere Beispiele aus der 23. Schacholympiade 1978, meistens von Großmeistern gespielt:

Ribli - Unzicker: 1. Sg1-f3 Sg8-f6 2. g2-g3 b7-b6 3. Lf1-g2 Lc8-b7 4. 0-0 c7-c5 5. c2-c4 g7-g6 6. Sb1-c3 Lf8-g7 7. d2-d4 c5xd4 8. Sf3xd4 Lb7xg2 9. Kg1xg2 Dd8-c8 10. b2-b3 Dc8-b7† 11. f2-f3 d7-d5 12. c4xd5 Sf6xd5 13. Sc3xd5 Db7xd5 14. Lc1-e3 Sb8-c6 15. Sd4xc6 Dd5xc6 16. Ta1-c1 Dc6-e6 (½/36)

Torre - Villela: 1. Sg1-f3 c7-c5 2. c2-c4 Sg8-f6 3. g2-g3 b7-b6 4. Lf1-g2 Lc8-b7 5. 0-0 e7-e6 6. Sb1-c3 Lf8-e7 7. d2-d4 c5xd4 8. Sf3xd4 Lb7xg2 9. Kg1xg2 Dd8-c8 10. Dd1-d3 0-0 11. e2-e4 d7-d6 12. Lc1-g5 Sb8-d7 13. Sd4-f3 Dc8-b7 14. Tf1-e1 a7-a6 (½/70)

Kuligowski - Keene: 1. d2-d4 Sg8-f6 2. c2-c4 e7-e6 3. Sg1-f3 b7-b6 4. g2-g3 Lc8-a6 5. b2-b3 Lf8-b4† 6. Lc1-d2 Lb4-e7

Vergleiche dazu das ähnliche Manöver in der Partie Hübner-Andersson. 7. Sb1-c3 0-0 8. e2-e4 d7-d5 9. c4xd5 La6xf1 10. Ke1xf1 e6xd5 11. e4-e5 Sf6-e4 12. Dd1-e2 Se4xc3 13. Ld2xc3 Dd8-d7 14. Kf1-g2 c7-c5 = (1:0/43)

Die Kombination 4. a3/5. d5 La6

Der Randbauernzug a2-a3 ist gegen die Fesselung Lb4 gerichtet und wurde vorwiegend von Exweltmeister Petrosjan praktiziert. Unser Beispiel mit dem neuen Stern der UdSSR, dem 1962 geborenen Garik Kasparow, kombiniert den Zug a3 samt d5 mit dem Läuferausfall La6 und der späten Flankierung von Weiß durch 10. g3:

Kasparow - Browne
(Banja Luka 1979)

1. d2-d4	Sg8-f6
2. c2-c4	e7-e6
3. Sg1-f3	b7-b6
4. a2-a3	c7-c5
5. d4-d5!	Lc8-a6
6. Dd1-c2	e6xd5
7. c4xd5	

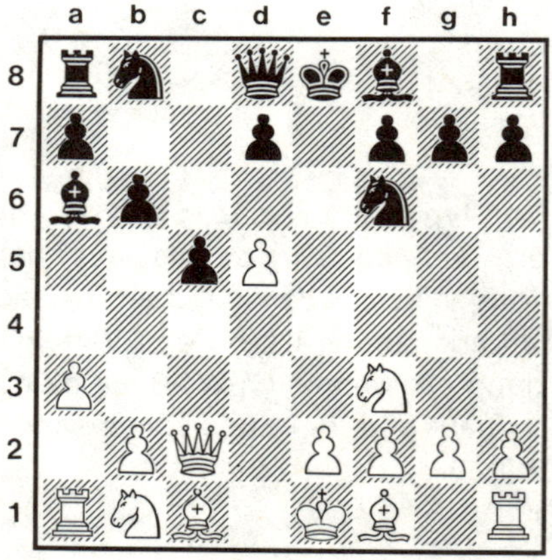

Stellung nach 7. c4xd5

Schwarz darf nicht auf d5 nehmen wegen 8. De4† mit Verlust des Springers (oder Ta8 nach Se7).

Der weitere Verlauf war 7. ... d6 8. Sc3 Sbd7 9. Lf4 Le7 10. g3 0-0 11. Lg2 Te8 12. 0-0 Sh5 13. Ld2 Shf6 14. Tfe1 Lf8? und nach 15. a4 Sg4 16. Sb5! erhielt

Weiß ein Übergewicht. Mit 14. ... b5! aber hätte Schwarz gleich am Damenflügel vorgehen können. Der junge Meister gewann im 39. Zug und siegte in dem GM-Turnier übrigens mit 2½ Punkten Vorsprung vor Petrosjan!

Spassov - Csom: 1. d2-d4 Sg8-f6 2. c2-c4 e7-e6 3. Sg1-f3 b7-b6 4. a2-a3 c7-c5 5. d4-d5 Lc8-a6 6. Dd1-c2 e6xd5 7. c4xd5 g7-g6
Natürlich nicht 7. ... Sd5:?? 8. De4† mit Figurengewinn. Schwarz leitet in den Benoni-Aufbau über.
8. Sb1-c3 Lf8-g7 9. Lc1-g5 d7-d6 10. e2-e4 La6xf1

Wieder künstliche Rochade

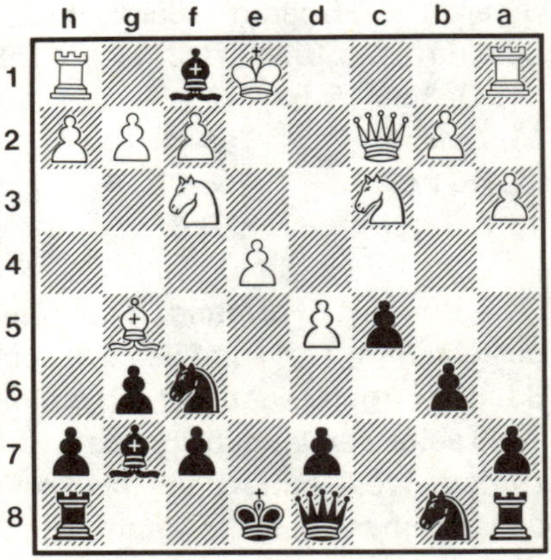

Stellung nach 10. ... La6xf1

11. Ke1xf1 0–0 12. g2-g3 Sb8-d7 13. Kf1-g2 a7-a6 14. a3-a4 Dd8-c7 15. b2-b3 Ta8-b8 16. h2-h3 Tf8-e8 17. Th1-e1 b6-b5 18. a4xb5 a6xb5 19. Ta1-a6 Tb8-b6 (½/33)

Eine extravagante Einlage des Weltmeisters:

Vukic - Karpow
(Bugoino 1978):

1. Sg1-f3	Sg8-f6
2. g2-g3	b7-b5!?

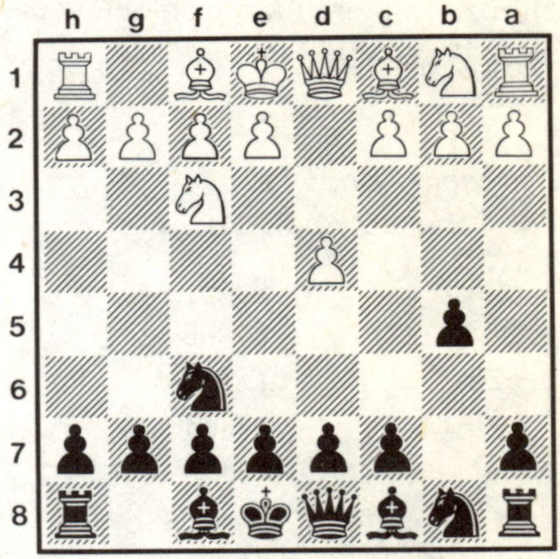

Stellung nach 2. ... b7-b5

Eine Verteidigung, die man auch schon »Polnisch« getauft hatte, und die in neuerer Zeit von dem jugoslawischen Großmeister Ljubojevic wieder hoffähig gemacht wurde.

3. Lf1-g2	Lc8-b7
4. 0-0	e7-e6
5. d2-d3	d7-d6

Bei Vukic – Miles (Biel 1978) geschah 5. ... Lf8-e7 6. e2-e4 0-0 7. Sb1-d2 d7-d6 8. Sf3-e1 b5-b4 9. a2-a3 a7-a5 10. a3xb4 a5xb4 11. Ta1xa8 Lb7xa8 12. f2-f4 Sb8-c6 = (½/25)

6. e2-e4	c7-c5
7. a2-a4	a7-a6

8. a4xb5 a6xb5
9. Ta1xa8 Lb7xa8
10. Sb1-a3 Dd8-b6 =

Oder Wirthensohn - Partos (Biel 1978): 1. d2-d4 Sg8-f6 2. Sg1-f3 b7-b5 3. Lc1-g5 d7-d5 4. e2-e3 c7-c6 =

Weiß spielt Lf4 oder e2-e3

Nun zur anderen Möglichkeit, in der sich Weiß mit Lf4 und/oder e2-e3 aufbaut.

Petrosjan - Browne
(23. Schacholympiade):

1. d2-d4 Sg8-f6
2. Sg1-f3 b7-b6
3. e2-e3 Lc8-b7
4. Lf1-d3 e7-e6
5. 0-0 Lf8-e7
6. b2-b3 0-0
7. Lc1-b2 c7-c5
8. c2-c4 c5xd4
9. e3xd4 d7-d5

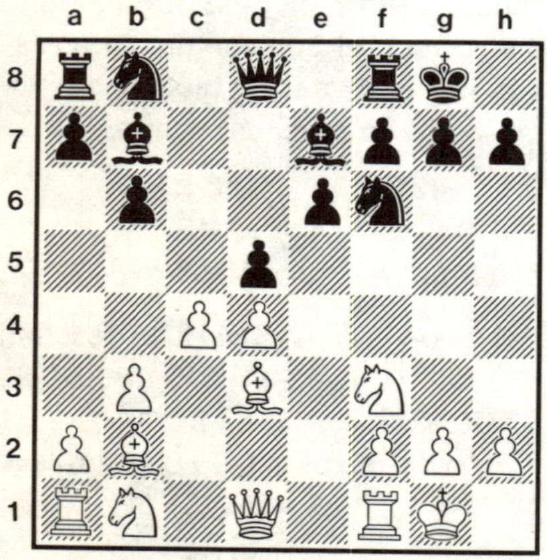

Stellung nach dem 9. Zug

Diese Stellung kommt so oder ähnlich tausendfach in der Turnierpraxis vor. Der allzu vorsichtige Petrosjan wählt nicht die übliche Aufstellung des Damenspringers nach c3, sondern sichert sich automatisch gegen allfällige Möglichkeiten d5xc4 nebst Lb7xf3 mit Angriff auf den Bd4 (was im Moment wegen des nach Dd1xf3 auf a8 hängenden Turmes noch nicht akut ist).

10. Sb1-d2 Sb8-d7

In der Partie Csom - Keene (Bad Lauterberg 1977) geschah 10. Dd1-e2 Sb8-c6 11. Sb1-d2 Tf8-e8 12. Ta1-c1 Le7-f8 13. Tf1-d1 g7-g6 14. Sd2-f1 Sf6-h5 =

Ebenso bis zum 13. Zug spielten Smejkal - Ogaard (Sämisch-Gedenkturnier 1978): 13. Tfd1 Tc8 14. De3 g6 15. h3 Lg7 =

11. Ta1-c1 Ta8-c8
12. Dd1-e2 Tc8-c7
13. Sf3-g5(!) h7-h6

Der normale Fortgang für Weiß besteht in 14. Tfd1 samt Se5. Tauscht Schwarz irgendwann auf c4, nimmt Weiß selbstverständlich mit dem Bc4 zurück; Weiß hätte dann ein stark dynamisches Spiel im Zentrum mit Blickrichtung aller weißen Figuren auf die Königsstellung.

14. Sg5-h3 Tf8-e8
15. f2-f4 Dd8-a8!

Schwarz steht sehr gut. Der Exweltmeister geriet nach 16. Sf3 dc4: 17. bc4: Le4! 18. Sd2 Ld3: 19. Dd3:

Lb4! 20. Sf3 De4! 21. Db3 La5 leicht in die Defensive (jedoch 1:0/41).

Miles - Andersson
(23. Schacholympiade):

1. d2-d4	Sg8-f6
2. Sg1-f3	e7-e6
3. c2-c4	b7-b6
4. Lc1-f4	Lc8-b7
5. e2-e3	Lf8-b4†
6. Sf3-d2	

Man vergleiche, wie sich Spasski gegen Miles mit Lf8-e7 begnügte und auf das Lb4† verzichtete.

6. ...	0-0
7. Lf1-d3	

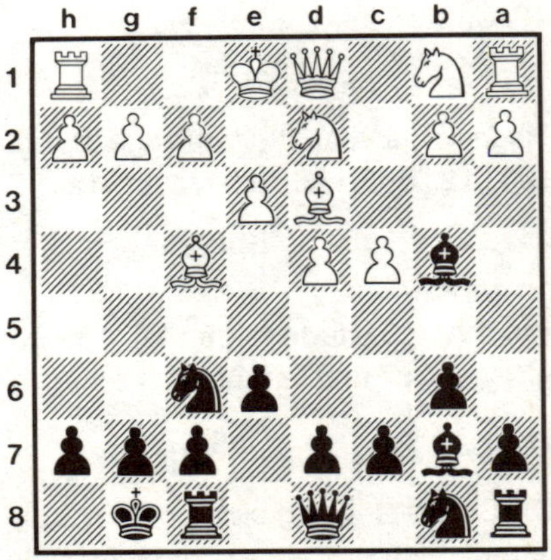

Stellung nach 7. Lf1-d3

Es wäre gefrevelt von Schwarz, sich auf 7. ... Lg2: 8. Tg1 Le4 9. Le4: Se4: 10. Df3 einzulassen.

7. ...	d7-d5
8. 0-0	c7-c5
9. a2-a3	Lb4xd2
10. Sb1xd2	c5xd4
11. e3xd4	Sb8-c6
12. Sd2-f3	d5xc4
13. Ld3xc4	Ta8-c8
14. Ta1-c1	Sc6-a5 =

(0:1/31)

Hübner - Andersson
(Buenos Aires 1978):

1. d2-d4	Sg8-f6
2. c2-c4	e7-e6
3. Sg1-f3	b7-b6
4. Lc1-f4	Lc8-b7
5. e2-e3	Lf8-b4†
6. Sb1-d2	Lb4-e7
7. Lf1-d3	c7-c5
8. 0-0	0-0
9. e3-e4	c5xd4
10. Sf3xd4	d7-d6
11. Lf4-g3	Sb8-d7

(½/14)

Kortschnoi – Hübner (10. Partie Kandidatenfinale 1981 Meran)

1. d2-d4	Sg8-f6
2. c2-c4	e7-e6
3. Sg1-f3	b7-b6
4. Sb1-c3	Lc8-b7
5. Lc1-f4	Lf8-b4
6. Dd1-b3	a7-a5
7. e2-e3	Sf6-e4
8. Lf1-d3	Se4xc3

Besser vielleicht Tausch mit Lc3:† 9. bc3: d6 usw. =

Forintos – Hecht
(Heilimo-Memorial Finnland 1980):

1. c2-c4	b7-b6
2. Sb1-c3	Lc8-b7

3. e2-e4	e7-e6
4. Sg1-f3	Lf8-b4
5. Dd1-b3	Sb8-a6!

Bei Smejkal-Miles, 1978, geschah 5. ... Lc3:† 6. Dc3: Le4:? 7. Dg7:? Df6 usw. Aber 7. d3! Lf3: 8. Dg7: Df6 9. Lh6! hätte Weiß in Vorteil gebracht.

6. Lf1-e2	Sg8-e7 (0:1/35)

Miles eröffnet 1. ... a7-a6, 2. ... b7-b5 und gewinnt – gegen Weltmeister Karpow!

Ein Aufsehen erregendes Eröffnungsexperiment leistete sich GM A. Miles bei der Europa-Mannschaftsmeisterschaft 1980 in Schweden:

A. Karpow – A. Miles

1. e2-e4	a7-a6!?
2. d2-d4	b7-b5!?

„Das Gelächter der Zuschauer im Turniersaal wirkte bereits peinlich" (Miles).

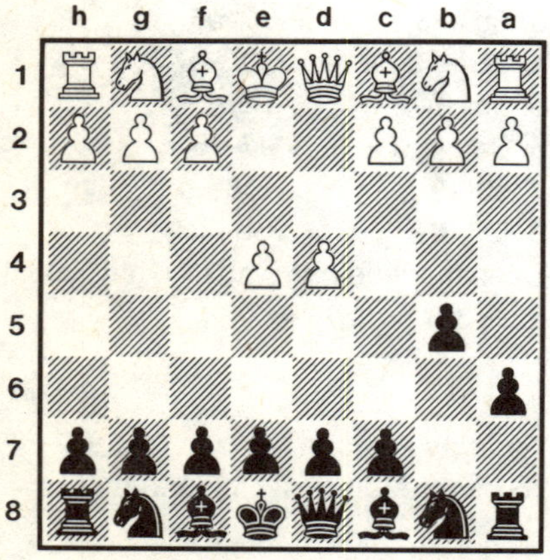

Stellung nach dem 2. Zug

3. Sg1-f3	Lc8-b7

Miles weist hin auf die Möglichkeit 3. a4 Lb7 4. ab5: Le4:! 5. ba6: Lb7! usw.

4. Lf1-d3	Sg8-f6
5. Dd1-e2	e7-e6
6. a2-a4	

Andere Züge waren 6. Lg5, 6. 0-0 oder 6. Sbd2.

6. ...	c7-c5
7. d4xc5	

Um Möglichkeiten wie 7. e5 c4! oder 7. c3 c4! vorzubeugen.

7. ...	Lf8xc5
8. Sb1-d2	b5-b4
9. e4-e5	Sf6-d5
10. Sd2-e4	Lc5-e7
11. 0-0?!	

Nach Miles kam eher in Frage 11. Lg5 0-0 12. Sd6 Lc6, oder auch 12. h5.

11. ...	Sb8-c6
12. Lc1-d2	

Auf 12. Lg5 würde folgen f6! 13. ef6: gf6: mit Dc7 und langer Rochade.

12. ...	Dd8-c7 =

Die Spiele stehen gleich – merkwürdig genug nach diesem extremen Beginn mit den 2 Bauernzügen am Damenflügel.

Karpow glaubte sich verpflichtet, mehr herauszuholen, fehlte im 18. Zug (Le4? statt 18. Sg5) und hatte nach 23 Zügen ein verlorenes Spiel (0:1/46). Eine Eröffnung und ein Ergebnis gegen einen Weltmeister, das weltweit Aufsehen erregte.

Chandler (Neuseeland) – Schulz
(Hamburg 1980, Jubiläumsturnier)

1. e4 a6 2. d4 b5 3. Sf3 Lb7 4. e5 e6 5. c4 Lf3: 6. Df3: Sc6 7. Le3 f6 8. cb5: ab5: 9. Lb5: Sb4 10. Sa3 Ta3:? (1:0/17). Gut war 10. ... c6! 11. Lc4 Da5! usw.
Weitere Beispiele zu dieser Novität, mit unterschiedlichen Ergebnissen:

Sugar – Nokes
(Spartacus Open, Ungarn 1982)

1. e2-e4	e7-e6
2. d2-d4	a7-a6
3. c2-c4	b7-b5!?
4. c4xb5	a6xb5
5. Lf1xb5	Lc8-b7
6. Sb1-c3	Lf8-b4
7. Lb5-d3	f7-f5
8. Dd1-e2	Sg8-f6
9. Lc1-g5	f5xe4
10. Ld3xe4	Sf6xe4
11. Lg5xd8	Se4xc3
12. De2-c4	Sc3-d5†

Der Leser vergleiche dazu Seite 20 Adorjan – Spasski nach 8. f3.

13. Ke1-d1	Ke8xd8 0:1/26

Other – Basman (Paris 1982)
1. e4 e6 2. d4 b5! 3. Lb5: Lb7 4. Ld3 f5! 5. Sd2 Sf6 6. De2 c5 7. Sgf3 c4! 8. Lc4: fe4: 9. Sg5? Da5! ∓ 0:1/20

Die Damenindische Verteidigung

Die Grundlagen der Damenindischen Verteidigung mit Kontrolle des Zentrumspunktes e4 durch b6/Lb7/Sf6 sind uns bekannt. Früher war man der Auffassung, Schwarz könne sich die Aufstellung b6/Lb7 nicht ohne die Vorbereitung mit Sf6/e7-e6 leisten, dürfe also nicht den weißen Aufbau mit c4/d4/e4 zulassen. Die totale Besetzung des Zentrums durch die weißen Bauern galt als nachteilig für Schwarz. Mit der Etablierung der Owen-Verteidigung oder des modernen Damenindisch wurde diese Auffassung als nicht richtig abgestempelt.
Man war der Auffassung, nur wenn Weiß auf 3. Sc3 verzichtet und statt dessen 3. Sf3 spielt, nur dann könne Schwarz das Manöver b6/Lb7 spielen, also die Damenindische Verteidigung anwenden:

1. d2-d4	Sg8-f6
2. c2-c4	e7-e6
3. Sg1-f3	b7-b6

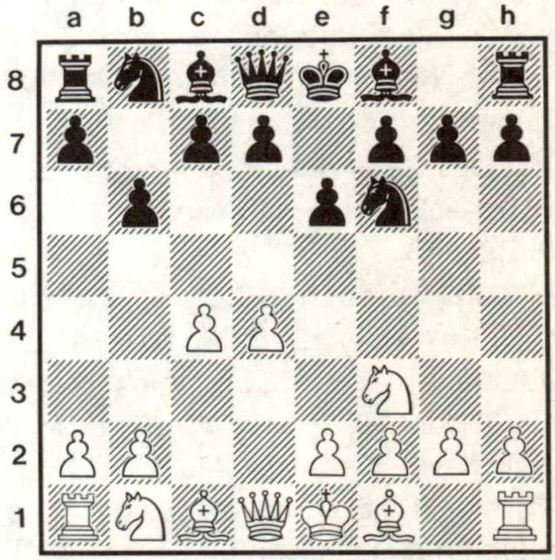

Grundstellung der klassischen Damenindischen Verteidigung

Wir wollen nur die Hauptvarianten behandeln und sehen von Spielweisen wie 4. Sb1-c3 oder 4. e2-e3 oder 4. Lc1-g5 ab. Zu 95 % folgen beiderseits als nächste Züge:

4. g2-g3 Lc8-b7
5. Lf1-g2 Lf8-e7
6. 0-0 0-0
7. Sb1-c3 Sf6-e4

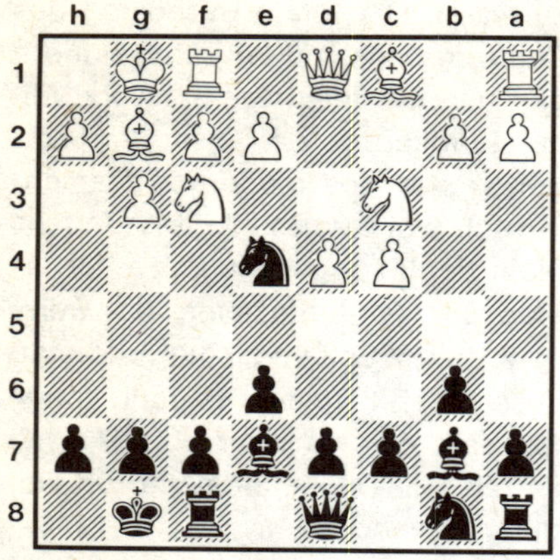

Schwarz besetzt sofort e4

Wieder handelt es sich so gut wie um eine Grundstellung der Damenindischen Verteidigung. Andere Züge außer Se4 mit Besetzung von e4 gelten für Schwarz nicht als vollwertig. Das Spiel gabelt sich erst nach

8. Dd1-c2 Se4xc3
9. Dc2xc3

Gewiß ist auch 8. Sc3xe4 Lb7xe4 9. Sf3-e1 Lb7xg2 10. Kg1xg2 d7-d6 (Mecking – Portisch, Amsterdam 1978) oder 10. Se1xg2 d7-d5 11. Dd1-a4 Dd8-e8 (Kawalek - Mecking, IBM-Turnier 1978) möglich, beide Male gleich mit Remisschluß.

Die Hauptvarianten 9. ... c7-c5 und 9. ... f7-f5

Für Schwarz dominieren diese zwei Fortsetzungen:
9. ... c7-c5 und 9. ... f7-f5

Bagirow - Balaschow
(SU-Meisterschaft 1978):

9. ... c7-c5
10. Tf1-d1 d7-d6
11. b2-b3 Le7-f6
12. Lc1-b2 Dd8-e7
13. Dc3-c2 Sb8-d7
14. Td1-d2 c5xd4
15. Lb2xd4 Tf8-d8
16. Ta1-d1 Ta8-c8
17. Dc2-b1
(½/32)

Dorfman - Filguth
(Mexiko 1977):

9. ... c7-c5
10. Tf1-d1 Le7-f6?
11. Dc3-d3!

Vorteil für Weiß, weil Sg5! droht. Daher ist nur 10. ... d6 richtig.

11. ... Sb8-c6
12. d4xc5 b6xc5
13. Dd3xd7 Dd8-b6
(1:0/26)

Tukmakow - Kusmin
(SU-Meisterschaft 1977):

9. ... c7-c5
10. Tf1-d1 d7-d6
11. b2-b3 Sb8-d7
12. Lc1-b2 Sd7-f6
13. d4-d5 e6xd5?

Bei 13. ... e6-e5 =; jetzt kam Schwarz durch 14. cd5: Te8 15. e4 Lf8 16. Sd2 b5 17. a4! in Nachteil.

Grigorjan – Makaritschew
(SU-Meisterschaft 1978):

9. ...	c7-c5
10. Tf1-d1	d7-d6

Daß 10. ... Lf6? ein Fehler ist wegen 11. Dd3! (drohend 12. Sg5) haben wir bereits gesehen. Der Bd7 muß nach d6 vorgerückt werden.

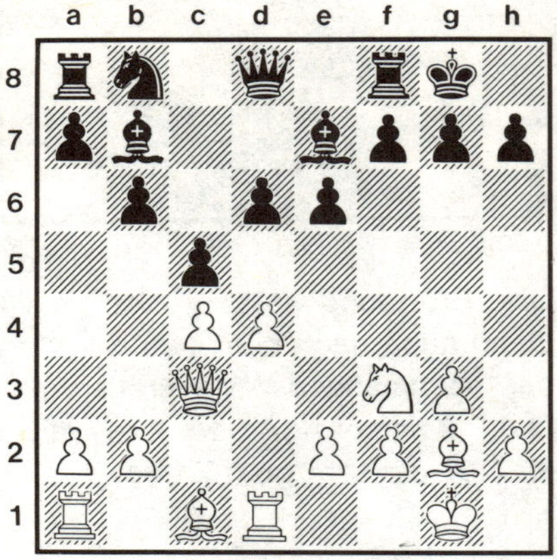

Schwarz spielt richtig 10. ... d6!

11. b2-b3	Le7-f6
12. Lc1-b2	Dd8-e7

Die Versuchung 12. ... Lb7xf3 13. Lg2xf3 Lf6xd4 14. Td1xd4 c5xd4 15. Dc3xd4 würde nicht nur die Qualität zurückverlieren; nach 15. ... e6-e5 16. Dd4-d2 Sb8-a6 17. Lf3xa8 Dd8xa8 18. Dd2xd6 f7-f6 19. Ta1-d1 hätte Schwarz den d-Bauern bei Verluststellung eingebüßt.

13. Dc3-c2	Sb8-c6
14. e2-e4	g7-g6
15. d4-d5	

Raumvorteil für Weiß, der auch nach 15. ... Sb4 16. Lf6: Df6: 17. Dd2 e5 anhält. Auch die Position nach 17. Dd2 ed5: 18. ed5: Lc8 19. a3 Sa6 20. Sg5! war schon da (Browne – Grefe, US-Championat 1977); Weiß gewann im 33. Zug.

Der Weltmeister 1980 mit Schwarz:
Timman – Karpow
(IBM-Turnier Amsterdam 1980)

9. ...	c7-c5
10. Tf1-d1	d7-d6
11. b2-b3	Dd8-c7
12. Lc1-b2	Le7-f6
13. Dc2-d2	Tf8-d8!
14. d4xc5	d6xc5
15. Dd2-f4	Sb8-a6

Im 13. Zug startete Weiß ein neues Manöver, doch der Weltmeister hält leicht Ausgleich.

16. Df4xc7	Sa6xc7
17. Sf3-e5	

Bei Hort – Karpow (Brasilien 1980) geschah: 17. Lf6: gf6: 18. Se1 Lg2: 19. Kg2: Kf8 20. Td3 Td3: (1/2/24)

17. ...	Lb7xg2
18. Kg1xg2	Lf6xe5
19. Lb2xe5	Sf6-e8 (1/2/34)

Jetzt die andere Hauptvariante mit 9. ... f7-f5

Hauptvariante mit 9. ... f7-f5

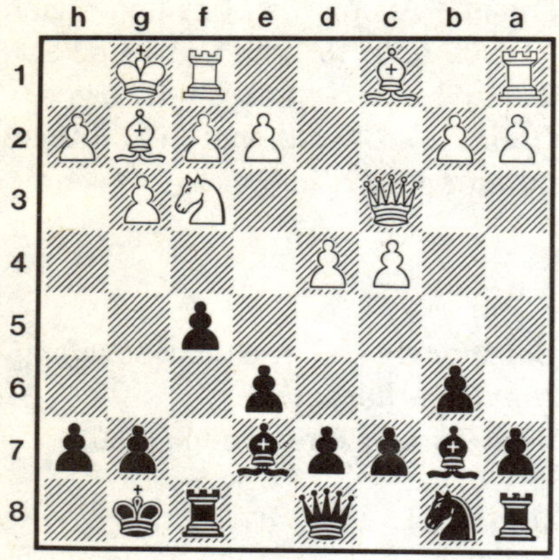

Polugajewski - Kortschnoi
(Kandidatenturnier zur Weltmeisterschaft, Evian 1977):

9. ...	f7-f5
10. b2-b3	Le7-f6
11. Lc1-b2	Sb8-c6
12. Ta1-d1	Sc6-e7
13. Sf3-e1	

Damit sind wir bei einem Hauptthema nicht nur dieser Verteidigung angelangt: Weiß kann den wertvollen Königsläufer gegen den schwarzen Damenläufer tauschen, ohne sich damit eines möglichen Vorteils zu begeben. Der potentielle Druck auf die Diagonalen b7/g2 verschwindet.

13. ...	Lb7xg2
14. Se1xg2	

14. Se1xg2

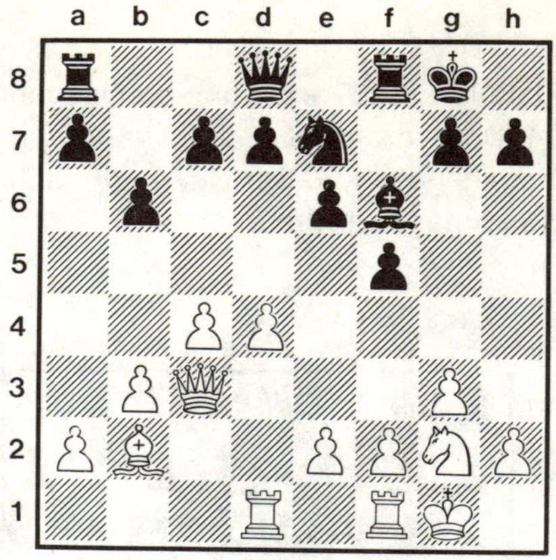

Die Eröffnung ist vorüber. Weiß stand auch nach dem scharfen Zug des nachmaligen WM-Herausforderers Kortschnoi, 14. ... g7-g5?! 15. Dd3-c2! sehr gut (0:1/41).

Miles - Kortschnoi
(Wijk aan Zee 1978):

9. ...	f7-f5
10. b2-b3	Le7-f6
11. Lc1-b2	Sb8-c6
12. Ta1-d1	Dd8-e7
13. Dc3-d2	Sc6-d8
14. d4-d5	

Wird im Schach-Informator getadelt; besser sei 14. Tfe1 Sf7 15. Sh4 usw. Nach 14. ... Lf6xb2 15. Dd2xb2 d7-d6 16. d5xe6 Sd8xe6 stand Schwarz besser, vor allem wegen 17. b4? (14. e3) f4!

Hamann - Stean
(23. Schacholympiade 1978):

9. ...	f7-f5
10. b2-b3	Le7-f6
11. Lc1-b2	d7-d6
12. Sf3-e1	Lb7xg2
13. Se1xg2	Sb8-c6
14. Dc3-d2	e6-e5
15. d4xe5	d6xe5
16. Ta1-d1	Dd8-e8

Der junge englische Großmeister möchte noch nicht die Dame tauschen; aber aggressive Möglichkeiten sind für ihn kaum in Sicht.

17. Dd2-c2	Lf6-g5
18. a2-a3	De8-e6
19. Td1-d5	Ta8-e8
20. e2-e3	Lg5-f6

(½/28)

Tukmakow - Stean
(Las Palmas 1978):

9. ...	f7-f5
10. b2-b3	Le7-f6
11. Lc1-a3	d7-d6

Die Idee des Weißen könnte Schwarz auch mit 11. ... c5 kontern, jedoch nach 12. Dd2! wäre d6 unnötig geschwächt.

12. Ta1-d1	Sb8-c6
13. Dc3-c2	Sc6-e7

Wieder liquidiert Weiß die Spannung der Läuferdiagonalen:

14. Sf3-e1	Lb7xg2
15. Se1xg2	

15. Se1xg2

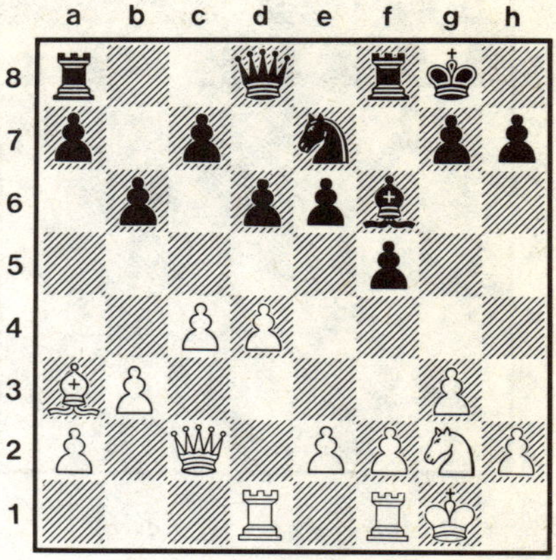

Wegen der Möglichkeiten Sg2-f4 und e2-e4 darf Weiß einen geringen Positionsvorteil verbuchen. Und so kam Weiß auch nach 15. ... e6-e5? 16. d4xe5 Lf6xe5 17. c4-c5 b6xc5 (hat Schwarz besseres?) 18. La3xc5 Dd8-d7 19. Lc5-d4 allmählich in Vorteil. Richtig hätte Schwarz aber 15. ... Dd8-e8 16. e2-e4 e6-e5! gespielt.

1981 Neufeld nach 9. ... f7-f5

Sosonko – Seirawan
(Sechskampf Bad Kissingen 1981)
10. d4-d5!
Ein neuer Zug, in welchem die Einfachstrategie siegt:

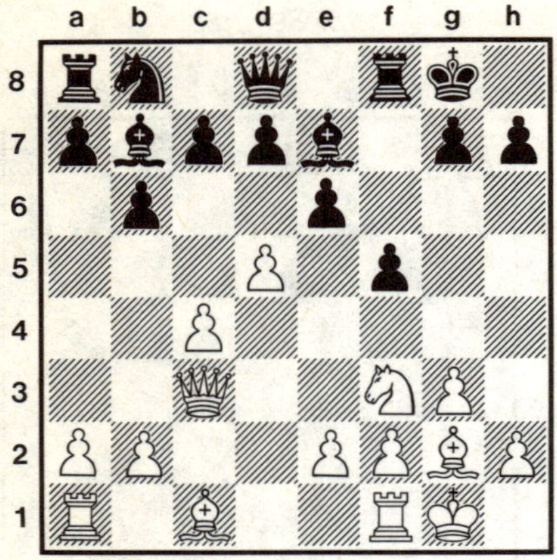

Stellung nach 10. d4-d5

10. ...	e6xd5
11. Sf3-e1	d5-d4
12. Dc3xd4	Lb7xg2
13. Se1xg2	Sb8-c6
14. Dd4-d3	Le7-d6
15. Lc1-f4	Ld6xf4
16. Sg2xf4	Tf8-f7
17. Sf4-d5	d7-d6
18. f2-f4	Dd8-d7
19. Tf1-e1	Ta8-e8
20. e2-e4!	

Dem Zentralaufmarsch in der e-Linie folgt die Aktion. Dabei erweist sich der Sd5 dem Sc6 hoch überlegen. In wenigen Zügen tritt das Ende ein. 20. ... fe4: 21. Te4: Te4: 22. De4: Sd8 23. Te1 h6 24. Se7† ! 1:0

Weiß war nach 23. Te1 verloren, z. B. 23. ... Sc6 24. De8† und Bc7 fällt, oder 23. ... g6 24. Dd4. In der Schlußstellung folgt auf 24. ... Kf8 25. Sg6† Kg8 26. De8† De8: 27. Te8:† Kh7 28. Sf8† usw.

Die Varianten mit 4. ... Lc8-a6

Nach 1. d2-d4 Sg8-f6 2. c2-c4 e7-e6 3. Sg1-f3 b7-b6 4. g2-g3 kann Schwarz auch den zunächst ungewöhnlich anmutenden Ausfall 4. ... Lc8-a6 spielen:

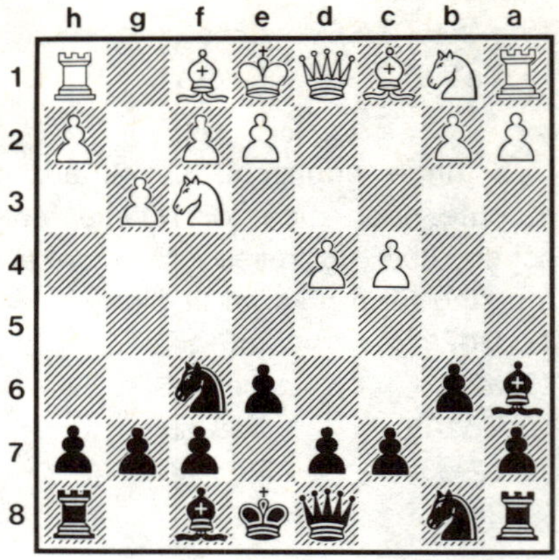

Stellung nach 4. ... Lc8-a6

Sosonko – Miles
Hoogoven, Holland 1981

5. Sb1-d2	La6-b7

Typisch das Zurücknehmen des Zuges, nachdem Sc3 nicht mehr geschehen kann. Es folgen mehrere Beispiele desselben Aufbaues.

6. Lf1-g2	c7-c5
7. e2-e4!	d7-d6

Auf 7. ... Se4:? kommt 8. Sg5!

8. d4-d5	e6xd5

9. c4xd5	Lb7-a6
10. Lg2-f1!	Dd8-c8
11. Dd1-a4†	Sf6-d7
12. Lf1xa6	Dc8xa6
13. Da4xa6	Sb8xa6
14. 0-0	Sa6-b4
15. Sd2-c4	f7-f5?

Führt zu raschem Untergang.

16. e4xf5	Sd7-f6
17. Lc1-g5	Sb4xd5
18. Ta1-d1	Ke8-d7
19. Lg5xf6	Sd5xf6
20. Sf3-e5†	Kd7-c7
21. Se5-f7	Th8-g8
22. Sf7xd6	(1:0/44)

Sosonko – Gheorghiu
(ebenfalls Hoogoven 1981)

7. e2-e4	c5xd4
8. e4-e5	Sf6-g8
9. 0-0	d7-d6
10. Sf3xd4!	Lb7xg2
11. Kg1xg2	a7-a6

Nicht 11. ... de5: 12. Df3 Sd7 13. Sb5 drohend Da8:

12. e5xd6	Lf8xd6
13. Dd1-f3	Ta8-a7
14. Sd2-e4	Ta7-d7

Falls 14. ... Le5, so 15. Se6: (Dh5† drohend); oder 14. ... Sf6 15. Sc6! usw.

15. Tf1-d1	Sg8-e7
16. Se4-g5	Se7-g6?
17. Sd4xe6!	1:0

Browne – Miles (NL 1981)

7. 0–0	c5xd4
8. Sf3xd4	Lb7xg2
9. Kg1xg2	Lf8-e7
10. e2-e4	1/2:1/2

Timman – Andersson (NL 1981)
Züge 1-8 wie zuvor:

9. Kg1xg2	Dd8-c7
10. b2-b3	a7-a6
11. Lc1-b2	Lf8-e7
12. e2-e3	0-0
13. Dd1-f3	Ta8-a7
14. Sd2-e4	Sf6xe4
15. Df3xe4	Dc7-b7 1/2:1/2

Gheorghiu – Timman (NL 1981)

6. Lf1-g2	Lf8-e7
7. 0-0	0-0
8. b2-b3	c7-c5
9. Lc1-b2	a7-a6
10. e2-e3	c5xd4
11. Sf3xd4	Dd8-c7
12. Ta1-c1	Lb7xg2
13. Kg1xg2	Sb8-c6
14. Sd4xc6	Dc7xc6†
15. Dd1-f3	Tf8-c8
16. Tf1-d1	1/2:1/2

Unzicker – Langeweg (NL 1981)

5. Dd1-a4	La6-b7
6. Lf1-g2	c7-c5
7. 0-0	c5xd4
8. Sf3xd4	Lb7xg2
9. Kg1xg2	Dd8-c8
10. Lc1-f4	Dc8-b7†
11. f2-f3	a7-a6 (1/2/15)

Die Modevariante 4. a2-a3

Weil man mit der Flankierung 4. g2-g3 nicht viel Seide zu spinnen ist, verfiel man neuerdings auf den Vorbeugungszug 4. a2-a3 für Weiß in der Damenindischen Verteidigung.

Browne – Langeweg
(Wijk a. Z. 1981)
(1. d4 Sf6 2. c4 e6 3. Sf3 b6)
4. a2-a3

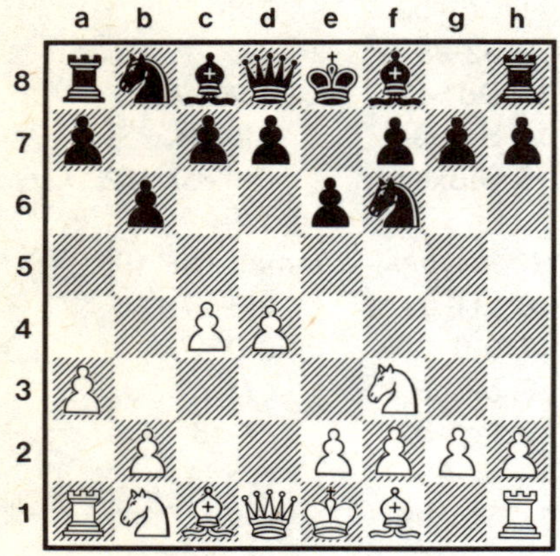

Stellung nach 4. a2-a3

Man greift wieder auf den alten Zug zurück, nachdem sich mit dem Fianchetto 4. g2-g3 nicht viel Seide spinnen läßt.

4. ...	c7-c5
5. d4-d5	Lc8-a6
6. Dd1-c2	e6xd5
7. c4xd5	

Nun scheitert Sd5:? natürlich am Damenschach auf e4 mit Figurenverlust.

Nach 7. ... g6 stand Schwarz befriedigend. Inzwischen gab es dazu jedoch eine Neuheit:

Langeweg – Portisch
(Wijk a. Z. 1981)

7. ...	La6-b7
8. e2-e4	

Erzwungen, denn 8. Sc3 genügt nicht wegen Sd5:! 9. De4† De7! usw.

8. ...	Dd8-e7!

Danach ist Bauernverlust für Weiß unvermeidlich:

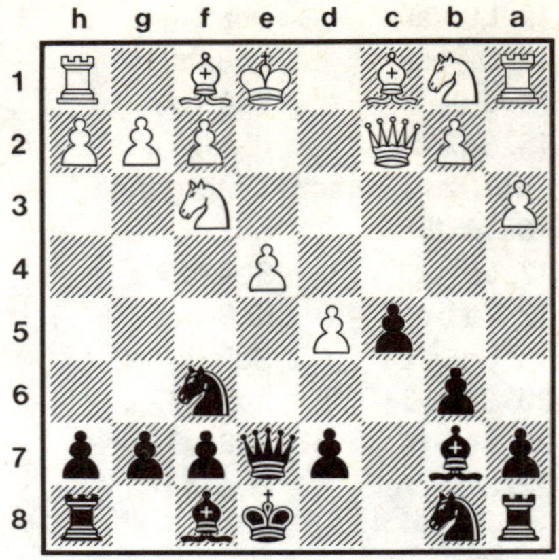

Stellung nach 8. ... Dd8-e7!

9. Lf1-d3	Sf6xd5!

Der gleiche Zug wäre auch auf 9. Sc3 geschehen.

10. 0-0	Sd5-c7
11. Lc1-g5	f7-f6
12. Lg5-h4	Sb8-c6
13. Sb1-d2	Sc7-e6

Auf e5 hätte Schwarz rochiert.

14. e4-e5	0-0-0
15. Tf1-e1	De7-f7 (0:1/27)

Neuerungen der Schacholympiade 1982

Die Mode wechselt ständig, oder Neuigkeiten vor zwei/drei Jahren werden übertrumpft. So bot die Schacholympiade 1982 diese Neuerungen:

Jusupow – Fries-Nielsen
(SU – Dänemark)
(Die ersten 8 Züge bis zur Diagrammstellung)

9. Lf1-d3	Sf6xd5
10. 0-0	Sd5-c7

11. b2-b4! Sb8-c6
12. Sb1-c3 Sc7-e6
13. b4xc5 De7xc5
14. Lc1-e3 Dc5-h5
15. Tf1-d1 Ta8-c8
16. Ld3–b5 Lf8-c5
17. Td1-d5 Dh5-g6
18. Td5xd7! Und nach 18. ... a6 19. Tb7: ab5: 20. Sd5 1:0/41.

Henley – Maninang (Djakarta 1982) (erste 10 Züge wie Seite 52/53)

11. Lc1-g5 f7-f6
12. Lg5-h4 Sb8-c6
13. Sb1-c3 0-0-0! =

Deshalb ist Jusupows Fortsetzung b4 druckvoller.
Übrigens ist der Zug 7. ... g6! anstelle des riskanten De7 eine gute Alternative.

Die *letzte Neuheit* zu diesen Varianten brachte die Partie
Rajna – Tolnai
(Budapester Meisterschaft 1982)
7. cd5: Lb7 8. Lg5!
Also ist 8. e4 gar nicht für Weiß erzwungen, wie man dachte. Ein gewagtes Bauernopfer gibt Weiß Chancen:
8. ... Ld5: 9. Lf6: Df6: 10. e4 Lc6 11. Sc3 Le7 12. Lc4 0-0 13. 0-0 Ld6 14. Tad1 Le5 15. Se5: De5: 16. f4 Dc7 17. e5 (1:0/23)

Die Variante 8. Sf3-e5 Sb8-a6!

1. d2-d4 Sg8-f6
2. c2-c4 e7-e6
3. Sg1-f3 b7-b6
4. g2-g3 Lc8-b7
5. Lf1-g2 Lf8-e7
6. 0-0 0-0
7. Sb1-c3 d7-d5

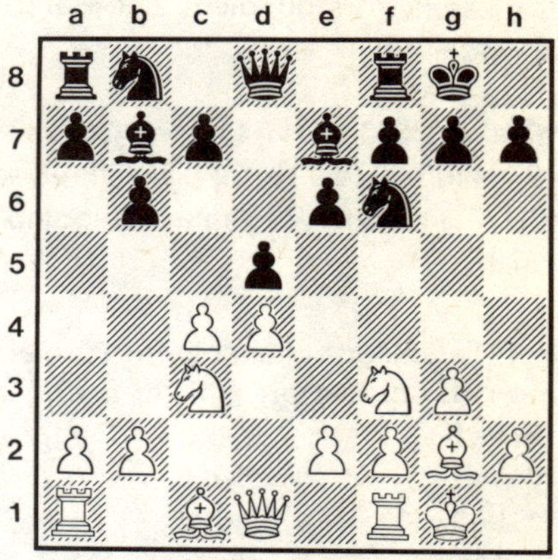

Stellung nach 7. ... d7-d5

Nach dem Zug
8. Sf3-e5 ...
wurde häufig so weitergespielt:
8. ... c7-c6 9. e2-e4 d5xc4 10. Se5xc4 Lb7-a6 11. b2-b3 b6-b5 12. Sc4-e3 b5-b4 13. Sc3-e2 La6xe2 14. Dd1xe2 Dd8xd4
8. ... Sb8-a6!

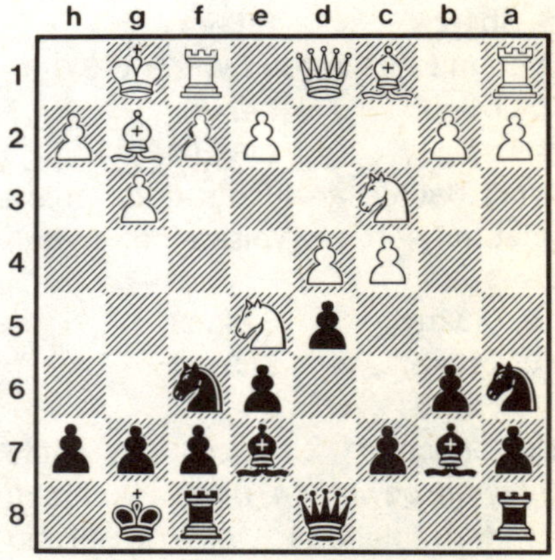

Stellung nach 8. ... Sb8-a6

Einige Großmeisterpartien dazu:

9. Lc1-g5 c7-c5!

Auf diesen Zug kommt es Schwarz an – diesem Vorstoß dient der Randspringerzug.

10. e2-e3 Sf6-e4 11. Lg5xe7 Dd8xe7 12. c4xd5 e6xd5 13. Dd1-a4 Tf8-e8 = (0:1/21) Hübner - Timman (Bugojno 1978).

Bei Tatai-Torre im selben Turnier gewann der bessere Spieler nach

9. Lc1-e3	c7-c5
10. Ta1-c1	c5xd4
11. Le3xd4	Sa6-c5
12. c4xd5	e6xd5
13. Se5-d3	Sc5-e6
14. Ld4xf6	Le7xf6
15. Sd3-b4	Se6-c7

(1:0/41).

Ein witziger Bauernverlust im Abspiel 6. Sc3 Se4 7. Ld2

Jusupow – Andrianow

(Meisterschaft von Moskau 1981)

6. Sb1-c3 Sf6-e4

Also mit Auslassung von 6. 0-0 0-0

7. Lc1-d2 Le7-f6

8. Ta1-c1? Lf6xd4!

Weiß dachte an nichts und verliert jetzt auf witzige Weise einen Mittelbauern.

9. Sf3xd4	Se4xc3
10. Lg2xb7	Sc3xb1
11. Tc1xd1	

Und nach 11. ... 12. La8: c6 sollte Schwarz gewinnen (tat es aber nicht, sondern spielte 11. ... e5? 12. Sf5 und verlor).

Die Pirc-Verteidigung

Sie ist nicht nach jedermanns Geschmack, die flexible Pirc-Verteidigung – aber etwas muß man ja gegen 1. e2-e4 mit Schwarz spielen! Die auch Pirc-Ufimzew (nach einem russischen Theoretiker) genannte Verteidigung wurde nach dem zweiten Weltkrieg etwa ab 1950 von dem jugoslawischen Großmeister Vasja Pirc in die Meisterpraxis eingeführt. Seither hat diese Verteidigung, die auf 1. e2-e4 oder auch auf 1. d2-d4 folgen kann, gleichbleibenden Interesses erfreut. An der Spitze steht zwar in allen Turnieren mit Schwarz Sizilianisch, aber danach erscheint gleich die Gruppe »Pirc« und »Robatsch«.

Zur Unterscheidung dieser zurückhaltenden, flexiblen Eröffnungsgruppe:

1. e2-e4 d7-d6

= Pirc-Verteidigung

1. e2-e4 g7-g6

= Robatsch-Verteidigung

In der Regel gehen die beiden Eröffnungssysteme mit der weiteren Folge 2. d2-d4 g7-g6 ineinander über.

Wenn Schwarz danach e7-e5 spielen würde (ohne g7-g6) würde man ja in das Alt-Indische System überleiten, wo der Zug Lf8-e7 geschieht.

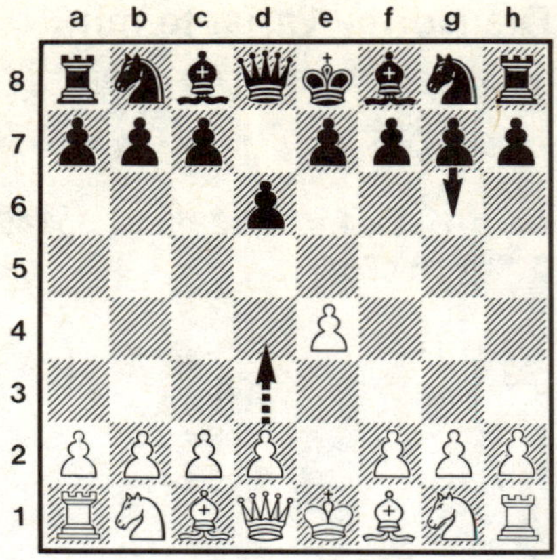

Die Grundstellung der Pirc-Verteidigung

In manchen westlichen Ländern wie Holland, England und Amerika spricht man auch von »Moderner Verteidigung«, wobei kein Unterschied zwischen 1. ... d7-d6 (Pirc) und 1. ... g7-g6 (Robatsch) gemacht wird. Eine Unterscheidung ist dem Schachamateur auch nicht recht verständlich, und fragt man in Schachvereinen nach dem Unterschied, so kann man die verschiedensten Ansichten hören.

Der Sinn des Zuges *erst* 1. ... d7-d6 *vor* 1. ... g7-g6 ist der: Schwarz soll jederzeit Sg8-f6 spielen können, ohne vom Vorstoß e4-e5 gestört zu werden.
Welchen *strategischen* Inhalt kann Schwarz mit dieser Aufstellung dem Spiel geben? Sehen wir uns dazu die Grundstellung an:

1. e2-e4 d7-d6 2. d2-d4 Sg8-f6 3. Sb1-c3 g7-g6

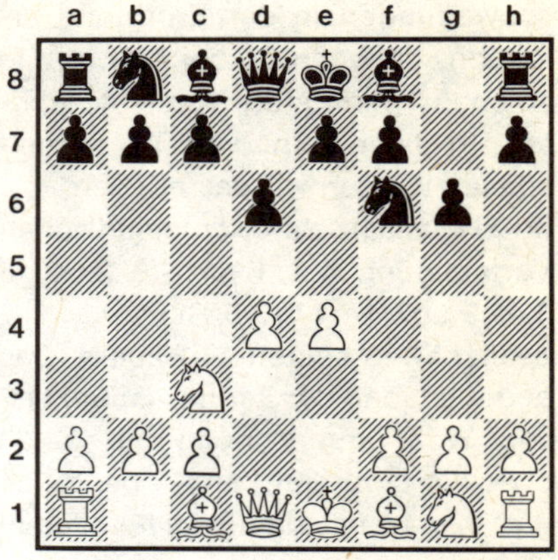

Stellung nach dem 3. Zug

Wie in den meisten geschlossenen Verteidigungen, in denen Weiß über ein Vollzentrum mit 2 bis 4 Bauern in der Mitte verfügt, zielt die schwarze Strategie auf Gegenangriff gegen die weißen Mittelbauern. Das kann direkt erfolgen durch c7-c5, e7-e5 (selten) oder c7-c6 samt b7-b5 drohend b5-b4 mit Vertreibungsabsichten des Sc3. Wichtigste Stütze dafür wird der fianchettierte Flankenläufer auf g7 sein, der die Diagonale h8-a1 zur Operationsgrundlage hat. Doch vor frühzeitigen Angriffen mit Bauerngewinnen wird gewarnt: Wir wissen ja, daß Aufstellung der Kräfte mit Ansammeln latenter Spannungen den Vorzug vor kleinen Materialgewinnen (Bauern) genießt.

Weiß besitzt in der Diagrammstellung eine Vielzahl von 4. Zügen;

natürliche, aber auch gekünstelte. Der Anziehende, Weiß also, darf sich eher als der Schwarze kleine Abschweifungen in der Eröffnung erlauben; dagegen ist bei Schwarz in solchen Fällen stets Vorsicht geboten. In einer Reihe von Turnierbeispielen werden wir das erleben.

Im Gegensatz zur Königsindischen Verteidigung mit 1. d4 Sf6 2.c4 g6 3. Sc3 Lg7 4. e4 0-0 5. Sf3 e5!

besitzt Weiß keinen c4-Bauern. Das bedeutet, daß der Zentrumspunkt d4 von Weiß immer noch mit c2-c3 observiert werden kann - bei c2-c4 und e2-e4 ist es damit ein für allemal vorbei.

In der folgenden Übersicht nehmen wir auch Eröffnungsschemata auf, die Weiß den Zug c2-c3 erlauben. Das heißt, Weiß hat den Normalzug Sc3 unterlassen, dafür eine Zugfolge wie

1. Sf3 g6 2. e4 Lg7 3. d4 d6 4. c3 gewählt (Partie Geller - Ree, 1969).

Die wichtigsten Variantenzweige:

a) 4. Sg1-f3

b) 4. f2-f4

c) 4. g2-g3 bzw. kombiniert mit 4. Lc1-e3 und folgendem g2-g3

d) 3. c2-c3, also ohne daß Weiß 3. Sb1-c3 spielt; aber auch 4. c2-c3 bei Zugumstellungen.

Die Normalvariante mit 4. Sf3

Nach 1. e2-e4 d7-d6 2. d2-d4 Sg8-f6 3. Sb1-c3 g7-g6

4. Sg1-f3	Lf8-g7
5. Lf1-e2	0-0
6. 0-0	Sb8-c6
7. d4-d5	Sc6-b4!

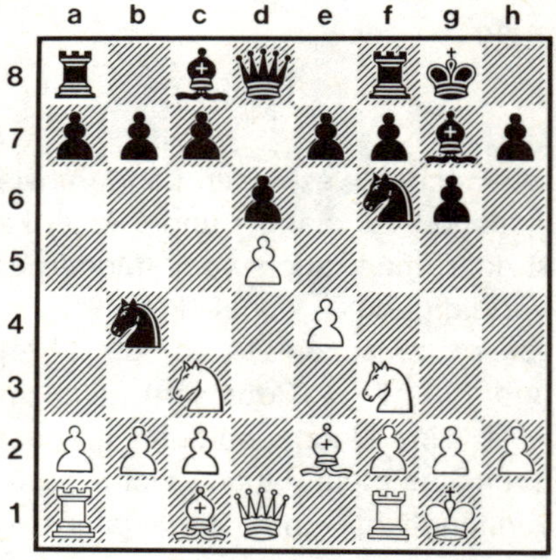

Stellung nach 7. ... Sc6-b4

Früher hatte man nicht den Vorstoß d5 mit Weiß gespielt, weil Schwarz die dreifache Wahl hatte mit 7. ... Sb8, oder 7. ... Se5, oder jetzt neu 7. ... Sb4! Daß danach 8. a2-a3 Sb4-a6 9. Le2xa6 ein Tausch von zweifelhaftem Wert für Weiß wäre, ist bekannt (aber trotzdem möglich). Schwarz erhält Kompensation in der offenen b-Linie.

Zu dieser Variante noch einige Beispiele:

8. Lc1-e3	e7-e6
9. a2-a3	Sb4-a6
10. Le2xa6	b7xa6
11. Sf3-d4	e6xd5

Bei Stean - Jansa, 1977, erhielt Weiß jetzt mit 12. Sc6 De8 13. ed5: Ld7 14. Te1 Lc6: 15. Ld4 Dd7 gleiches Spiel. Schwarz kann aber auch mit 11. ... Ld7! fortsetzen.

Das Abspiel mit 7. d4-d5 ist seit 1982 völlig außer Mode gekommen. An diese Stelle ist der Zug 7. h2-h3 getreten.

Einige Beispiele aus der Schacholympiade 1982:

Jhunjhunwala – Gligoric
(1. e4 g6 2. d4 d6 3. Sc3 Lg7 4. Sf3 Sf6)

5. Lf1-e2	0-0
6. 0-0	Sb8-c6
7. h2-h3	e7-e5
8. d4-d5	Sc6-e7
9. Lc1-e3	c7-c6
10. d5xc6	b7xc6
11. Dd1-d2	Dd8-c7
12. Ta1-d1	d6-d5 =

Lobron – Seirawan

5. h2-h3	0-0
6. Lc1-e3	a7-a6
7. Lf1-d3	b7-b5
8. Sg1-e2	Sb8-d7
9. Se2-g3	c7-c5 =

McKay – V. Hort

5. h2-h3	a7-a6
6. Lc1-e3	0-0
7. Lf1-d3	b7-b5
8. a2-a4	b5-b4
9. Sc3-e2	Lc8-b7
10. Se2-g3	d6-d5
11. e4-e5	Sf6-e4 =

Oder ähnlich:

Fauzi – v. d. Sterren
(ebenfalls Luzern 1982)

5. Lc1-e3	c7-c6
6. Lf1-e2	b7-b5
7. a2-a3	0-0
8. 0-0	Sb8-d7
9. Dd1-d2	Dd8-e7
10. Le3-h6	a7-a6 ½, 56.

Jamieson – H. Pfleger
(Luzern 1982)

5. Lf1-e2	0-0
6. 0-0	c7-c6
7. h2-h3	Sb8-d7
8. Lc1-e3	Dd8-c7
9. a2-a4	a7-a5
10. Dd1-d2	e7-e5
11. d4xe5	d6xe5
12. Ta1-d1	Sf6-h5 =

N. Alexandria – M. Tschiburdanidse
(Frauen-WM 1982 Tiflis)

5. Lf1-e2	0-0
6. 0-0	Sb8-c6
7. a2-a4	e7-e5
8. d4-d5	Sc6-e7
9. a4-a5	h7-h6
10. a5-a6	c7-c6
11. a6xb7	Lc8xb7
12. Le2-a6	Lb7xa6
13. Ta1xa6	c6xd5
14. e4xd5	Dd8-c8 =

(0:1/46)

Schüssler – R. Hübner (Bundesliga Bochum – Hamburg 1982)

5. Lf1-e2	0-0
6. 0-0	a7-a6
7. Tf1-e1	b7-b5?!

Die Züge a6/b5 zeigen das Leitmotiv der ganzen Partieanlage für Schwarz auf, wie die verschiedenen Beispiele illustrieren.

8. e4-e5	Sf6-d7
9. e5-e6	f7xe6
10. Sf3-g5	Tf8-f6
11. Le2-f3	c7-c6± (1/2, 51)

Frumkin – Goodman
(New York 1982)
Hier zunächst ohne Sf6, also:
1. e4 g6 2. d4 Lg7 3. Sc3 d6 4. Sf3 a6 5. Le2 b5 6. 0-0 Lb7 7. a3 Sd7 8. Te1 c5 9. d5 Sgf6 10. Lf1 Sb6 11. a4 b4 12. Sb1 a5 13. c4 0-0 = (0:1, 24).

Schwarz spielt 6. ... Lc8-g4

Nach 1. e2-e4 d7-d6 2. d2-d4 Sg8-f6 3. Sb1-c3 g7-g6 4. Sg1-f3 Lf8-g7 5. Lf1-e2 0-0 6. 0-0 Lc8-g4

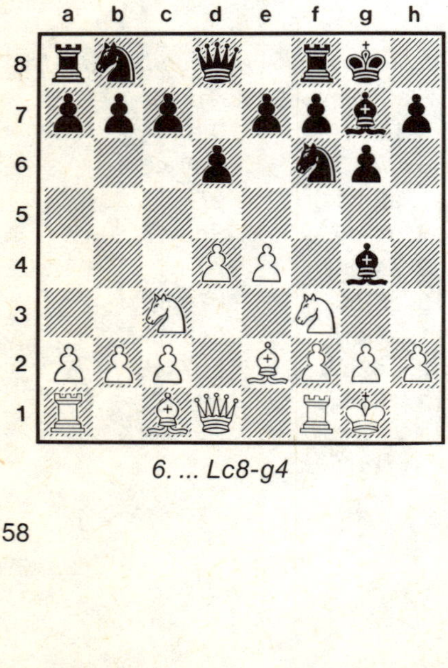

6. ... Lc8-g4

Obwohl die Regel empfiehlt, erst den Springer vor dem Läufer herauszubringen (allgemein).

7. Lc1-e3	Sb8-c6
8. Dd1-d2	e7-e5
9. d4xe5	d6xe5
10. Ta1-d1	

Remis; *Sosonko – Timman* (Amsterdam 1978).

Tal – Hort (Weltturnier Montreal 1979):

Züge 1 – 8 wie Sosonko-Timman

9. d4-d5	Sc6-b8
10. Ta1-d1	Sb8-d7
11. h2-h3	Lg4xf3
12. Le2xf3	Kg8-h8
13. a2-a4	Sf6-g8 (1/2/58)

Timman – Seirawan
(Las Palmas 1981)

9. d4-d5	Sc6-e7
10. Ta1-d1	Sf6-d7

Auch Ld7 ist gut.

11. Sf3-g5	Lg4xe2
12. Sc3xe2	h7-h6
13. Sg5-h3	Kh8-h7
14. b2-b3±	

Auch 14. c4! (1:0/55)

Wie der Weltmeister spielt:

Karpow - Kortschnoi
(18. Partie 1978, Baguio):

Nach 6. ... Lc8-g4

7. Lc1-e3	Sb8-c6
8. Dd1-d3	

Bereits vorher von Polugajewski-Sax 1978 gespielt.

8. ...	e7-e5
9. d4-d5	Sc6-b4
10. Dd3-d2	a7-a5

11. h2-h3	Lg4-d7
12. Le3-g5	Dd8-e8
13. Sf3-h2	Kg8-h8
14. a2-a3	Sb4-a6
15. Lg5-h6	Lg7xh6
16. Dd2xh6	Sf6-g8

(1/2/64) siehe Diagramm

Karpow - Kortschnoi, 16. Zug:

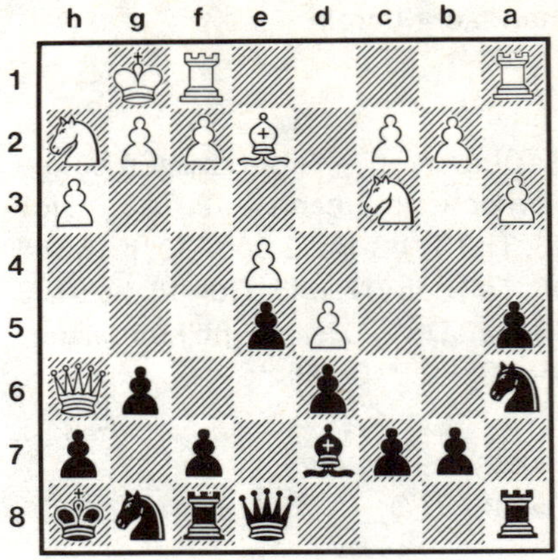

Polugajewski – Sax
(SU-Ungarn 1978):

Nach 6. ... Lc8-g4

7. Lc1-e3	Sb8-c6
8. Dd1-d3	Sf6-d7
9. Sf3-d2	Sc6-b4
10. Dd3-c4	Lg4xe2
11. Sc3xe2	c7-c5
12. d4xc5	d6xc5
13. Ta1-d1	Dd8-c7
14. Sd2-f3	b7-b6
15. c2-c3	Sb4-c6

(1/2/40)

Campora – Seirawan (Luzern 1982)
(aus Argentinien – USA)
Nach Grundstellung 6. ... Lc8-g4

7. Lc1-e3	Sb8-d7
8. h2-h3	Lg4xf3
9. Le2xf3	e7-e5
10. d4-d5	Sf6-e8
11. Lf3-e2	f7-f5
12. e4xf5	g6xf5
13. f2-f4	Lg7-h6 =

Remis nach 100 Zügen!

Eine bekannte Variante:

Liberson - Donner
(Amsterdam 1978):

Nach 6. ... Lc8-g4

7. Lc1-e3	Sb8-c6
8. Dd1-d2	e7-e5
9. d4-d5	Sc6-e7
10. Ta1-d1	Se7-c8
11. Sf3-e1	Lg4-d7
12. f2-f4	Sf6-g4

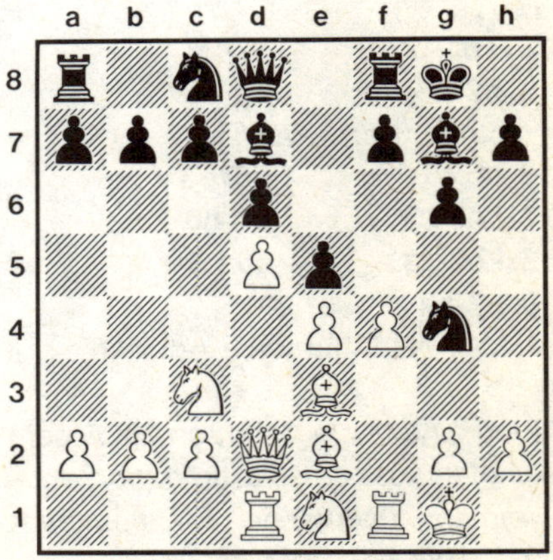

Stellung nach 12. ... Sf6-g4

Weiß muß einen Läufer zum Tausch geben.

13. f4-f5	Sg4xe3
14. Dd2xe3	c7-c6
15. Kg1-h1	Dd8-h4 =

Ferner im gleichen Turnier die Partie *Liberson - Adorjan,* auch *Karpow - Timman* (Tilburg 1977) und *Geller - Timman* (Wijk aan Zee 1978):

Nach 6. ... Lc8-g4

7. Lc1-e3	Sb8-c6
8. Dd1-d2	e7-e5
9. d4-d5	Sc6-e7
10. Ta1-d1	Lg4-d7
11. Sf3-e1	Sf6-g4
12. Le2xg4	Ld7xg4
13. f2-f3	Lg4-d7
14. f3-f4	Ld7-g4!

Erzwingt weitere Vereinfachung. Bei Liberson - Adorjan, Karpow - Timman geschah jetzt

15. Td1-b1	c7-c6
16. h2-h3	Lg4-d7

(½/53 bei Karpow - Timman)

16. f4xe5	d6xe5
17. Le3-c5	b7-b6
18. Lc5-a3	c6-c5
19. b2-b4	

(0:1/45 bei Liberson - Adorjan)

Noch eine letzte Variation zu diesem Abspiel aus der Partie *Liberson - Timman* (Deutsche Meisterschaft 1977, Bad Lauterberg):

7. Lc1-e3	Sb8-c6
8. d4-d5	Lg4xf3
9. Le2xf3	Sc6-e5
10. Lf3-e2	c7-c6
11. a2-a4	Dd8-a5
12. Ta1-a3	Se5-d7
13. Tf1-e1	Tf8-c8
14. Le2-f1	a7-a6
15. g2-g3	c6xd5
16. e4xd5	Sd7-e5
17. Ta3-b3	Sf6-e4 =

Auf 18. Se4:? De1:! 19. De1: Sf3† fällt man nicht herein.
(1:0/64)

Bei Liberson - Sigurjonsson folgte abweichend nach 12. Ta3 Tfc8 13. Tb3 Tcb8 14. f3 Sed7 15. Kh1 Sc5 16. Ta3 cd5: 17. ed5: Db4 18. Lc1 Tc8 19. Sa2 Dh4 20. c4 a5 mit kompliziertem Spiel (1:0/49).

Liberson - Timman
(Genf 1977):

7. Lc1-e3	Sb8-c6
8. Dd1-d2	e7-e5
9. d4xe5	d6xe5
10. Ta1-d1	Dd8-c8
11. Dd2-c1	Tf8-d8
12. h2-h3	Lg4xf3

Eine Abwicklung vereinfacht die Position.

13. Le2xf3	Sc6-d4
14. Le3xd4	e5xd4
15. Sc3-d5	Sf6xd5
16. e4xd5	Dc8-f5
17. Dc1-d2	h7-h5

(½/62)

Wenn c2-c4 geschieht

Noch einen wichtigen Kommentar von Rudolf Teschner aus seinem Buch »Turnierpartien der Gegenwart« zu einem strategischen Problem: ob man den Lg7, den Schutzläufer der schwarzen Stellung, auf c3 um den Preis der Verschlechterung der weißen Bauernformation tauschen soll:

Robatsch – Hug
(Biel 1977):

1. c4 g6 2. e4 Lg7 3. d4 d6 4. Sc3 Sf6 5. Le2 0-0 6. Sf3 Lg4 7. 0-0 Sfd7 8. d5 Sa6 9. Le3 Sac5

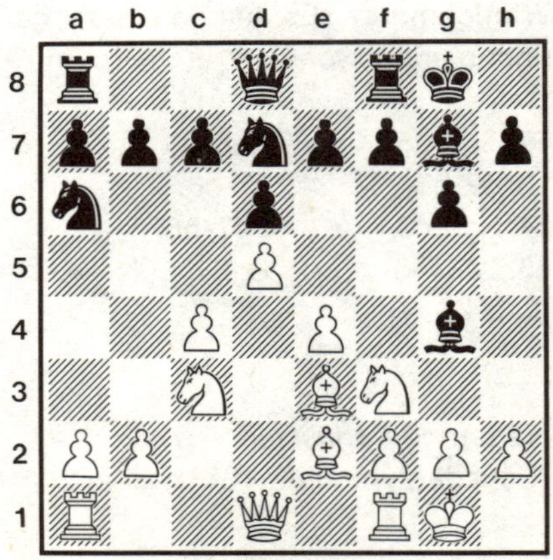

Stellung vor 9. ... Sa6-c5

Dazu R. Teschner: »Schwarz wird hier auch darüber nachgedacht haben, ob es sich lohnt, den weißen Damenflügel mittels 9. ... Lc3: 10. bc zu zerreißen. Später könnte mit c6 und Tausch auf d5 ein Angriffsziel für die Türme auf der c-Linie entstehen. Ihm wird der Preis zu teuer gewesen sein, den er dafür bezahlen muß: die Schwächung des Königsflügels wegen Fehlens des schwarzen Läufers. Diesen »Schutzläufer« sollte man, wenn überhaupt, nur gegen den feindlichen Läufer tauschen lassen – von gewissen wohlbegründeten Ausnahmen abgesehen.«

10. Le3-d4
Besser nach Teschner 10. Sf3-d4

10. ...	Lg4xf3!
11. Le2xf3	Lg7xd4
12. Dd1xd4	e7-e5 =

(0:1/25)

Schwarz gibt die Rochade auf

Es ist bekannt, daß der früher als nachteilig für Schwarz angesehene Rochadeverlust in der Eröffnung dem Weißen keinen Vorteil einbringt. Im Gegenteil!

Ghitescu – Kagan (1977):

1. c2-c4	g7-g6
2. e2-e4	Lf8-g7
3. d2-d4	d7-d6

Ein Wort zur Nomenklatur der Schacheröffnungen:
Es gibt keine verbindlichen Normen, wie man Eröffnungen bezeichnen und einordnen soll. Wie schon erwähnt, wird in vielen Schachpublika-

tionen kein Unterschied zwischen »Pirc« und »Robatsch« gemacht. In dem obigen Beispiel wird mit c2-c4 begonnen, ein Bauernzug, der ausgerechnet in Original-Pirc zurückgehalten wird. Trotzdem gehört auch dieser Beginn in die Gruppe der »Modernen« Verteidigungen, die stets mit der Flankierung eines Läufers verbunden sind (bei Schwarz).

4. Sb1-c3	e7-e5
5. Sg1-f3	Sb8-c6

Im Gegensatz zur Königsindischen Verteidigung wird nicht Sb8-d7, sondern Sc6 gespielt; ein wesentlicher Unterschied, weil Weiß dem Gegner jetzt die Rochade »zerstören« kann, wenn Schwarz es will!

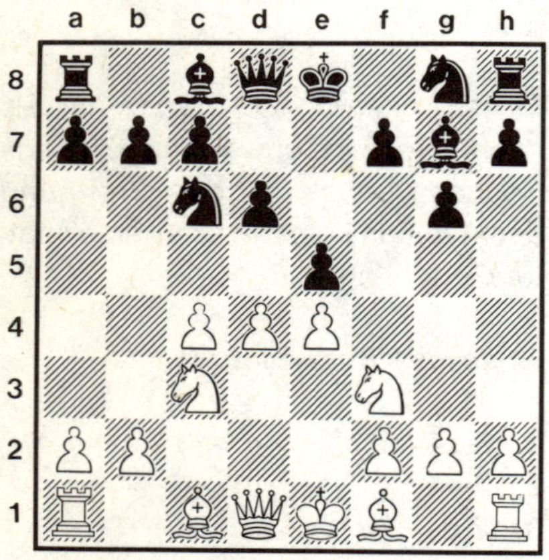

Stellung nach dem 5. Zug

6. d4xe5	d6xe5!

Gewiß, Schwarz könnte Springer und anschließend Läufer zurücknehmen, aber der Zentrumspunkt e5 soll behauptet werden.

7. Dd1xd8†	Ke8xd8!

Nicht passives Zurücknehmen mit Sd8:, weil der Springer aktiv eingesetzt werden soll (Sb4/Sd4 als latente Drohungen).

8. Lc1-g5†	f7-f6
9. 0-0-0†	Lc8-d7

Weiß hat sich entwickelnd austoben können mit drei Schachgeboten; doch nun steht der Rückzug bevor, und inzwischen entwickelt Schwarz seine Kräfte.

10. Lg5-e3	Kd8-c8
11. c4-c5	Ld7-e6

Wohlgemerkt: Es handelt sich bei den beiden Spielern um Großmeister.

12. Sc3-d5	Sc6-d8
13. h2-h3	c7-c6
14. Sd5-c3	Lg7-h6
15. Le3xh6	Sg8xh6

(0:1/42).

Hartston - Schüssler
(Schacholympiade 1978):

1. d2-d4	g7-g6
2. c2-c4	Lf8-g7
3. Sb1-c3	d7-d6

Schon Tschigorin, Pillsbury und Marshall spielten um die Jahrhundertwende diese Verteidigungen. Doch galten solche exzentrischen

Spielanfänge eben als Versuchskaninchen, als gelegentliche Einfälle von großen Meistern, die um Gottes Willen nicht vom Schachpublikum nachgeahmt werden durften.

4. Sg1-f3	e7-e5
5. d4xe5	d6xe5
6. Dd1xd8†	Ke8xd8

Und noch etwas Wichtiges: Weiß kann wie in diesem Fall Damentausch und Rochadeverlust beim Gegner durchaus ohne Nachteil spielen, nur – einen Vorteil darf er sich davon nicht versprechen. Das Beispiel zweier europäischer Spitzenspieler verdeutlicht es.

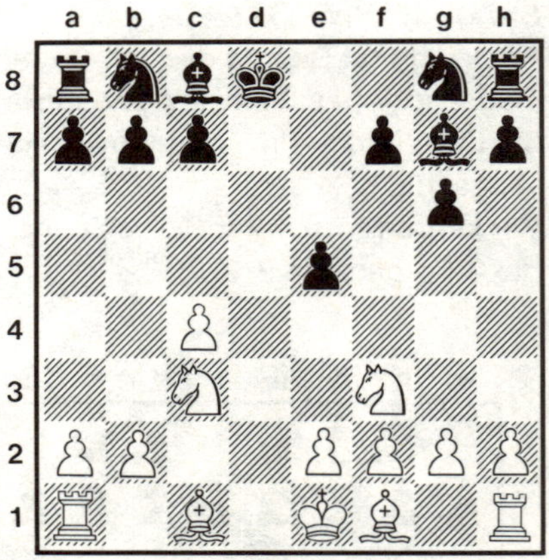

Nach dem Rochadeverlust 6. ... Ke8xd8

7. Lc1-d2	Lc8-e6
8. e2-e3	f7-f6
9. Lf1-e2	Sg8-e7
10. 0-0	Kd8-e8

Man sieht, wie beide Seiten mit äußerster Vorsicht operieren und sich rasch entwickeln; Weiß verzichtet auf aggressive Züge wie Lg5†, 0-0-0†, die doch nichts einbringen. Vielmehr muß Weiß auf der Hut sein, wie das vorhergehende Beispiel deutlich gezeigt hat.

11. Ta1-c1	Ke8-f7
12. Sc3-d5	Th8-c8!
13. e3-e4	c7-c6
14. Sd5-e3	Sb8-d7
15. b2-b4	a7-a5!
16. a2-a3	a5xb4
17. a3xb4	Ta8-a2 =

($\frac{1}{2}$/43)

Ree – Seirawan
(45. Hochofenturnier Wijk a. Z. 1983):

1. d4 d6 2. c4 g6 3. Sc3 e5 4. Sf3 Lg7 5. de5: de5: 6. Dd8:† Kd8: 7. Le3 Le6 8. b3 h6 9. g3 Se7 10. Lg2 c6 11. 0-0-0 Kc7 12. h3 Se7 13. Ld2 a5 14. e4 Thb8 15. Le3 f5 16. h4 fe4: 17. Sd2 Sf5 18. Sde4: Se3: 19. fe3: Lf8 20. Lh3 La3† 21. Kc2 Lh3: 22. Th3: Tf8 23. Thh1 Tf3 ($\frac{1}{2}$/35)

Die aggressive Zentrumsvariante f2-f4

1. e2-e4 d7-d6 2. d2-d4 Sg8-f6 3. Sb1-c3 g7-g6 4. f2-f4 Lf8-g7 5. Sg1-f3 0-0

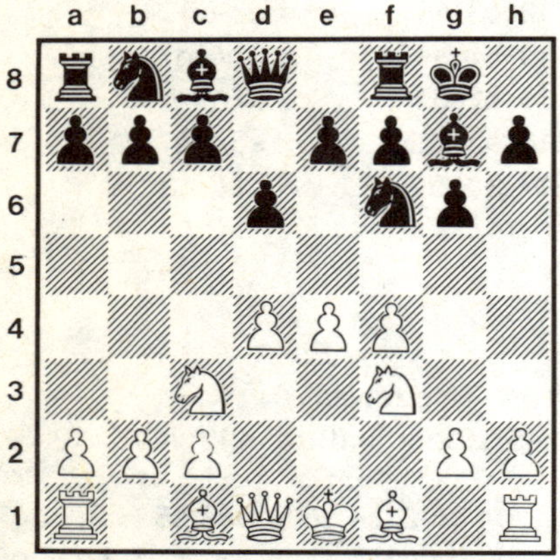

Stellung nach dem 5. Zug

6. e4-e5

Wir folgen der Schlüsselpartie *Schneider - Forgacz* (Ungarn 1975):

6. ... Sf6-d7

7. h2-h4

Wenn 7. Sf3-g5, so 7. ... c7-c5 8. e5-e6 c5xd4! 9. e6xd7 Lc8xd7 10. Sc3-e4 d6-d5 und Schwarz wird nach f7-f6 samt e7-e5 mit den drei Bauern für die geopferte Figur aussichtsreich auf Angriff spielen können.

7. ... c7-c5

8. h4-h5 c5xd4

9. h5xg6

In der anderen Hauptvariante mit 9. Dd1xd4 d6xe5 10. Dd4-f2 - damals gefürchtet von Schwarz - wurden dem Angreifer durch den Zug 10. ... e5-e4! die Zähne gezogen.

Zum Beispiel: 11. Sc3xe4 Sd7-f6 12. Se4xf6† e7xf6 13. h5xg6 Tf8-e8† 14. Lc1-e3 f7xg6 mit Vorteil für Schwarz. Oder 11. Sf3-g5 Sd7-f6 12. h5xg6 h7xg6 13. Df2-h4

Auch 13. Lc4 Sc6 14. Dh4 Dd4! 15. Sce4: Td8! 16. Lf7:† Kf8 und Schwarz droht Dd1†, während der weiße Angriff abgeschlagen ist.

13. ... Dd8-d4 (um auf 14. Sce4: wieder mit Td8 zu parieren) 14. Sc3-b5 Dd4-b6 15. Lf1-c4 Lc8-g4 (hält die Parade 16. Sh7 Lh5! parat) 16. f4-f5 g6xf5 17. Sg5-h7 Sb8-d7 18. Sh7xf8 Sd7xf8 19. Sb5-c3

Rückzug und Beginn des schwarzen Gegenangriffes; Schwarz gewann im 38. Zug (Padewski - Matanovic, Havanna 1966).

Wir kehren zurück zur Partie Schneider - Forgacz im 9. Zug:

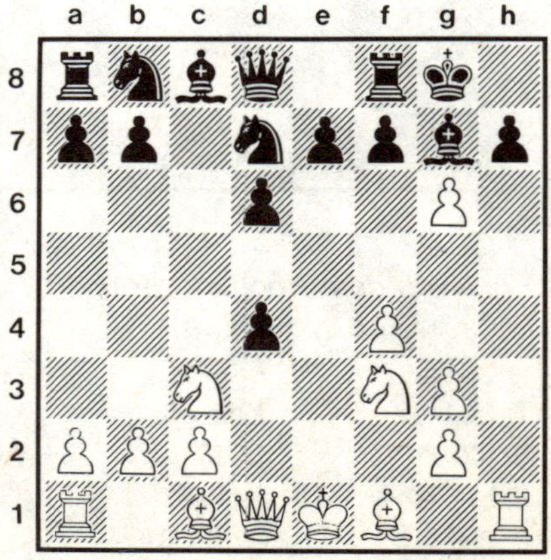

9. ...	d4xc3
10. g6xf7†	Tf8xf7
11. Lf1-c4!	Sd7-f8!

Damit ist der Angriff abgeschlagen. In der Damenmeisterschaft von Württemberg, Biberach 1979, geschah bei Götz - Daub: 12. Lf7:† Kf7: 13. Sg5† Kg8 14. Dh5 h6 15. Df7† Kh8 16. Db3 Da5! und remis durch Dauerschach 17. Sf7† usw. Nach dem Muster von 1971 Olexa-Hosnedl.

12. Sf3-g5	e7-e6
13. Sg5xf7	Kg8xf7
14. f4-f5	

Auch bei 14. Dd1-h5† Kf7-g8 15. f4-f5 Dd8-a5! würde sich die Partiestellung ergeben.

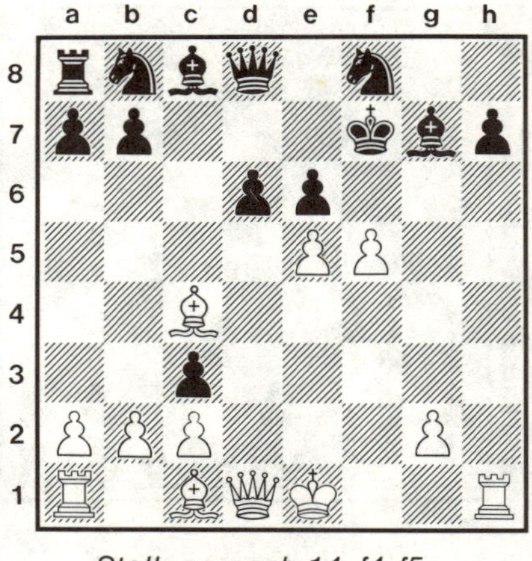

Stellung nach 14. f4-f5
Schwarz gewinnt durch Damenopfer!

Im Schach-Informator gibt Florian folgende mögliche Variante für Schwarz als vorteilhaft an - am Brett kaum auszurechnen: 14. ... cb2: 15. fe6: Le6: 16. Tf1† Kg8 17. Tf8:† Kf8: 18. Df3† Df6!! Kein Druckfehler! Die Dame setzt sich vor den Be5, doch die neue auf a1 erscheinende sD wirkt bis nach g7 zurück. 19. ef6: ba1:D 20. fg7:†† Kg7: 21. Db7:† Sd7 und es hat sich »ausgeschacht« bei Weiß; Schwarz steht eindeutig auf Gewinn. In der Partie folgte jedoch:

14. ...	Kf7-g8
15. Dd1-h5	Dd8-a5
16. f5xe6	c3xb2†
17. Ke1-e2	Da5-c7

Nicht 17. ... ba1:D? wegen 18. e7† gewinnt.

18. Lc4-b3	d6-d5!

Nimmt Weiß mit Ld5:, so schlägt es bei Weiß mit Dc2:† ein, h7 schützend.

19. Lc1xb2	Lc8xe6
20. Ta1-f1	Sb8-d7
21. Tf1-f3	Sd7-c5
22. Ke2-d1	Ta8-c8

Weiß schon seit einigen Zügen gezwungenermaßen auf dem Rückzug. In diesen Fällen ist der Gegenangriff stets unaufhaltsam, wie auch diese Partie beweist.

23. Tf3-c3	Dc7xe5
24. Dh5xe5	Lg7xe5
25. Tc3xc5	

Letzter Versuch; der Angriff des Lb2 auf den Le5 ist demaskiert.

25. ...	Le6-g4†!

0:1, denn wohin auch der wK zieht - immer kann der Le5 mit Schach tauschen oder wegziehen, wonach Tc5: mit Mehrfigur bei Schwarz folgt.

Weiß besitzt noch eine andere Möglichkeit, nach 7. h2-h4 Schwarz anzugreifen:

7. h2-h4	c7-c5
8. e5-e6	

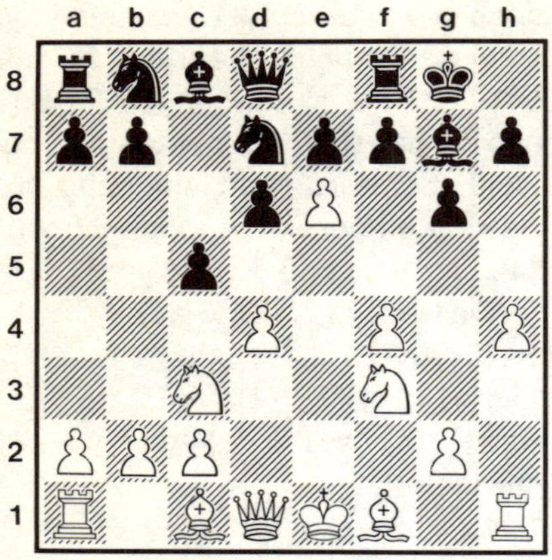

Stellung nach 8. e5-e6

Wir folgen der Partie *Kinlay – Trevelyann* (Swansea Open 1975):

8. ...	f7xe6
9. h4-h5	c5xd4?!

Gegen 9. ... gh5: ist nichts einzuwenden. Falls 10. Th5: Sf6 11. Th4 cd4: 12. Sd4: Sc6 13. Le3 De8! mit Ausblick via g6-g3†; zum Beispiel 14. Ld3 Sb4 (oder 14. Sc6: Dc6! bedroht eventuell g2) und Schwarz kommt ans Ruder.

10. Sf3xd4	Lg7xd4?

So hat Weiß natürlich leichtes Spiel; Schwarz darf bei bedrohter Königsstellung nur im äußersten Fall seinen Königsläufer tauschen.

11. Dd1xd4	Sb8-c6
12. Dd4-d3	Sd7-f6
13. h5xg6	e6-e5
14. Dd3-g3	Dd8-a5
15. Lf1-c4†	e7-e6

Weiß gewann elegant nach 16. f5 Sd4 17. Lh6! Sf5: 18. gh7:† Kh8 19. Lf8:! Sg3: 20. Lg7† Kg7: 21. h8D† Kf7 22. 0-0-0! e4 (Sh1: 23. Tf1 usw.) 23. Th7† Sh7: 24. Dh7:† Kf6 25. Se4:† Se4: 26. Tf1† 1:0.

Aber wie oben angeführt – Schwarz kann mit 9. ... gh5: samt cd4/Sc6/De8! in Vorteil kommen.

Schwarz spielt 5. ... c7-c5, Gegenangriff im Zentrum

1. e2-e4 d7-d6 2. d2-d4 Sg8-f6 3. Sb1-c3 g7-g6 4. f2-f4 Lf8-g7 5. Sg1-f3 c7-c5

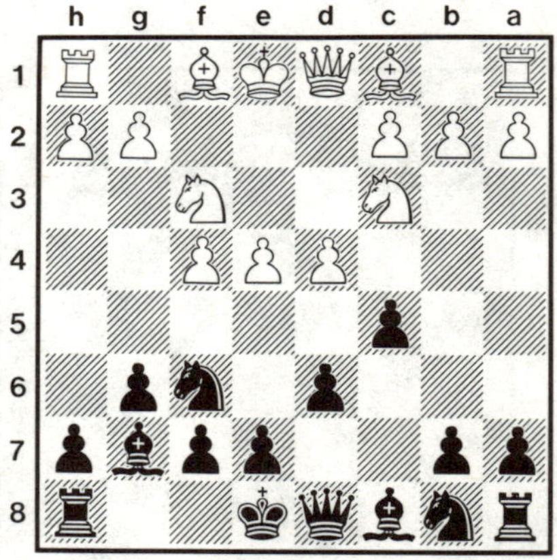

Stellung nach 5. ... c7-c5

Hier unterteilen sich die Varianten in
6. d4xc5
6. Lf1-b5†
6. e4-e5, oder
6. Lf1-d3

Zu diesen Möglichkeiten einige Partien:

Zeschkowski - Peew
(Europa-Mannschaftsmeisterschaft, Moskau 1977):

6. d4xc5	Dd8-a5!

Der charakteristische Gegenzug; Be4 ist bedroht. Als schlecht für Weiß ist bekannt, wenn Weiß weiterschlagen würde mit 7. c5xd6 Sf6xe4 8. d6xe7 Sb8-c6! usw.

7. Lf1-d3	Da5xc5
8. Dd1-e2	Sb8-d7

Andere Züge sind: 8. ... 0-0 9. Le3 Da5 10. 0-0 Lg4 Dworis – Tschernin, SU 1982 (0:1/42)

Oder 8. ... Sb8-c6 9. Le3 Da5 10. 0-0 0-0 11. h3 Sb4 12. a3 Sd3: 13. cd3: Ld7 =
(Ljubojevic - Torre, 1974).

9. Lc1-e3	Dc5-c7
10. 0-0	0-0
11. Kg1-h1	e7-e5
12. f4xe5	d6xe5
13. De2-e1	

Und nach Sd7-c5! wäre das Spiel ausgeglichen gewesen.
Nach 13. ... b6? 1:0/24.

Ljubojevic - Marangunic
(Meisterschaft Jugoslawien 1977):
(erste 7 Züge wie bei Zeschkowski - Peew)

8. Dd1-e2	0-0
9. Lc1-e3	Dc5-c7

Oder 9. ... Da5 10. 0-0 Lg4 11. h3 Lf3: 12. Df3: Sc6 13. Se2 Sd7 14. c3?? Sde5 ∓ Zapata – Tschernin, Kuba 1981.

10. 0-0	Lc8-g4
11. Sc3-b5	Dc7-a5
12. b2-b4	Da5-d8

(Db4: 13. Sc7 Qualitätsverlust)

13. c2-c4	

Weiß kann den Ba7 nicht gewinnen, zum Beispiel 13. Sa7: Sh5! 14. Tab1 Sf4: 15. Lf4: Ta7: mit Vorteil für Schwarz.

13. ...	Sb8-c6
14. Ta1-b1	a7-a5!

(0:1/37).

Die Variante 6. Lf1-b5†

1. e2-e4 g7-g6 2. d2-d4 Lf8-g7 3. Sb1-c3 d7-d6 4. f2-f4 Sg8-f6 5. Sg1-f3 c7-c5 6. Lf1-b5†

Man sieht, Zugumstellungen mit g6 und d6 bei Schwarz kommen häufig vor und führen immer zu denselben Stellungen. Ebenso kann Weiß seine Anfangszüge variieren.

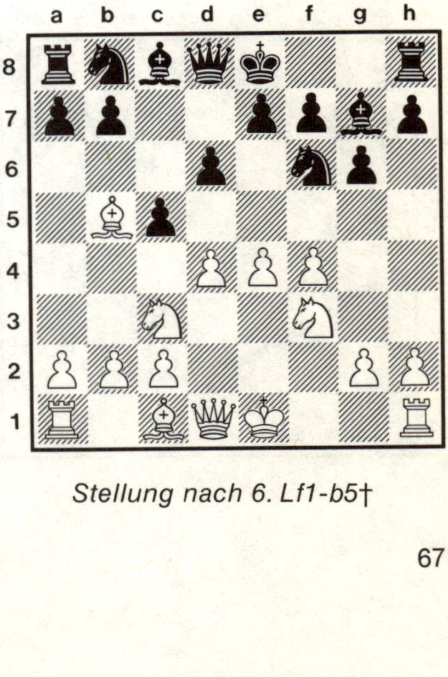

Stellung nach 6. Lf1-b5†

Timman - Sigurjonsson
(Genf 1977):
6. ... Lc8-d7
7. e4-e5
Anders: 7. Lb5xd7† Sf6xd7! (nicht 7. ... Sbd7: 8. e5 Sg4 9. e6!) 8. d4-d5 Sb8-a8 9. Dd1-e2 0-0 10. 0-0 Sa6-c7 = Van d. Wiel-Larsen (Amsterdam 1980).
7. ... Sf6-g4
8. h2-h3
Anders: 8. e5-e6 Ld7xb5 9. e6xf7† Ke8-d7 10. Sc3xb5 11. Dd8-a5† 12. Sb5-c3 c5xd4 13. Sf3xd4 Lg7xd4 14. Dd1xd4 Sb8-c6 14. Dd4-c4 Th8-f8= Timman – Spasski, Tilburg 1981 (1:0/86).
Ebenso die Partie Bednarski - Peew, Lublin 1975, zu der anstatt 14. ... Thf8 als besser Df5! empfohlen wird. Bei Bednarski - Rukavina, Decin 1977, geschah 14. Dc4 Df5 15. h3 Sf6 (Sh6!) 16. 0-0 De6 17. Db5 und es sollte jetzt Kc7! folgen =.
8. ... c5xd4
9. Dd1xd4 Ld7xb5

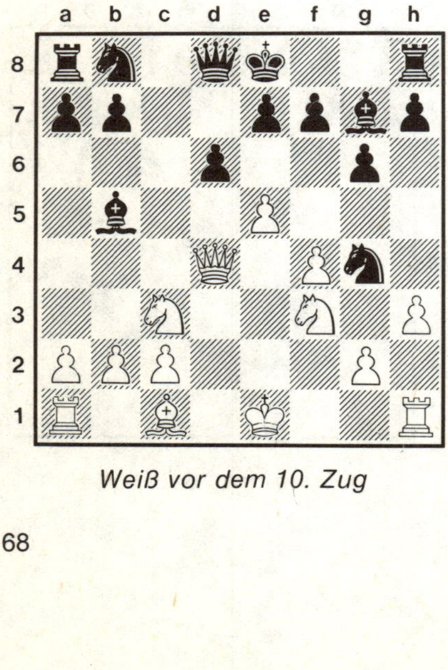

Weiß vor dem 10. Zug

Anders: 9. ... d6xe5 10. Dd4-d5! (10. fe5: Lb5:!) e5-e4 11. Sf3-g5 Sg4-h6 12. Dd5xb7 (besser Sge4:) Lg7xc3† 13. b2xc3 Ld7xb5 14. Db7xa8 14. ... Lb5-c6 15. Da8xa7 0-0 16. g2-g4 (Sigurjonsson - Vogt, Kuba 1976, 1:0/43).

10. Sc3xb5 Sb8-c6
11. Dd4-e4 Dd8-a5†
12. Sb5-c3 Sg4-h6
13. g2-g4

Angeblich (noch 1976) mit besserem Spiel für Weiß, aber 1977 in der vorliegenden Partie nach
13. ... 0-0-0!
mit glänzendem Spiel für Schwarz (0:1/30)!

Nicht 13. ... de5: 14. fe5: Db4 (bei 13. ... Se5:?? hängt anschließend der Sh6) 15. Ld2! mit überlegener Position für Weiß.

Einige andere Beispiele:
6. Lb5† Ld7 7. e5 Sg4 8. e6 Lb5: 9. ef7:† Kd7 10. Sb5: Da5† 11. Sc3 cd4: 12. Sd4: Ld4: 13. Dd4: Sc6 14. Dc4 Db6 15. De2 h5 16. h3 Sh6 17. Ld2 =
(Aaron – Tschernin, Bangalore 1981).

6. Lb5† Ld7 7. e5 Sg4 8. Ld7:† Dd7: 9. d5 de5: 10. h3 e4 11. Se4: Sf6 12. Se5: Dc7 13. Sg5? 0-0 14. c4 Sbd7 15. Sd7: Dd7: 16. 0-0 b5∓ (Bronstein – Pribyl, Tiflis 1980).

Die Variante 6. e4-e5

1. e2-e4 d7-d6 2. d2-d4 Sg8-f6 3. Sb1-c3 g7-g6 4. f2-f4 Lf8-g7 5. Sg1-f3 c7-c5 6. e4-e5

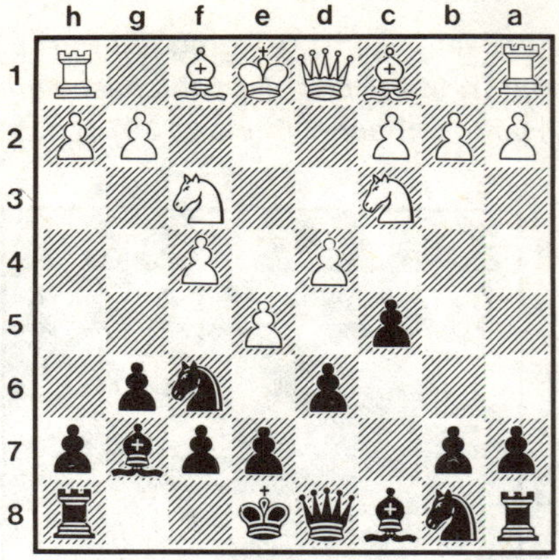

Noch 1975 war man der Meinung, Schwarz gerate nach diesem Zug in Nachteil; so in der Partie Matanovic – Rukavina (YU-Meisterschaft 1975): 6. ... Sf6-d7 7. e5xd6 0-0 8. Lc1-e3 Dd8-b6? (8. ... ed6: =) 9. d6xe7 Tf8-e8 10. Dd1-d2 Db6xb2 (sonst Rochade) 11. Ta1-b1 Db2-a3 12. Tb1-b3 Da3-a5 13. Sc3-d5! (1:0/23).

Aber bei Sax – Sigurjonsson (1975) gewann Schwarz mit 8. Lc1-e3 e7xd6 9. Dd1-d2 Sb8-c6 10. 0-0-0 Dd8-a5 (0:1/38).

Mit den gleichen Zügen bis 9. Dd2 Sc6 ½ im 24. Zug bei Matulovic – Sigurjonsson (Vrasa 1975).

Das Abspiel 5. ... 0-0

Nach der Abhandlung der drei Abspiele 6. dc5:, 6. Lb5† und 6. e5 sehen wir eine andere Folge in der 4. f2-f4 Gruppe an, nämlich 5. ... 0-0 anstelle 5. ... c7-c5: 1. e2-e4 d7-d6 2. d2-d4 Sg8-f6 3. Sb1-c3 g7-g6 4. f2-f4 Lf8-g7

5. Sg1-f3	0-0
6. Lc1-e3	c7-c5
7. d4xc5	Dd8-a5
8. Lf1-d3	Sf6-g4

Balaschow – Timman, Bugoino 1978

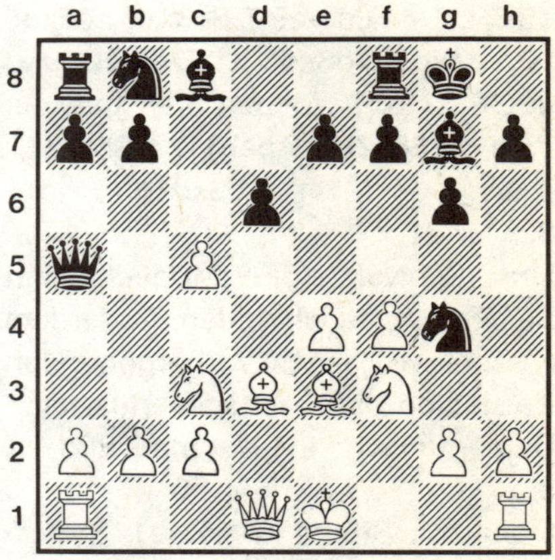

Stellung nach dem 8. Zug

Anders: 8. Dd1-d2 d6xc5 9. e4-e5 Tf8-d8 10. Lf1-d3 c5-c4∓
Oder 8. Sf3-d2 Sf6-g4 9. Le3-g1 Lg7xc3 10. b2xc3 Da5xc3 11. c5xd6 Sg4-e3!∓

9. Le3-d2	Da5xc5
10. Dd1-e2	Sg4-f6
11. a2-a3	

Statt dessen plädiert Timman für 11. Le3 oder 11. 0-0-0 usw.

11. ...	Lc8-g4
12. h2-h3	Lg4xf3
13. De2xf3	Sb8-c6

Um auf 14. Sa4 Sd4 spielen zu können. Nach 14. Ld2-e3 Dc5-a5 15. 0-0 Sd7 gewann Schwarz im 44. Zug.

Weiß spielt 6. e4-e5

6. e4-e5	d6xe5
7. d4xe5	

Bei Unzicker - Chandler (Schacholympiade 1978) folgte: 7. f4xe5 Sf6-d5 8. Lf1-c4 Lc8-e6 9. Sc3xd5 Le6xd5 10. Lc4xd5 Dd8xd5 11. Dd1-e2! und nach b7-b5? (gegen c4) gewann Weiß im 36. Zug. Aber 11. ... Sb8-d7 =

7. ...	Dd8xd1†
8. Ke1xd1	

Um Schwarz die Möglichkeiten Se4/Sd5 zu beschneiden. Außerdem wissen wir ja aus vorhergehenden Beispielen, daß Rochadeverlust nach Damentausch kein Nachteil wird.

8. ...	Sf6-h5

Oder 8. ... Sf6-g4 9. Kd1-e1 Sb8-c6 10. h2-h3 Sg4-h6 11. Lc1-e3 f7-f6 =.

9. Lf1-c4

In Vorteil kam Schwarz bei Pancenko - Adorjan (Sotschi 1977) nach 9. Lc1-e3 Sb8-c6 10. Lf1-c4 Lc8-g4 11. Th1-f1 Sc6-a5 12. Lc4-d3 f7-f6 13. e5xf6 Lg7xf6 14. h2-h3 Lg4-e6 15. Sf3-d2 Sh5-g3 16. Tf1-e1 Le6-f5!

9. ...	Sb8-c6
10. Th1-f1	Lg7-h6

Bei 10. ... Lg4 11. Ke1 Sa5 12. Ld3 f6= (Zurawlew - Adorjan, Sotschi 1977, 1:0/39).

Oder Unzicker - Dr. Pfleger, München 1979:

10. Lc1-e3	Lc8-g4
11. Th1-f1	Sc6-a5
12. Lc4-e2	f7-f6
13. e5xf6	Lg7xf6 (½/20)

Aber umgekehrt 0:1 ging die Partie *Martin - Dschindschichaschwili* (Haifa, Schacholympiade 1976) aus:

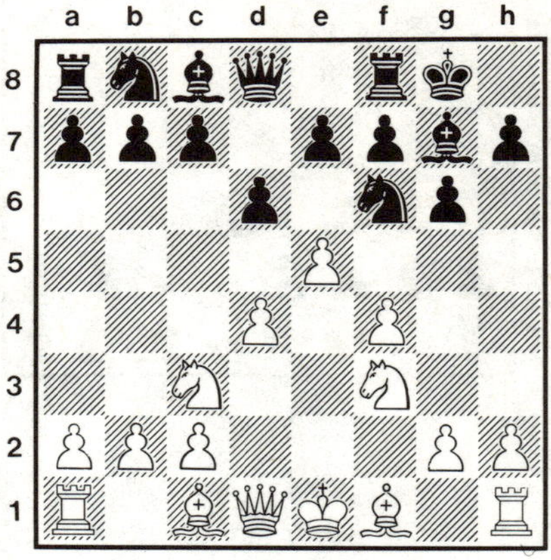

6. ...	d6xe5
7. d4xe5	Dd8xd1†
8. Ke1xd1	Sf6-h5
9. Lf1-c4	Lc8-g4
10. Kd1-e2	Sb8-c6
11. Lc1-e3	g6-g5!
12. f4xg5	Lg7xe5
13. Ke2-f2	Lg4xf3
14. g2xf3	Ta8-d8

0:1/47, obwohl die Partie bei 15. Tad1 Sf4 16. h4! (statt 16. Td8: Td8: 17. Td1 Td1: 18. Sd1: Kg7) ausgeglichen gewesen wäre.

Eine kleine Umstellung ergibt: (1. e4 d6 2. d4 Sf6 3. Sc3 g6 4. f4 Lg7)

5. Sg1-f3 0-0
6. Lf1-d3 Sb8-c6

Oder 6. ... Sb8-a6 7. 0-0 c7-c5 8. d4-d5 Ta8-b8 9. Dd1-e1 Sa6-b4 10. De1-h4 b7-b5 11. a2-a3 Sb4xd3 12. c2xd3 und mit 12. ... e7-e6! könnte Schwarz Ausgleich erreichen (Lein - Keene, USA-England 1978). Schärfer geschah bei Mednis - Vadasz (Budapest 1977): 7. e5 Sd7 8. Se4 Sb4 9. Le2 Sb6 10. c3 Lf5 11. Sfg5 d5 12. Sg3 Sc2† 13. Kf2 Sa1: 14. Sf5: gf5: 15. Ld3 (1:0/31).

7. e4-e5

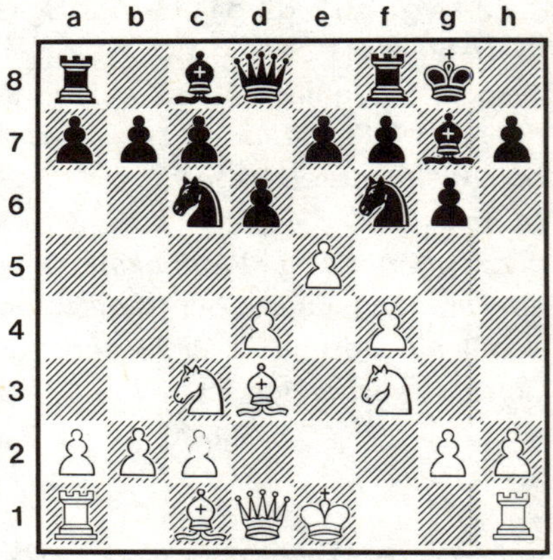

Stellung nach 7. e4-e5

Martin - Adorjan
(Lanzarote 1977):

7. ... d6xe5
8. f4xe5 Sf6-d7
9. Sc3-e4 Sc6-b4!
10. Ld3-c4 c7-c5
11. c2-c3 Sb4-c6
12. 0-0

Auf 12. e5-e6 würde folgen Sd7-b6! 13. e6xf7† Kg8-h8 14. Lb4-b3 c5xd4=

12. ... c5xd4
13. c3xd4 Sd7-b6=
(0:1/43)

Weiß spielt 6. Lf1-d3

Sax – Kindermann
(Novapark-Open 1982 Zürich)
Eine Schlüsselvariante!

6. Lf1-d3 Sb8-a6
7. e4-e5 Sf6-d7
8. h2-h4! d6xe5
9. f4xe5 c7-c5
10. e5-e6 f7xe6
11. h4-h5 c5xd4
12. Sc3xe4 Sa6-b4
13. h5xg6 h7xg6
14. Lc1-h6 Dd8-a5
15. Dd1-d2 Sb4xd3†
16. c2xd3 Da5xd2†
17. Ke1xd2 Sd7-f6

Wenn es dafür keine Verstärkung gibt, kann das Abspiel für Schwarz ad acta gelegt werden.

18. Se4-g5 e6-e5
19. Lh6xg7 Kg8xg7
20. Ta1-e1! Sf6-g4
21. Th1-h7† Kg7-f6
22. Te1-c1 Sg4-e3
23. Sg5-e4† Kf6-e6
24. Tc1-c5! (1:0/68)

Ljubojevic – Parma
(Meisterschaft Jugoslawien 1982)
6. Ld3 Sc6 7. 0-0 e5! 8. fe5: de5: 9. d5 Sd4 10. Se5: Sd5: 11. Sd5: Le5: 12. Lf4 Db6=
Besser für Schwarz 12. ... Sc6 13. Dd2 Le6 14. Le5: Se5: 15. Sf6† Kg7 16. Df4 Dd4† 17. Kh1 Tad8 18. Dh4 h6∓ Mednis – Kaiszauri, Reykjavik 1982.

Dann eine Abwandlung, die in den 80er Jahren modern wurde:

Ivarsson - Bilek
(Schweden 1974):

(1. e4 g6 2. d4 Lg7 3. Sc3 d6)

4. f2-f4	a7-a6!
5. Sg1-f3	b7-b5!
6. Lf1-d3	Sb8-d7
7. 0-0	c7-c5
8. Lc1-e3	Lc8-b7
9. e4-e5	b5-b4

Der Vorteil des schwarzen Aufbaus mit Zurückhaltung von Sf6 erlaubt Schwarz das aktive Vorgehen am Damenflügel, ohne daß e4-e5 durchschlagskräftig wird.

10. Sc3-a4?	c5xd4
11. Le3xd4	Sg8-h6
12. Dd1-e1?!	

Wird überraschend widerlegt, obwohl viele Spieler mit Weiß den Damenzug gemacht haben würden.

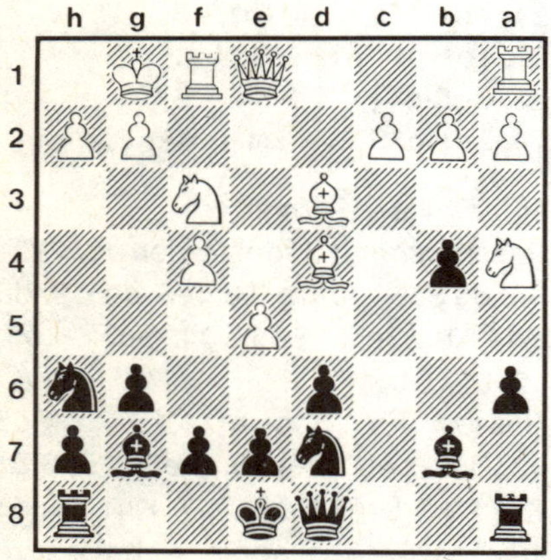

Schwarz gewinnt einen Bauern!

12. ...	Lb7xf3!
13. Tf1xf3	Dd8-a5!
14. b2-b3	d6xe5
15. f4xe5	Sd7xe5
16. Ld4xe5	Da5xe5

(0:1/32)

Die Variante 4. Lf1-c4

1. e2-e4 g7-g6 2. d2-d4 Lf8-g7 3. Sg1-f3 d7-d6 4. Lf1-c4
Also mit Zugumstellung und ohne den Zug Sc3. *Bei original Pirc wird bei Weiß durch Angriff auf Be4 (durch 2. ... Sf6) der Zug 3. Sc3 erzwungen, so daß Weiß nicht c2-c4 spielen kann.* Es ist aber fraglich, ob damit ein Vorteil für Weiß oder für Schwarz verbunden ist.

4. ...	Sg8-f6
5. Dd1-e2	c7-c6

Weltauswahl 1970: Matulovic - Botwinnik. Bei Lieb - Dr. Dornieden, Berlin 1979 folgte:

6. h2-h3	0-0
7. Lc4-b3	

Die übliche Vorkehrung gegen Se4:
8. Se4: d5 Gabel =.
Bei Schamkowitsch – Bischoff (Ulm) in Reykjavik 1982 geschah:
6. Lb3 0-0 7. 0-0 Sa6 8. Td1 Sc7 9. Sbd2 d5 10. e5 Sfe8 11. Sf1 Se6? Statt dessen war gut 11. ... Lg4 12. h3 Lf3: 13. Df3: f6 usw.

Die Varianten 4. g2-g3, 4. Lc1-e3 oder 4. f2-f3

1. e2-e4 d7-d6 2. d2-d4 Sg8-f6 3. Sb1-c3 g7-g6 4. g2-g3

4. ...	Lf8-g7
5. Lf1-g2	0-0
6. h2-h3!?	Sb8-d7
7. Lc1-e3	c7-c6
8. a2-a4	Sd7-b6

Sofort richtet sich Weiß gegen den Einstieg Sc4.

9. b2-b3	d6-d5?
10. a4-a5	Sb6-d7
11. e4-e5	Sf6-e8
12. f2-f4	Se8-c7
13. Sg1-f3	b7-b6

Weiß hat die Tempoverluste aus der Eröffnung, eingetreten durch h3 und b3, wieder aufgeholt und erhält jetzt das überlegene Spiel.

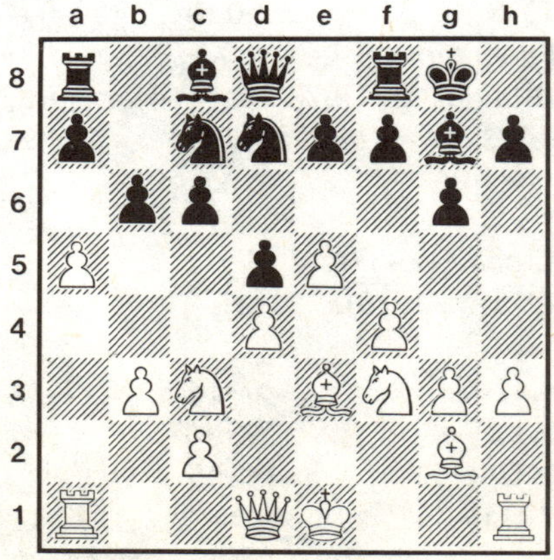

Stellung nach 13. ... b7-b6

Nach 14. ab6: ab6: 15. Ta8: Sa8: 16. 0-0 Sc7 17. g4! geriet Schwarz weiter ins Hintertreffen und unterlag bald 1:0 (17. ... f5 18. gf5: Tf5: 19. h4 Sf8 20. Lh3 La6 21. Tf2 e6 22. Se2 usw.).

Ikonik - Forintos
(Sarajewo 1978):
(1. e4 g6 2. d4 Lg7 3. Sc3 d6)

4. Lc1-e3	c7-c6
5. Dd1-d2	b7-b5

Ein wichtiges Gegenspiel am Damenflügel, das ins System gehört. Weiß unterbindet dies oft mittels a2-a4.

Man beachte auch Donchev – Trois (Olympiade 1982): 5. f4 Db6 6. Tb1 Sf6 7. Sf3 0-0 8. Dd2 Da5 9. h3 b5 10. b4 Dc7 11. Ld3 a6 $\pm$ (1:0/25)

6. f2-f3!?

Weiß tendiert zur langen Rochade, doch Schwarz steht nach c6/b5 bereit zum Königsangriff auf dieser Seite.

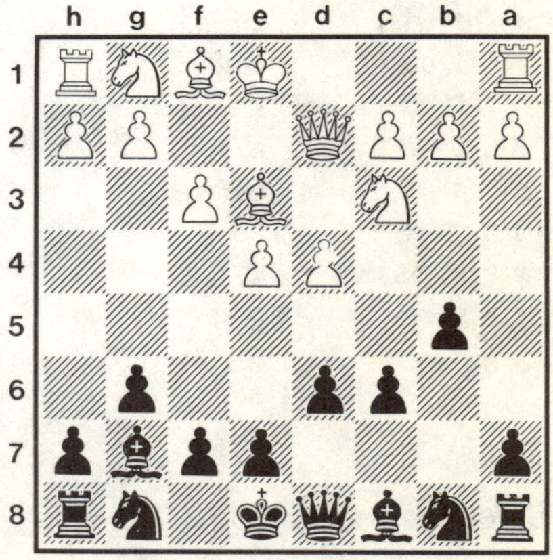

6. ... a7-a6?

Richtig sei 6. ... Sbd7 8. Sh3 Sb6

9. Sf2 h5 9. Le2 a5 10. a4 b4 11. Sd1 Le6 12. b3 Sf6 laut GM Knesevic.

Aber auch in Ciocaltea – Swanson (Olympiade 1982) geschah:
6. f3 a6 7. h4 h5 8. Sh3 Sd7 9. a4 Lb7 10. Sg5 Sgf6 11. Le2 e5 12. 0-0 0-0 13. Tfd1 Te8= (1:0/42).

7. Sg1-e2	Sb8-d7
8. g2-g4	Sd7-b6
9. b2-b3	Dd8-c7
10. Sc3-d1	c6-c5
11. h2-h4	h7-h6
12. c2-c3	Lc8-b7
13. Ta1-c1	e7-e6

(1:0/40)

Barczay – Petran
(Ungarn 1977):
(1. e4 d6 2. d4 Sf6 3. Sc3 g6)

4. Lc1-e3	c7-c6
5. Dd1-d2	b7-b5
6. Lf1-d3	Sb8-d7
7. Sg1-f3	Lc8-b7
8. 0-0	e7-e5
9. Tf1-e1	Sf6-g4
10. Le3-g5	f7-f6
11. Lg5-h4	a7-a6
12. h2-h3	Sg4-h6
13. a2-a4	b5-b4 =

Beispiele mit 4. f2-f3

(1. e4 d6 2. d4 Sf6 3. Sc3 g6)
(Siehe Diagramm nächste Spalte)

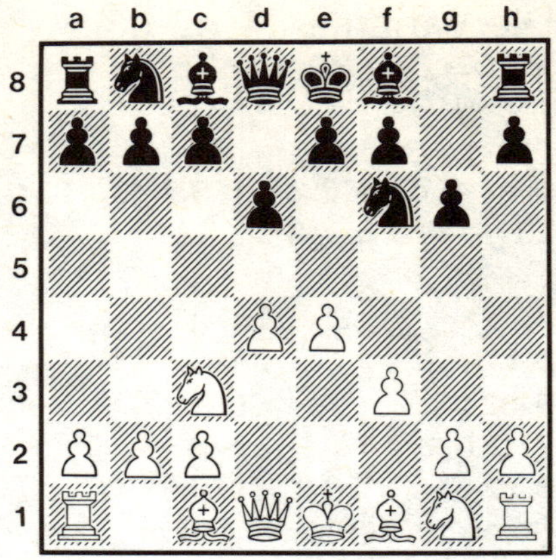

Stellung nach 4. f2-f3

4. f2-f3	c7-c6
5. Lc1-e3	Lf8-g7
6. Dd1-d2	b7-b5
7. a2-a3	a7-a6
8. Le3-h6	Lg7xh6
9. Dd2xh6	Dd8-c7
10. g2-g3	Lc8-b7
11. Lf1-h3	c6-c5
12. d4-d5	Sb8-d7
13. Sg1-e2	0-0-0!

Lehmann – Fette
(Bundesliga 1978, Berlin-Hamburg, 0:1/31).

Ciocaltea – Hazai
(Albena 1978):

4. f2-f3	c7-c6
5. Lc1-e3	Sb8-d7
6. Dd1-d2	b7-b5
7. Sg1-h3	=

Aber auch 7. ... a7-a6 kommt in Betracht.

Zeschkowski - Kusmin
(Stichkampf zum Interzonenturnier, Tallin 1979):

4. f2-f3	Lf8-g7
5. Lc1-e3	c7-c6
6. Dd1-d2	b7-b5
7. h2-h4	Dd8-c7
8. 0-0-0	Sb8-d7
9. g2-g4	h7-h5

Es darf h4-h5 nicht zugelassen werden.

10. g4-g5	Sf6-h7
11. f3-f4	Sd7-b6
12. Lf1-d3	Lc8-g4
13. Td1-f1	0-0
14. f4-f5	b5-b4
	(1:0/50)

Die Modevariante 4. f2-f4/5. e4-e5

1. e2-e4 d7-d6 2. d2-d4 g7-g6 3. Sb1-c3 Lf8-g7 4. f2-f4 0-0 5. e4-e5

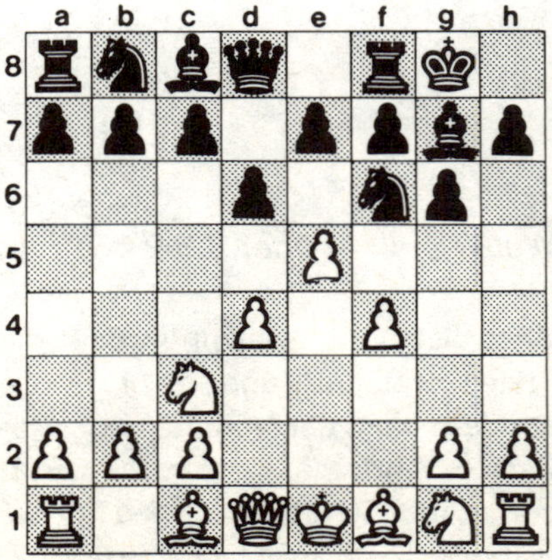

Stellung nach 5. e4-e5

Die Stammvariante Tompai – Sapi aus dem Jahre 1970, Ungarn:
5. ... de5: 6. de5: Dd1:† 7. Kd1: Sg4 8. Ke1 f6! 9. h3 Sh6 10. ef6: ef6: 11. g4 Le6 12. Sf3 Sc6 13. Le3 0-0-0 =

In Castro – Quinteros (Argentinien 1978) kam Schwarz so in Vorteil:
10. Sd5?! Kd8 11. ef6: ef6: 12. g4 c6 13. Se3 f5! 14. g5 Sf7 15. Sf3 Le6 16. h4 Sd6 17. h5 Te8 18. hg6: hg6: 19. Th7 Lh8 ∓
Jetzt kommt jedoch die Neuerung von GM V. Hort in der Partie:

Hort – Short
(OHRA-Turnier Amsterdam 1982)

5. e4-e5	d6xe5
6. d4xe5	Dd8xd1†
7. Ke1xd1	Sf6-g4

Eine Verstärkung für Schwarz brachte die Partie Vogel – Ditt (Bundesliga Jan. 1983) mit 7. ... Lg4†! 8. Ke1 Sfd7 9. Sd5 Kd8 usw.

8. Sc3-d5!	Ke8-d8

Bei Sf2†? 9. Ke1 wäre Weiß am Ende ein Tempo schneller, auch wenn beide Springer auf a8 und h1 gefangen bleiben.

9. Kd1-e1	c7-c6
10. Sd5-c3	f7-f6
11. h2-h3	Sg4-h6
12. Sg1-f3	Sh6-f7

Um nun das weiße Zentrum aufzurollen, aber Weiß bringt nun die Neuerung an:

13. Lf1-c4!	Th8-f8
14. Th1-f1!	Kd8-c7

Falls 14. ... fe5:, dann 15. Lf7: Tf7:

16. Sg5! usw.

15. Tf1-f2 Sb8-a6.

Auch mit 15. ... Sd8 16. Td1 b6 17. Tfd2! kann sich Schwarz befreien.

16. Lc1-e3 f6xe5
17. Lc4xf7 Tf8xf7
18. Sf3-g5 Tf7-f5
19. g2-g4 Tf5-f8
20. Sg5xh7 Tf8-h8
21. Sh7-g5 Lc8-d7 ±

Weiß gewann im 53. Zug.

Es wird sich also empfehlen, mit Schwarz auf die Fortsetzung 5. ... d6xe5 zu verzichten und dafür den guten Rückzug 5. ... Sf6-d7! zu wählen.

Die Variante mit Läuferausfall 4. Lc1-g5

1. e2-e4 d7-d6 2. d2-d4 Sg8-f6 3. Sb1-c3 g7-g6 4. Lc1-g5

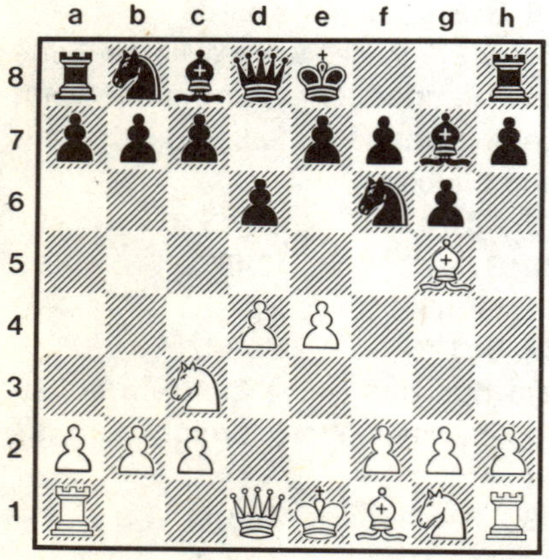

Stellung nach dem 4. Zug

Ein ehemals favorisierter Zug, doch heute spielen die Meister rationeller mit rascher Entwicklung des Königsflügels 4. Sf3/5. Le2/6. 0-0 usw. Kunstvolle Manöver wie f2-f3, Lc1-g5 oder h2-h3 werden weniger angewendet.

4. ... Lf8-g7

(Diagramm links unten)

Der weiße Aufbau hat den Vorteil, daß der Vorstoß e4-e5 erfolgen kann mit der Folge d4xe5 und Weiß kann bei Damentausch mit Ta1xd1 die Entwicklung forcieren.

5. e4-e5 d6xe5
6. d4xe5 Sf6-d7 =

Nicht zu fürchten braucht Schwarz die frühe Aufrollung 3. h2-h4?!
Ein Beispiel aus der Schacholympiade 1982:
Campora – Seret:
1. e4 g6 2. d4 Lg7 3. h4 d5 4. e5 c5 5. c3 Sc6 6. h5 Sh6 7. Se2 Db6 8. Sa3 cd4: 9. cd4: Le6 ($^1/_2$/49).

Weiß spielt 3. oder 4. c2-c3

Dazu ist Voraussetzung, daß die ersten weißen Züge nicht »Pirc«, sondern nach der Nomenklatur »Robatsch« sind; Weiß also nicht 3. Sc3, sondern 3. Sf3 spielt: 1. e2-e4 g7-g6 2. d2-d4 d7-d6 3. Sg1-f3 Lf8-g7 4. c2-c3 Sg8-f6

Partie *Huisl - Feustel*
(Deutsche Meisterschaft 1978):

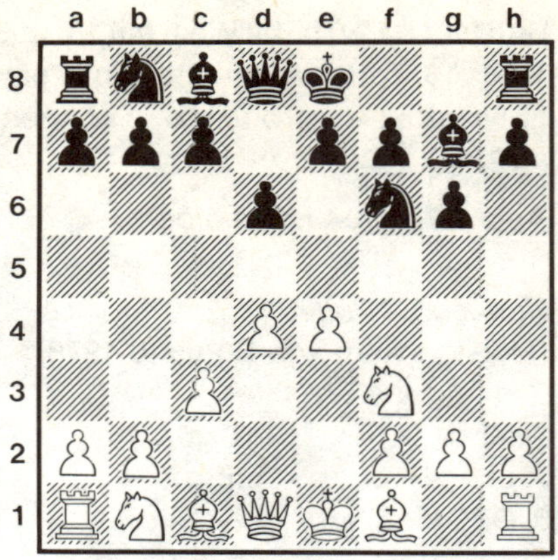

Stellung nach dem 4. Zug

Weiß befestigt primär seinen Zentrumspunkt d4; wir können es in mehreren Varianten sehen.

5. Lf1-d3	0-0
6. 0-0	c7-c6
7. Tf1-e1	Lc8-g4
8. Sb1-d2	Sb8-d7
9. h2-h3	Lg4xf3
10. Sd2xf3	e7-e5
11. a2-a4	a7-a5
12. Ld3-c2	Dd8-c7=

(1:0/44)

Tal - Vadasz
(Tallin 1977):
(1. e4 g6 2. d4 Lg7)

3. c2-c3	d7-d6
4. f2-f4	Sg8-f6
5. e4-e5	d6xe5
6. f4xe5	Sf6-d5
7. Sg1-f3	0-0
8. Lf1-c4	c7-c5
9. 0-0	c5xd4
10. c3xd4	Sb8-c6

Weiß hat sein Zentrum intakt, aber Schwarz steht dennoch gut. Der Exweltmeister wird mit Weiß verlieren!

11. Sb1-c3	Lc8-e6
12. Lc4-b3	Sc6-a5
13. Sf3-g5	Sd5xc3
14. b2xc3	Le6-d5
15. e5-e6	Sa5xb3
16. e6xf7†	Tf8xf7!
17. Sg5xf7	Dd8-a5!!

Diesen Riesenzug übersah der Exweltmeister in der Vorausberechnung.

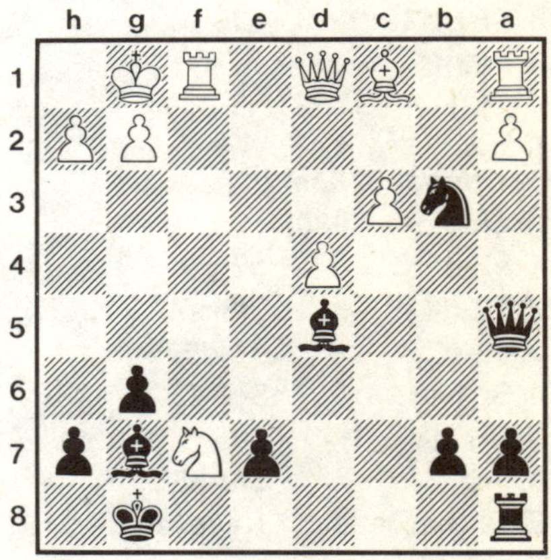

Stellung nach 17. ... Dd8-a5!!

18. Sf7-h6†	Kg8-h8!
19. Ta1-b1(?)	Sb3xc1
20. Sh6-f7†	Ld5xf7
21. Dd1xc1	Lf7-d5

0:1, aber Tal gewann das Turnier trotzdem.

Oder: 1. d4 d6 2. Sf3 g6 3. e4 Lg7 4. c3 Sf6 5. Ld3 Sc6 6. 0-0 0-0 7. Sbd2 e5 8. de5: de5: 9. Sc4 De7 10. b4= (0:1/40, Knesevic - Tal, Tallin 1976).

Darga - Sax
(Europamannschaftsmeisterschaft 1977):

1. Sg1-f3	g7-g6
2. e2-e4	Lf8-g7
3. d2-d4	d7-d6
4. c2-c3	

Auch Großmeister Darga bevorzugt diesen konservativen Deckungs- und Sicherheitszug.

4. ...	Sg8-f6
5. Lf1-d3	0-0
6. 0-0	Sb8-d7
7. Tf1-e1	e7-e5
8. Sb1-d2	Sf6-h5
9. Ld3-f1	h7-h6 =

(½/43)

Rodriguez – Keene
(Barcelona 1980)

1. e2-e4	g7-g6
2. d2-d4	Lf8-g7
3. c2-c3	d7-d6
4. Sg1-f3	Sg8-f6
5. Lf1-d3	0-0
6. 0-0	Sf6-h5!?

Eine theoretische Neuerung.

7. Tf1-e1	e7-e5
8. d4xe5	d6xe5
9. Lc1-g5!	Dd8-e8

Eine andere Möglichkeit wäre: 9. ... f6 10. Lc4† (nicht 10. Se5: De8!) Kh8 11. Dd8: Td8: 12. Se5: Tf8! usw.

10. Sb1-a3	Lc8-e6
11. Lg5-e3	f7-f6
12. Ld3-c4	Le6xc4
13. Sa3xc4	De8-f7
14. Dd1-b3	Sb8-c6

Und laut SJ/30 hätte Weiß mit 15. Lc5 Tfb8 16. Tad1 einen kleinen Positionsvorteil verbuchen können. (1/2/44)

Auch 2. Lf1-c4 ist spielbar:

Hodgson - Fuller
(Meisterschaft von England 1978):

1. e2-e4	g7-g6
2. Lf1-c4	Lf8-g7
3. Dd1-f3?!	e7-e6
4. d2-d4!?	Lg7xd4

Ein mutiges Opfer eines Mittelbauern, das Schwarz am besten doch annimmt; er erhält gleiches Spiel.

5. Sg1-e2	Ld4-g7
6. Sb1-c3	a7-a6
7. a2-a4	Sb8-c6
8. Df3-g3	Sg8-f6
9. Lc1-e3	Sf6-h5
10. Dg3-h3	d7-d5!
11. 0-0-0	=

(1:0/36)

Cooper - Dr. Hübner
(Schacholympiade 1978):

1. d2-d4	g7-g6
2. Lf1-c4	Lf8-g7
3. Sb1-c3	d7-d6
4. e2-e4	e7-e5
5. Sg1-e2	Sb8-c6
6. d4-d5	Sc6-e7
7. h2-h4	f7-f5!

Ideale Eröffnungsstellung

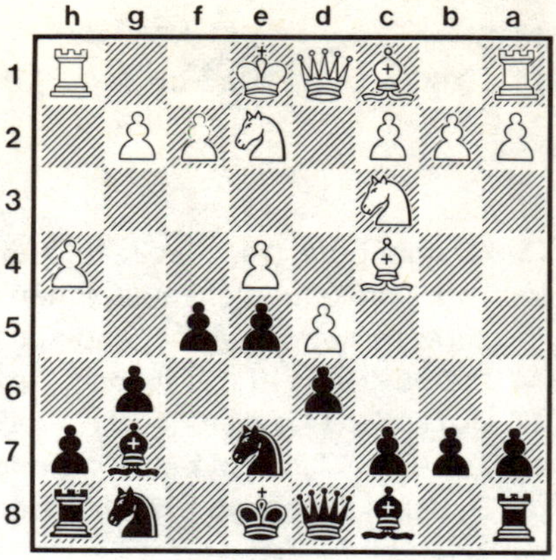

Stellung nach 7. ... f7-f5

Schwarz kümmert sich wenig um den »Angriff« h4, sondern verfolgt streng das strategische Ziel mit dem Aufmarsch in der f-Linie. Der Lc4 bleibt zunächst außer Spiel bei Weiß.

8. e4xf5	g6xf5
9. Se2-g3	Sg8-f6
10. Lc1-g5	0-0
11. Dd1-d2	a7-a6
12. 0-0-0	Lc8-d7

(0:1/28).

Neuer Eröffnungstrick 3. ... d7-d5!

Im Rialto-Cup Stockholm 1983 erschien die Eröffnungsneuheit nach
1. e2-e4 g7-g6 2. d2-d4 Lf8-g7
3. Sb1-c3
mit 3. ... d7-d5!?
Ein Bauernopfer für nichts? Nein, Schwarz holt den B in jedem Fall zurück, und der Gegner ist zunächst verblüfft.

Rantanen – Törnblom 1982: 4. ed5: Sf6 5. Lc4 Sbd7 6. Lf4 Sb6 7. Lb3 Sbd5: =
A. Sznapik – K. Szapnik: 4. Sd5: c6 5. Se3 Dd4: 6. Dd4: Ld4: 7. Sf3 Lg7 (1/2, 45)

GM Balaschow zeigte im Großmeisterturnier eine wichtige Variante.

Balaschow - H. Pfleger
(Großmeisterturnier München 1979):
(1. e4 d6 2. d4 Sf6 3. Sc3 g6)
4. Lf1-e2 Lf8-g7
5. h2-h4!

Ein »Feld-Wald- und Wiesenzug« in manchen Eröffnungen, der aber hier seinen Sinn im 7. Zug erhält.

5. ...	c7-c5
6. d4xc5	Dd8-a5
7. Ke1-f1!	

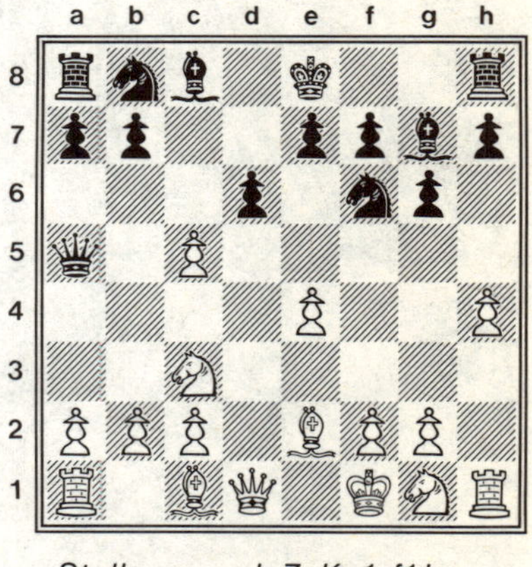

Stellung nach 7. Ke1-f1!

Eine Neuerung? Nein, die Zugfolge tauchte schon 1963 auf. Die Drohung Se4: wird mit der künstlichen Rochade beantwortet; der Königsturm wird auf der h-Linie belassen für den Vorstoß h4-h5.

7. ...	Da5xc5
8. Lc1-e3	Dc5-a5
9. h4-h5	g6xh5

Die Neuerung Balaschows besteht nicht im Zug h4 oder Kf1, sondern erst im 10. Zug Sh3. Schon 1963 folgte bei Trapl - Pachman 8. ... Dc7 9. h5 Tg8 10. h6 Lh8 =, und 1964 gab es die Partie Mikenas — Gaprindaschwili mit 10. Lh5: Sc6 11. Le2 Le6 12. Sh3 0-0-0 13. Sf4 d5! mit Vorteil für die Weltmeisterin. Ferner gibt es 1971 die Partie Messing - Rukavina mit 10. f3 Sc6 11. Sh3 Lh3: 12. Th3: 0-0-0 13. Tg3 Thg8 14. Tg5 Dc7 =.

Zu der Partie mit Pfleger meinte Balaschow: »Vom 5. Zuge an eine etwas spekulative Variante von Weiß«.

10. Sg1-h3	Lc8-g4
11. Sh3-f4	Lg4xe2
12. Dd1xe2	Sb8-c6
13. Sf4xh5	Sf6xh5
14. Th1xh5	Da5-c7

Das Damenopfer 14. ... Lc3: 15. Ta5: La5: 16. Dg4 kann nicht ausreichend für Schwarz sein. Ungenügend auch 14. ... Dd8 15. Dg4 Lc3: 16. bc3: Dd7 17. Dg7! oder 14. ... Da6 15. Da6: ba6: 16. Ld2 Tb8 17. b3 Sd4 18. Tc1, und die Bauernschwächen h7/a6/a7 sind ein Nachteil für Schwarz.

15. Sc3-d5	Dc7-d7
16. c2-c3 ±	

Gisela Fischdick (Bielefeld) und Barbara Hund (Leverkusen), die 2 besten deutschen Schachspielerinnen. Die deutsche Vertretung erreichte den 5. Rang unter 45 Teams bei der 25. Schacholympiade Luzern 1982.

Französisch mit Lc8-d7-c6

Eine unkomplizierte Spielweise, bei der Schwarz vielen anderen Varianten und Problemen der sonst schwierigen Französischen Verteidigung ausweicht.

1. e2-e4	e7-e6
2. d2-d4	d7-d5
3. Sb1-d2	

oder auch 3. Sb1-c3; es macht in dieser Spielweise keinen Unterschied, denn Schwarz lenkt zunächst in die Rubinstein-Verteidigung ein mit Abtausch auf e4.

3. ...	d5xe4
4. Sd2xe4	Lc8-d7!

Grundstellung der Ld7-Variante

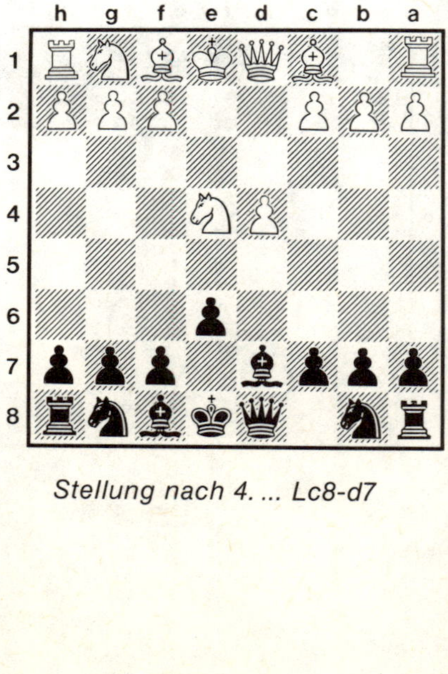

Stellung nach 4. ... Lc8-d7

Varianten, die wir in Partien mit Schwarz spielen müssen, sollten wir auch von Schwarz aus anschauen.

Die Idee des Läuferzuges besteht in dem Manöver Ld7-c6xSe4. Schwarz erreicht den Tausch seines Damenläufers gegen einen der weißen Springer ohne sich durch die Flankierung b7-b6 am Damenflügel auf der Schrägen b7-f3 zu schwächen. Eine solche Variante wäre:

3. Sb1-d2 b7-b6 4. Sg1-f3 d5xe4 5. Sd2xe4 Lc8-b7 6. Lf1-b5† Lb7-c6 (oder 6. ... c6 7. Ld3) 7. Lb5xc6† Sb8xc6 8. 0-0, und man ist der Ansicht, daß Weiß leicht besser stehe. Dieses Urteil muß man unterstreichen, denn Weiß hat bereits rochiert, während Schwarz dazu noch zwei Figuren zuvor entwickeln muß; es hat sich eben b7-b6 als schwerwiegender Tempoverlust erwiesen.

Paul Keres bringt in seiner Abhandlung der Französischen Partie nur die bis dahin bekannte Partie

Spasski - O'Kelly
(San Juan 1969):

Von der Diagrammstellung aus nach den Zügen 1. e4 e6 2. d4 d5 3. Sc3 (auch 3. Sd2) de4: 4. Se4: Ld7

5. Sg1-f3	Ld7-c6
6. Lf1-d3	Lc6xe4!

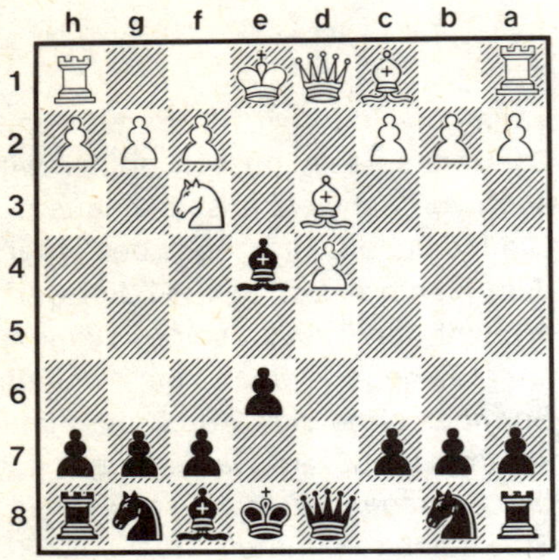

Stellung nach 6. ... Lc6xe4

7. Ld3xe4	c7-c6
8. 0-0	Sg8-f6
9. Le4-d3	

Schwarz erhält sein Tempo wieder zurück.

9. ...	Sb8-d7
10. c2-c4	Lf8-d6
11. b2-b3	0-0
12. Lc1-b2	Dd8-c7
13. Dd1-e2	c6-c5! =

Die Abweichung im 8. Zug in der Partie
Rajkovic - Ciric
(Vrnjacka Banja 1976):

8. Dd1-e2	Sg8-f6
9. Le4-d3	g7-g6!
10. 0-0	Lf8-g7=

Zwei andere Großmeister - um zu zeigen, daß es sich bei der ganzen Spielweise nicht um etwas Ausgefallenes, sondern um eine seriöse Variante handelt.

Parma - Forintos
(Maribor 1977):

5. Sg1-f3	Ld7-c6
6. Lf1-d3	Sb8-d7
7. Dd1-e2	Sg8-f6
8. 0-0	Sf6xe4
9. Ld3xe4	Lc6xe4

In diesem Abspiel kommt es zum Abtausch von zwei Figurenpaaren.

10. De2xe4	c7-c6
11. c2-c4	Lf8-e7=

mit mehr Raum im Zentrum, meint der Schach-Informator nach 12. b2-b3 (Parma).
Die Großmeister Parma - Forintos spielten aber nach 5. Sf3 Lc6 6. Ld3 Sbd7 7. De2 Sgf6):

8. Se4-g3	Lc6-d5!
9. 0-0	

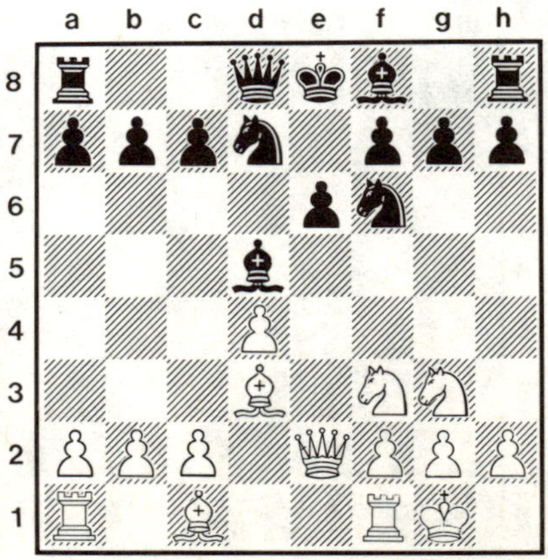

Stellung nach 9. 0-0

Weiß konnte schlecht 9. c2-c4? spielen wegen 9. ... Ld5xf3 10. De2xf3 Lf8-b4† mit Rochadeverlust ohne Kompensation.

9. ...	c7-c5
10. Lc1-e3	Dd8-b6
11. c2-c3	Lf8-d6
12. Sf3-g5	

Weil Weiß etwas besser hier mit 12. Sg3-f5! hätte fortsetzen können, sollte Schwarz anstelle Ld6 besser 11. ... Lf8-e7! spielen.

12. ...	c5xd4
13. Le3xd4	Ld6-c5
14. Ld4xc5	Sd7xc5
15. Ld3-b5†	Ld5-c6
16. Lb5xc6†	Db6xc6 =

Wegen eines kleinen Fehlers büßte Schwarz im 21. Zug eine Figur ein (1:0).

Balaschow - Suba
(Europa-Mannschaftsmeisterschaft 1977):

3. Sb1-d2	d5xe4
4. Sd2xe4	Lc8-d7
5. Sg1-f3	Ld7-c6
6. Lf1-d3	Sb8-d7
7. 0-0	Sg8-f6
8. Se4-g3	Lf8-e7
9. Tf1-e1	0-0
10. Dd1-e2	Tf8-e8
11. Lc1-d2	

(Diagramm rechts oben)

11. ...	Lc6xf3!
12. De2xf3	c7-c5!

Zu passiv wäre 12. ... c6? 13. c3!

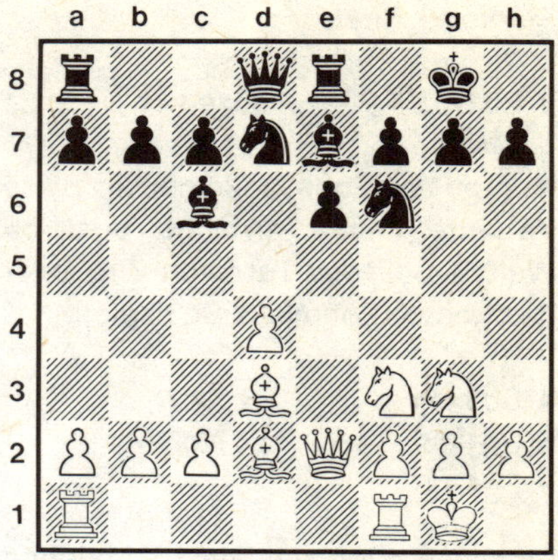

Schwarz vor dem 11. Zug

13. Ld2-c3	c5xd4
14. Lc3xd4	Sd7-c5
15. Te1-d1	Sc5xd3
16. Td1xd3	Dd8-d5

Wegen dieses Zuges nicht 15. Tad1 (Angriff Ba2).

17. Df3-e2	Dd5-c6
18. Ta1-d1	Ta8-d8
19. c2-c3	a7-a6
20. h2-h3	h7-h6=

(0:1/37).

K. Lehmann - Steen
(Bundesliga, Berlin-Hamburg 1978):

5. Sg1-f3	Ld7-c6
6. Lf1-d3	Sb8-d7
7. 0-0	Sg8-f6
8. Se4xf6†	Sd7xf6=

Diese Variante ist so gut und so schlecht wie jede andere der Französischen Verteidigung. Zwei Großmeister wendeten sie in der Meisterschaft von Jugoslawien 1978 an:

Planinc - Bukic

3. Sb1-c3 d5xe4

Nur um zu zeigen, daß Schwarz diese Variante immer erreicht, egal ob Weiß 3. Sd2, den Tarrasch-Zug, oder das konventionelle 3. Sc3 spielt.

4. Sc3xe4 Lc8-d7
5. Sg1-f3 Ld7-c6
6. Se4-g5

Eine Neuerung anstelle des üblichen 6. Lf1-d3.

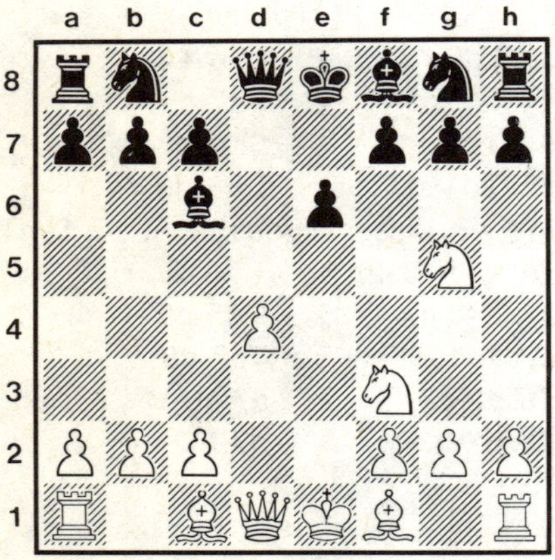

Stellung nach 6. Se4-g5!

Der Nachziehende muß sich stets vor Springeropfern auf f7 hüten, wie diese Varianten zeigen:

a) 6. ... h7-h6? 7. Sg5xf7! Ke8xf7 8. Sf3-e5† gewinnt;
b) 6. ... Sg8-f6? 7. Sf3-e5! und Weiß dringt auf f7 ein;
c) 6. ... Sb8-d7? 7. Se5xf7! Ke8xf7 8. Sf3-g5† Kf7-f6 9. Dd1-g4 samt Lc4 mit starkem Angriff.

6. ... Lf8-e7
7. Lf1-c4 Lc6-d5!

Ein wichtiger Zug, um alle Gefahren auf e6/f7 von vornherein einzudämmen.

8. Lc4xd5 Dd8xd5

Bukic selbst kritisiert seinen Zug und plädiert nachträglich für das Nehmen mit e6xd5, 9. 0-0 Sf6 und nach schwarzer Rochade Ausgleich.

9. 0-0 Sb8-d7
10. Dd1-e2 Le7xg5
11. c2-c4! Dd5-f5
12. Lc1xg5 Sg8-f6
13. d4-d5!

Wegen dieses Vorstoßes, der immer eine weiße Initiative in der Rubinstein-Verteidigung der Französischen Verteidigung einleitet, steht Weiß besser. Jedoch 0:1 im 43. Zug.

Timman – Bukic (Bugoino 1978)
(Nach 1. e4 e6 2. d4 d5 3. Sd2 de4:)

4. Sd2xe4 Lc8-d7
5. Sg1-f3 Ld7-c6
6. Lf1-d3 Sb8-d7
7. 0-0 Sg8-f6
8. Se4xf6† Dd8xf6
9. Ld3-e2

Ein Rückzug, der für Weiß kaum zu umgehen ist.

9. ... Lf8-d6
10. c2-c4 Df6-f5
11. Tf1-e1 0-0
12. Sf3-g5! Ld6-f4
13. Lc1xf4 Df5xf4

Nach 14. d4-d5! kam Weiß in Vorteil, weil nach 14. ... ed5: 15. cd5: folgt.

(15. ... La4 16. Dc1! usw.).
Zwei Beispiele von 1982/83:

Gligoric – Bednarski (Wien 1982)
1. e4 e6 2. d4 d5 3. Sc3 Sf6 4. Lg5 de4: 5. Se4: Ld7 6. Sf3 Lc6 7. Ld3 Le7 8. Sed2 Sd5 9. Le7: De7: 10. 0-0 Sf4 11. Le4 Db4 = (1:0/39)

Rantanen – Bednarski
(Stockholm 1983)
(erste 7 Züge wie oben)
8. Sf6:† Lf6: 9. h4 Sd7 10. De2 Lf3: 11. Df3: c6 12. Dg3 Da5† 13. Kf1 Ld4: 14. Te1 Lb2:? Nach Lf6 nebst 0-0-0 stünde Schwarz sicher. Dem polnischen IM unterlief aber der böse Fehler nach 15. h5 h6??, denn nach 16. Te6:†! war es in wenigen Zügen aus.

Ein Experte als »Schwarzspieler«

Dr. Tröger, Jahrgang 1912: »Meine alten Eröffnungen genügen noch immer«

Einen anderen Beitrag zu diesem Eröffnungsthema mit Lc8-d7-c6 leistet Deutschlandmeister von 1957, Dr. Paul Tröger: »Ich fühle mich nicht zuständig, zu sagen ob dieses Abspiel nun stark, schwach oder mittel ist. Auf jeden Fall habe ich gegen gute und sehr gute Gegner stets eine interessante Partie bekommen.« Paul Tröger, unter den Meistern ein Experte als »Schwarzspieler«, hat dabei allerdings die Rubinstein-Verteidigung mit dem späteren Abtausch auf e4 im Auge, also erst nach Sf6, 4. Lg5 de4: 5. Se4: Le7 6. Lf6: Lf6: 7. Sf3 b6 usw.
Dr. Tröger gibt zur Illustration diese Variante:

Blau – Tröger
(Schacholympiade München 1958):

1. e2-e4	e7-e6
2. d2-d4	d7-d5
3. Sb1-c3	Sg8-f6
4. Lc1-g5	d5xe4
5. Sc3xe4	Lf8-e7
6. Lg5xf6	Le7xf6
7. Sg1-f3	Lc8-d7!

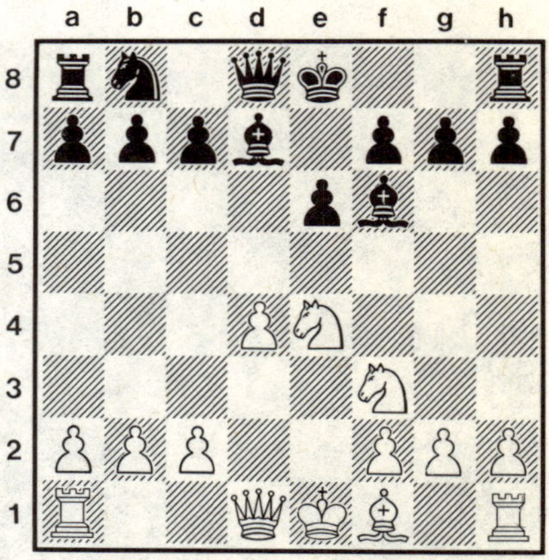

Stellung nach 7. ... Lc8-d7

Der schwarze Damenläufer setzt zu der typischen Wanderung nach c6xe4 an.

8- Lf1-d3	Ld7-c6
9. c2-c3	

Der Bd4 bedurfte der Deckung. Übrigens wird hier ein bewährtes

Dogma von Schwarz verletzt, oder ein Schemasatz kann man auch sagen: Ziehe mit einer Figur nicht mehrfach in der Eröffnung. Aber Schach ist das Spiel der Ausnahmen. Der Leitsatz kann hier nicht zutreffen, weil Schwarz *neben den drei Läuferzügen auch alle anderen Vorkehrungen getroffen hat, sein Spiel gesund zu entfalten.*

9. ...	Lc6xe4
10. Ld3xe4	c7-c6
11. Dd1-c2	h7-h6
12. 0-0-0	Dd8-c7

Wie verlief die Partie weiter?

»Schwarz (Tröger) kam im Mittelspiel in Vorteil(!) und erreichte ein gutes Endspiel, das Blau in glänzendem Stile remis hielt.« Mit diesem Wort, das den Schachsportler Paul Tröger ehrt – er galt in jenen Tagen als besonders »scharfer Hund«! – sei dieses Kapitel abgeschlossen. Noch mit 67 Jahren errang Paul Tröger mit seiner Mannschaft Porz 1979 die Deutsche Mannschaftsmeisterschaft!

Im erbitterten Duell standen sich 1981 in Meran Weltmeister A. Karpow und Herausforderer V. Kortschnoi gegenüber. Zum zweiten Male (nach 1978) verteidigte der sowjetische Weltmeister seinen Titel gegen den 1976 aus der UdSSR abgesprungenen Vizeweltmeister Kortschnoi mit 6:2 Siegen.

Damengambit »angenommen verkehrt herum«

Weiß nimmt das von Schwarz gespielte Damengambit an:

1. d2-d4	c7-c5
2. c2-c3!	d7-d5
oder	
1. d2-d4	d7-d5
2. c2-c3	c7-c5

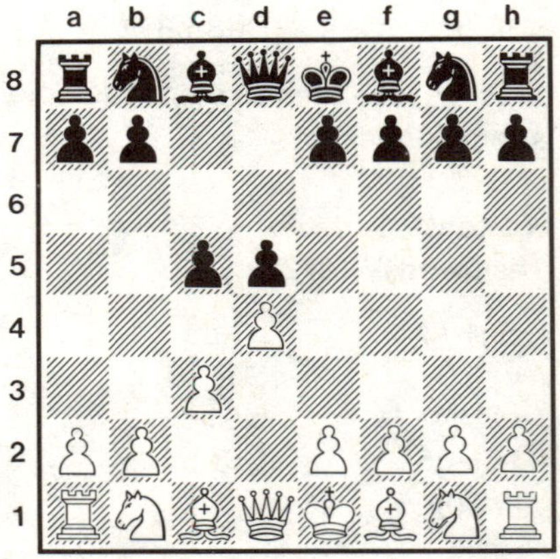

Weiß am Zug nimmt jetzt das Damengambit »an«: 3. d4xc5

Mit einem Tempo mehr nimmt Weiß sozusagen in der Rückhand das jetzt von Schwarz servierte Damengambit an. Es gibt mehrere Gründe, auf 1. d2-d4 c7-c5 mit 2. c2-c3! zu parieren.

Einmal kann die zurückhaltend aussehende – die Betonung liegt auf »aussehende« – Spielweise des Anziehenden alle gegnerischen Vorhaben ausschalten: Der Gegner möchte Benoni spielen, also er erwartet den Vorstoß d4-d5 (zum Beispiel nach 1. d2-d4 c7-c5 2. d4-d5 g7-g6 oder 2. ... e7-e6). Oder der Gegner beabsichtigt, das angenommene Damengambit zu spielen, also 1. d2-d4 d7-d5, 2. c2-c4 d5xc4, eine seit 1977 stark in Mode gekommene Spielweise auf Turnieren.

Zum anderen behält sich Weiß vor, in das normale Damenbauerspiel einzulenken.

Daß es sich bei dieser Spielweise mit 2. c2-c3 nicht um eine Eintagsfliege handelt, sollen einige Beispiele aus der Turnierpraxis zeigen. Das Paradebeispiel für Damengambit »angenommen verkehrt herum« ist die Partie

Hort – Velimirovic
(Novi Sad 1976):

1. d2-d4	c7-c5
2. c2-c3	d7-d5
3. d4xc5	e7-e6
4. b2-b4!	

Weiß verfährt genauso, wie es sich Schwarz beim angenommenen Damengambit zu spielen nicht erlauben kann:

1. d2-d4 d7-d5 2. c2-c4 dc5xc4 3. e2-e3 b7-b5 4. a2-a4 c7-c6 5. a4xb5 c6xb5 6. Dd1-f3 Figurengewinn für Weiß.

Mit einem Tempo mehr jedoch kann Weiß risikolos den Gambitbauern c5 verteidigen. Auch wenn es am Ende nicht ganz gelingt, denn der jugoslawische Großmeister kann bei vorsichtigem Spiel gerade noch entscheidenden Nachteil in der Eröffnung vermeiden.

4. ...	a7-a5
5. a2-a3	b7-b6

Den Versuch 5. ... Dd8-f6 kann Weiß mit 6. Ta1-a2 zurückweisen.

6. c5xb6	a5xb4
7. c3xb4	Lf8xb4†

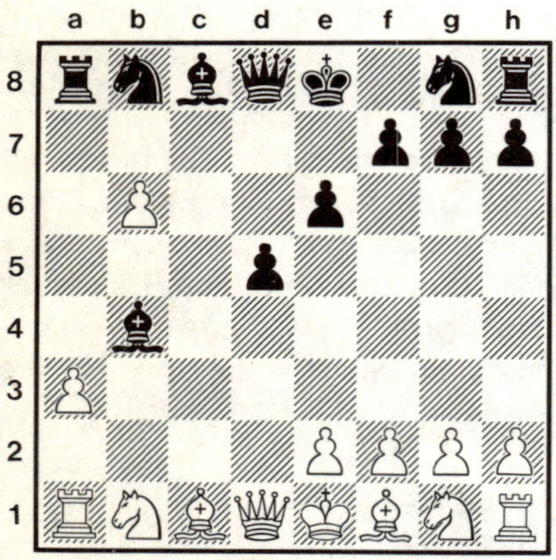

Stellung nach 7. ... Lf8xb4†

Man beachte, daß 7. ... Dd8-f6? wieder mit 8. Dd1-c2! gekontert wird, diesmal mit Angriff auf den Lc8.

8. a3xb4	Ta8xa1
9. Lc1-b2	

Wegen der Doppeldrohung Lg7: und La1: muß Schwarz wieder Material zurückgeben.

9. ...	Ta1xb1†

Diese Stellung bietet Weiß wahrscheinlich die etwas besseren Chancen. Hort kam nach 10. Db1: Sf6 11. e3 0-0 in Vorteil, doch hätte 11. ... Db6: 12. Ld4 Db7 13. Sf3 Sc6 das Spiel in der Waage gehalten.

Eine anregende, bunte Angelegenheit!

Einige andere Eröffnungsbeispiele dazu:

1. d2-d4	c7-c5
2. c2-c3	Sg8-f6
3. Sg1-f3	e7-e6
4. Lc1-g5	d7-d5
5. e2-e3	Dd8-b6 =

Ein jetzt reguläres Damenbauerspiel ist entstanden.

Lutikow – Simagin
(Kislowodsk 1972):

1. Sg1-f3	c7-c5
2. c2-c3	Sg8-f6
3. d2-d4	b7-b6
4. Lc1-g5	Lc8-b7

(1:0/30)

Bisguier – Ljubojevic
(Palma de Mallorca 1971).

1. d2-d4	c7-c5
2. c2-c3	Sg8-f6

Man sieht, Schwarz vermeidet den Zug d7-d5, um Weiß keine Gelegenheit zu geben, Damengambit »angenommen verkehrt herum« zu spielen!

3. Sg1-f3	b7-b6
4. Lc1-f4	g7-g6
5. e2-e3	Lf8-g7
6. Sb1-d2	0-0 =

Heinig – Möhring
(Halle/S 1980)

1. d2-d4	c7-c5
2. d4xc5	e7-e6
3. Sb1-c3	Lf8xc5
4. Sc3-e4	Lc5-b4† !

Eine Neuerung.

5. c2-c3	d7-d5

Wenn 6. cb4: de4: 7. Dd8:† Kd8: =

6. Dd1-a4 †	Sb8-c6
7. c3xb4	d5xe4
8. e2-e3	

Nicht 8. b5? Dd4! usw.

8. ...	Sg8-f6
9. Lc1-d2	0-0
10. Ld2-c3	Sf6-d5
11. Sg1-e2	Lc8-d7 =

Selbst ein unbekannter Spieler konnte sich mit der zurückhaltenden Variante gegen den Schachtitan R. Fischer 49 Züge lang halten:

Acevedao – R. Fischer
(Olympiade, Siegen 1970):

1. d2-d4	Sg8-f6
2. Sg1-f3	c7-c5
3. c2-c3	g7-g6
4. g2-g3	b7-b6
5. Lf1-g2	Lc8-b7
6. 0-0	Lf8-g7
7. Sb1-d2	0-0

Die Position ist ausgeglichen. Die großartige Schachkunst des späteren Weltmeisters nur zwang den Schwarzen zur Aufgabe im 49. Zug.

1. c2-c3 Saragossa

Hier sei noch die *Saragossa-Eröffnung* erwähnt, die mit 1. c2-c3 beginnt. Sie ist nach einem spanischen Spieler aus Saragossa benannt worden; gelegentlich hat sogar Dr. Tartakower sich des seltenen Anfangs bedient - mehr wohl aus experimentellen, denn aus schachlichen Motiven heraus.

Bei der 25. Schacholympiade Luzern eröffneten der Australier Rogers sowie der Österreicher Herzog in der Mehrzahl mit Weiß 1. c2-c3!
Beispiele:

Rogers – Grünfeld: 1. c3 Sf6 2. Sf3 b6 3. Dc2(!) Lb7 4. d3 g6 5. Lg5 Lg7 6. Sbd2 0-0 7. e4 c5 (1:0/31)

Herzog – H. Olafsson: 1. c3 d6 2. d4 g6 3. Lf4 Lg7 4. Sf3 b6 5. Sbd2 Lb7 6. e3 d5 7. Lb5† c6 8. Ld3 c5 9. Se5 0-0 10. h4 La6 11. Lc2 cd4: 12. ed4: h4 13. Sdf3 (1:0/31)

Herzog – Wedberg: 1. c3 d6 2. d4 g6 3. e4 Lg7 4. f4 Sf6 5. Ld3 0-0 6. Sf3 Sbd7 7. e5 Sg4 8. Sg5 Sb6 9. 0-0 f6 10. Sh7:! Kh7: 11. f5 fe5: 12. Dg4: gf5: 13. Dh5† (1:0/18)

Root – Campora (Lone Pine 1981)

1. d2-d4	d7-d5
2. Sg1-f3	Sg8-f6
3. e2-e3	c7-c5

Eigentlich ein normales Damenbauerspiel, bei dem immer c3 folgen wird.

4. c2-c3	Sb8-c6
5. d4xc5	e7-e5
6. b2-b4	e5-e4
7. Sf3-d4	Sf6-g4
8. Lf1-b5	Dd8-h4
9. g2-g3	Dh4-h6
10. Sb1-d2 (1:0/55)	

Was spielt man gegen 1. d2-d4?

Ein Patentrezept lautet, einerlei, welchen Aufbau Weiß auch wählen mag: *d7-d5, e7-e6, Sg8-f6, Lf8-e7, 0-0*

Beginnen wir mit einer Variante, die heute wieder stark beachtet wird:

Kuligowski (Polen) - Byrne (USA)
(Schacholympiade 1978):

1. d2-d4	d7-d5
2. c2-c4	e7-e6
3. Sb1-c3	Lf8-e7
4. Sg1-f3	Sg8-f6
5. Lc1-g5	0-0

Grundstellung im Damengambit

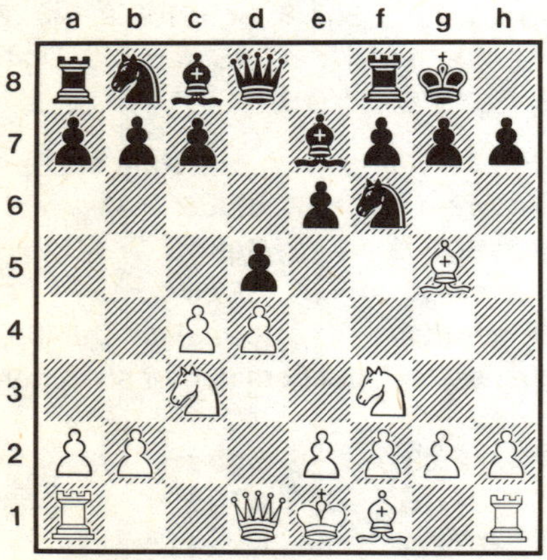

Stellung nach dem 5. Zug

Es gibt keine Eröffnung, die öfters vorkommt als die im Diagramm gezeigte! Auch wenn viel Sizilianisch (gegen 1. e4) oder viel Nimzowitsch-Indisch (gegen 1. d4) auf Turnieren gespielt wird: Favorit bleibt nach wie vor das orthodoxe Damengambit mit den oben gezeigten Anfangszügen auf beiden Seiten. Bei Weiß kommt es dazu häufig vor, daß die ersten 3 bis 4 Züge in Zugumstellung erfolgen. Sehr häufig geschieht

1. c2-c4 Sg8-f6 2. Sb1-c3 e7-e6 3. Sg1-f3

und nicht 3. d2-d4, was die Nimzowitsch-Indische Verteidigung Lf8-b4 erlauben würde. Die Normalstellung des Damengambits wird erreicht durch

3. ... d7-d5 4. d2-d4 Lf8-e7 usw.

Doch kehren wir zurück zur Diagrammstellung Kuligowski - Byrne:

6. e2-e3 Sb8-d7

Bereits an diesem Punkt gibt es mehrere gleichwertige Fortsetzungen für Schwarz:

a) 6. ... Sb8-d7 7. Ta1-c1 und jetzt 7. ... c7-c6 oder 7. ... a7-a6 orthodoxe Verteidigung
b) 6. ... h7-h6 7. Lg5-h4 Sf6-e4 Lasker-Verteidigung
c) 6. ... h7-h6 7. Lg5-h4 b7-b6 Tartakower-Verteidigung

Nicht betrachten wollen wir die Cambridge-Springs-Verteidigung, bei der

4. Lc1-g5 Sb8-d7 5. e2-e3 mit c7-c6 beantwortet wird, der Lf8 also zurückgehalten und nach Dd8-a5 im 7. Zug nach b4 entwickelt wird.
Schließlich muß noch ein Blick auf die Abtauschvariante geworfen werden, wenn Weiß c4xd5 spielt. Das geschieht meistens schon im 4. Zuge, also vor Lc1-g5; in der Tarrasch-Verteidigung folgt dieser Tausch c4xd5 fast immer.

Eine völlig andere Gruppe sind die Stellungen, in denen Weiß den Damenläufer zurückhält und statt 5. Lc1-g5 den Zug 5. e2-e3 spielt.
Auch hier ist es für den von Schwarz geplanten Aufbau unerheblich, ob Weiß Lc1-g5, oder e2-e3, oder Katalanisch mit 3. oder 4. g2-g3 spielt, immer behält Schwarz seinen Aufbau mit Lf8-e7 samt 0-0 im Auge. Eine Ausnahme kann Schwarz machen, wenn Weiß Katalanisch 4. g2-g3 spielt; dann kann Schwarz vor dem Zug e7-e6 erst den Damenläufer mit Lc8-f5 herausbringen.

Die orthodoxe Variante

Von der Diagrammstellung aus nach 6. e3 Sbd7 spielen wir weiter mit

7. Ta1-c1 c7-c6

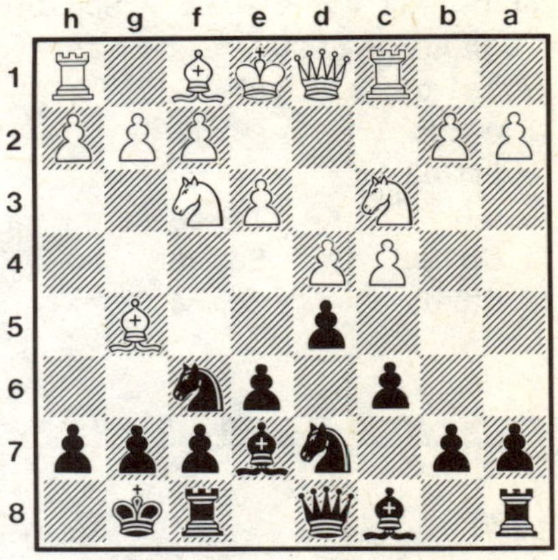

Orthodoxe oder klassische Variante

8. Lf1-d3 a7-a6

Es kommen für Weiß außerdem 8. a2-a3 oder 8. c4xd5 in Betracht.
Zwei Beispiele:
8. a2-a3 a7-a6 9. Dd1-c2
Der »Tempokampf« war einmal populär, in dem Weiß auf den Zug d5xc4 wartet und mit Ld3xc4 kein Tempo verliert.
9. ... b7-b5, 10. c4xd5 c6xd5 11. Sc3-a2 Sf6-e8 12. Dc2-c6 Ta8-b8 13. Lg5xe7 Dd8xe7 14. Lf1-d3 Se8-d6 =̶
(Ornstein - Hurme 1978).
Oder 8. c4xd5 e6xd5 9. Lf1-d3 a7-a6 10. 0-0 Tf8-e8 11. Ld3-b1 Sd7-f8 12. Sf3-e5 Sf6-d7 =
(Gligoric - Ivkov (Bugoino 1978).

9. a2-a4 d5xc4
10. Ld3xc4 Sf6-d5

11. Lg5xe7	Dd8xe7
12. 0-0	Sd5xc3
13. b2xc3	b7-b5 =

H. Pfleger - Jakobsen
(BRD-Dänemark 1978):
Nach 1. d4 d5 2. c4 e6 3. Sc3 Sf6 4. Lg5 Le7 5. Sf3 0-0 6. e3 Sbd7

7. Ta1-c1	a7-a6
8. c4xd5	e6xd5
9. Lf1-d3	c7-c6
10. 0-0	Tf8-e8
11. Dd1-c2	Sd7-f8
12. Sf3-e5	Sf6-g4

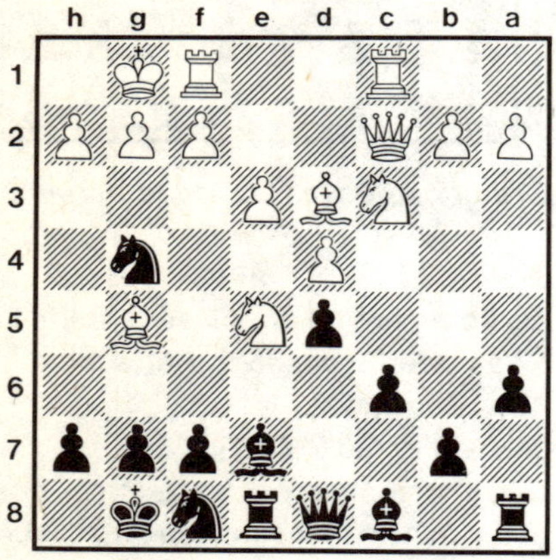

Remis im 18. Zug nach 13. Lg5xe7 Dd8xe7 14. Se5xg4 Lc8xg4. Ein gutes Verteidigungssystem also für Schwarz, wenn der dänische Meister gegen den international reputierten deutschen Großmeister mühelos aus der Eröffnung heraus (mit Schwarz!) ausgleicht.
Zum Zuge 8. ... a7-a6 noch die Schweizer Variante:

7. Ta1-c1	a7-a6
8. c4-c5	c7-c6
9. Lf1-d3	e6-e5!

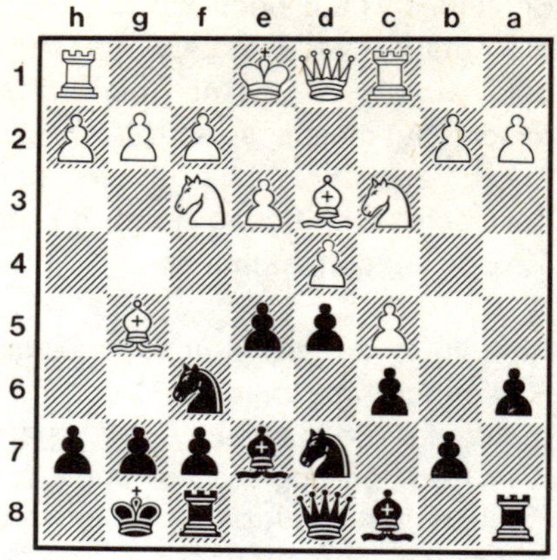

Stellung nach 9. ... e6-e5!

Festlegende Züge wie c4-c5 ermöglichen meist den Zentrumsgegenstoß e6-e5. Solche Gegenmanöver seitens des Nachziehenden sind auch deswegen möglich, weil in der geschlossenen Eröffnung Damengambit *Weiß erst den Damenflügel entwickelt* und mit der Entwicklung des Königsflügels leicht im Rückstand bleibt; es fehlen zur vollen Gesundheit meist die zwei Züge Ld3 und die Rochade. Aber wir wissen ja, daß in geschlossenen Stellungen nicht die rasche Entwicklung das primäre ist, sondern der Spielplan, die Strategie. Im Damengambit bedeutet es den Druck auf die Zentralfelder d5, e5, auch e4 und c5.

10. d4xe5	Sf6-e8

Auch bei 10. Sf3xe5 Sd7xe5

11. d4xe5 Sf6-g4! hat Schwarz keine Mühe – im Gegenteil.

11. Lg5-f4 Sd7xc5
12. Ld3-b1 f7-f5
13. e5xf6

sonst nistet sich der Se6 auf dem glänzenden Posten e6 ein mit Blokkade des jetzt sogar schädlichen Freibauern e5 (Gligoric – Marovic, YU 1977, remis).

Olafsson – Gerusel
(Deutsche Meisterschaft 1977 Bad Lauterberg):
Nach 1. d4 d5 2. c4 e6 3. Sc3 Sf6 4. Lg5 Le7 5. Sf3 0-0

6. Ta1-c1 c7-c6
7. e2-e3 h7-h6
8. Lg5-h4 Sb8-d7
9. Lf1-d3 d5xc4
10. Ld3xc4 Sf6-d5

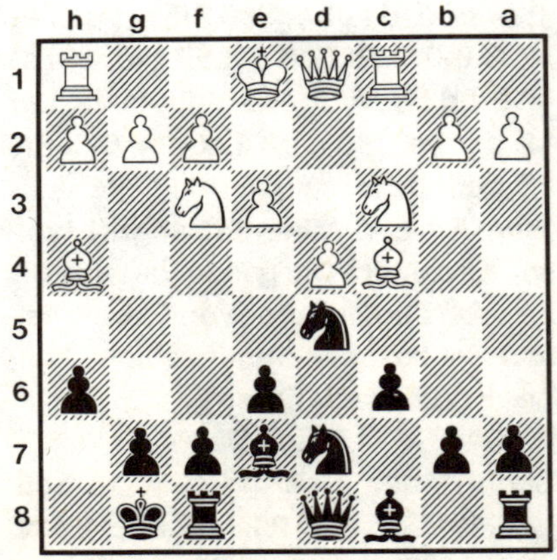

Stellung nach 10. ... Sf6-d5

Während das Entlastungsmanöver nach Capablanca, berühmt-berüchtigt geworden beim Wettkampf des Jahrhunderts Aljechin-Capablanca 1927 in Buenos Aires, schon im 9. Zug erfolgt, ohne die Zwischenzüge h6/Lh4, kann dieses Entlastungsmanöver auch einen Zug später wirksam geschehen.

11. Lh4-g3

nach der Maxime, dem Entlastungssuchenden wenig Möglichkeit zum befreienden Tausch zu geben. Schwarz kann jetzt nur den Springer, nicht aber auch (bei Stellung des Läufers auf g5) den Läufer abtauschen. Aber ob dies (einem Läufertausch auszuweichen) dem Weißen irgendeinen Vorteil zu bringen vermag, bleibt die Frage. Man spielt hier mehr nach Erfahrungen oder nach Vorurteilen.

11. ... Sd5xc3
12. b2xc3 Dd8-a5

Remis blieb die Variante 12. ... Sd7-f6 13. 0-0 c6-c5 14. Sf3-e5 Sf6-e4 15. Lg3-f4 Le7-g5 = ($\frac{1}{2}$/21, Lukacs-Szabo, Ungarn 1977).

13. 0-0 b7-b5
14. Lc4-d3

Bei 14. Lb3 La3 15. Tb1 Dc3: gewinnt Schwarz einen Bauern; jetzt allerdings auch. Immerhin konnte Weiß ohne Nachteil 15. Tc2 spielen.

14. ... Da5xa2
15. Tb1-a1 Da2-b2
16. Sf3-d2! Db2xc3

Weiß hat für die 2 Bauern Angriff und hätte nach 17. Se4! eine gefährliche Initiative erlangt, die aber vielleicht doch nur zum Ausgleich geführt haben würde.

Jetzt aber folgte nach

17. Dd1-e2?	Sd7-c5!
18. d4xc5	Tf8-d8
19. Ld3-e4	

(oder 19. Ld6 Ld6: 20. Se4 Dd3:! 21. Dd3: Lh2:† mit Rückgewinn der Dame)

19. ...	Td8xd2

und Schwarz erreichte die bessere Stellung (0:1/56).

Beispiele vom GM-Turnier München 1979 (1. d4 d5 2. c4 e6 3. Sc3 Sf6 4. Sf3 Le7):

Pachman - Spasski:

5. Lg5 h6, 6. Lf6: Lf6: 7. e3 0-0 8. Tc1 c6 9. Ld3 Sd7 10. 0-0 dc4: 11. Lc4: e5 12. Se4 ed4: 13. Sf6:† Sf6: 14. Dd4: Dd4: 15. Sd4: c5 16. Sb3 b6 17. f3 Td8 18. Tfd1 Lb7 (½)

Andersson - Pfleger:

5. Lg5 0-0 6. e3 h6 7. Lh4 Se4 8. Le7: De7: 9. Dc2 Sc3: 10. Dc3: c6 11. Ld3 Sd7 12. 0-0 dc4: 13. Lc4: b6 14. Tac1 Lb7 15. Tfd1 c5 mit Ausgleich.

Ftacnik – Dr. Pfleger

(25. Schacholympiade Luzern):

5. Lg5 0-0 6. Tc1 Sbd7 7. e3 c6 8. a3 Se4 9. Le7: De7: 10. cd5: ed5: 11. Ld3 S7f6 12. 0-0 Lg4 13. h3 Lh5 14. Se2 Lf3:! 15. gf3: Sg5 16. Kg2 Sh5!∓ (0:1/36)

A. Beljawski – T. Georgadse

(SU-Meisterschaft 1980):

5. Lg5 0-0 6.e3 h6 7. Lh4 b6 8. Le2 Lb7 9. Lf6: Lf6: 10. cd5: ed5: 11. 0-0 De7 12. Db3 Td8 13. Tad1 c6 14. Tfe1 Sd7 15. Lf1 Sf8? Richtig wäre 15. ... Df8! 16. e4 de4: 17. Se4: c5! mit vollem Ausgleich, weil 18. dc5:? an Le4:! scheitert.

Trend zum Damengambit hält auch in den achtziger Jahren weiter an

Nur eine von vielen Eröffnungen mit dem Damengambit und einer jener Erwiderungen, wie sie hier im Buch vorgeschlagen sind:

A. Karpow – W. Unzicker

(Vierkampf Bad Kissingen 1980):

5. Lc1-g5	0-0
6. e2-e3	h7-h6
7. Lg5-h4	b7-b6
8. Dd1-b3	d5xc4
9. Lf1xc4	Lc8-b7
10. 0-0	Sb8-d7
11. Tf1-d1	Sf6-e4
12. Lh4-g3	Se4xc3
13. b2xc3	Le7-d6 =

Neues vom Minoritätsangriff

Tal - Geller

(SU-Meisterschaft 1978):

1. c4 e6 2. d4 d5 3. Sc3 Sf6 4. Lg5 Le7 5. e3 0-0 6. Sf3 h6 7. Lf6: Lf6: 8. Tc1 c6 9. Ld3 Sd7 10. cd5: ed5: 11. b4 Le7 12. b5 La3 13. Tc2 Ld6 14. 0-0 Sf6 15. bc6: bc6:

Eine für den Minoritätsangriff typische Position. Die ganze Variante bis zum 24. Zug (!) wurde von Exweltmeister Tal zusammen mit seinem Trainer Koblenz analysiert!

16. Sa4 Se4 17. Se5 De8

Schützt den Bc6 indirekt: 18. Sc6: Ld7 19. Dc1 Tc8 20. Lb5 a6 21. Sb6 ab5: 22. Sc8: Lc8:. In Frage kommt jetzt aber 18. f2-f4.

18. f3 c5 19. fe4: cd4: 20. Sg4 de4: 21. Lc4 Lg4: 22. Dg4: Da4: 23. Tf7:! Tf7: 24. Lf7:† Kf7: 25. Df5† Ke7

Und nach 26. De4:† Kd7 27. Db7† Ke6 28. De4† Kd7 1/2

Der Sieger des Berlin-Open 1978/79, Harald Band aus Berlin, gewann mit Schwarz mit dieser wichtigen Variante:

Plesse - Band: 1. d4 Sf6 2. c4 e6 3. Sf3 d5 4. Sc3 Le7 5. Lg5 0-0 6. e3 Sbd7 7. cd5: ed5: 8. Ld3 Te8 9. 0-0 Sf8 10. Dc2 c6 11. Tab1

Start zum Minoritätsangriff

Mit 2 Bauern wird die 3-Bauernstellung des Gegners angegriffen. Dort sollen schwache Bauern geschaffen werden (etwa c6/d5 oder b7/d5).

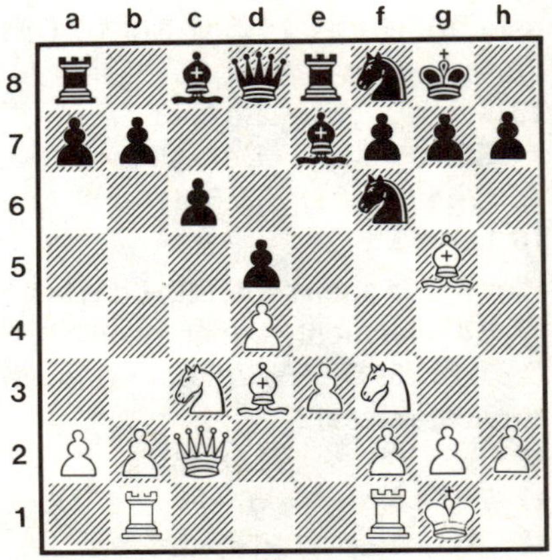

Stellung nach 11. Ta1-b1

Man vergleiche Kortschnoi - Karpow, 31. Partie WM-Match 1978. Dort geschah 11. Lf6: Lf6: 12. b4 Lg4 13. Sd2 Tc8! 14. Lf5 Lf5: 15. Df5: =

11. ... a6 12. b4 Se4 13. Le7: De7: 14. a4 Sg6 15. b5 ab5: 16. ab5: Lg4 17. Sd2?

Der Fehler. Positionell richtig war 17. Le4:! de4: 18. Sd2 Lf5 19. bc6: bc6: »und Weiß steht besser« heißt es im Bulletin der BSB (Berliner Schachbriefe).

17. ... Sd2: 18. Dd2: Sh4!

Wie weit solche Eröffnungsvarianten ausanalysiert und bekannt sind, beweist die Angabe der Variante 19. f3 aus der Partie Taimanow - Neschmedtinow (SU-Meisterschaft). Zwei andere Möglichkeiten sind

a) 19. Le2 Lh3! 20. gh3: Dg5† 21. Lg4 Sf3†; oder

b) 19. Se2 Lh3! 20. Sf4 Lg2:; oder

c) 19. Tfc1 Lh3! 20. Lf1 Dg5; oder

d) 19. e4 Lh3 20. Df4 Lg2: 21. Tfe1 Ta3; oder

f) 19. Tfc1 Lh3 20. Lf1 Dg5 21. f4 Sf3† 22. Kf2 Sd2: 23. fg5: Sb1: und gewinnt.

19. f3 De3:† 20. De3: Te3: 21. bc6: bc6: 22. fg4: Td3: und im 30. Zug 0:1.

H. Olafsson – Mjagmarsuren
(Schacholympiade 1980)

7. Ta1-c1	a7-a6
8. c4xd5	e6xd5
9. Lf1-d3	c7-c6
10. Dd1-c2	Tfe8-e8
11. 0-0	Sd7-f8
12. Lg5xf6	Le7xf6
13. b2-b4	Dd8-d6
14. Tc1-b1	Lc8-g4
15. Sf3-d2	Lg4-h5

Nach 16. Db3 Lg6 17. Sc5 Te7 18. a4 Tae8?! (Tc8) 19. Se2 Se6 20. Lg6: hg6: 21. Sd3 g5! hatte Schwarz gutes Spiel.

7. Ta1-c1 c7-c6
8. Lf1-d3

Auf 8. a2-a3 (siehe Partiebeispiel Ornstein – Hurme) kann ebensogut geschehen: 8. ... Sf6-e4! 9. Lg5xe7 Dd8xe7 10. Sc3xe4 d5xe4 11. Sf3-d2 f7-f5 =

8. ... d5xc4
9. Ld3xc4 Sf6-d5

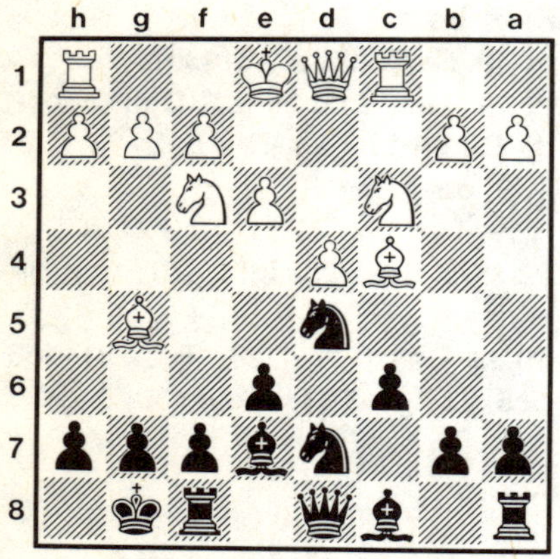

Stellung nach 9. ... Sf6-d5

Schwarz löst das Problem »Wohin mit dem schwarzen Damenläufer?« (nach e6/f5/g4 oder b7) auf die Dauer doch.

10. Lg5xe7 Dd8xe7
11. 0-0

Im Wettkampf gegen Capablanca versuchte Aljechin erfolgreich auch 11. Se4 S5f6

Wir folgen der Partie Bukic – Raicevic (YU 1977) – ja, so lange hat sich die Variante am Leben erhalten!

12. Sf6:† Df6: 13. 0-0 e5 14. e4 ed4: 15. Dd4: Dd4: 16. Sd4: Td8 17. Tfd1 und Weiß steht etwas besser, wenn das auch bei Schachamateuren nach 17. ... Se5 18. Lb3 Sg6 19. Td2 Kf8 20. f3 Ke7 kaum ins Gewicht fallen sollte. Weiß hat Aussicht auf ein günstiges Bauernendspiel 4 gegen 3 am Königsflügel.

11. ... Sd5xc3
12. Tc1xc3 e6-e5
13. d4xe5

Andere Möglichkeiten: 13. Dc2 ed4: 14. ed4: Sb6! 15. Te1 Dd8! 16. Lb3 Sd5 17. Ld5: Dd5: 18. Tc5 Dd8! 19. Sg5 g6 20. De4 h6 21. Sf3 Le6 22. Df4 Kg7 (1/2/49) Garcia-Ree, Wijk a. Z. 1979.

oder 13. Te1 e4 14. Sd2 Sf6 15. Db1 Lf5 =

13. ... Sd7xe5
14. Sf3xe5 De7xe5
15. f2-f4 De5-e4!
16. Lc4-b3

Hier wurde auch schon 16. Ld3 De3:† 17. Kh1 versucht, jedoch nach 17. ... De7 18. f5 Df6! wird der Versuch zurückgewiesen.

16. ... Lc8-f5
17. Dd1-h5 g7-g6
18. Dh5-h6 Ta8-d8! =

Schwarz muß jetzt vorsichtig spielen, denn nach 19. Lc2 soll Schwarz wegen der drohenden Gabel e4 mit Bauernopfer nicht Dd5?? spielen, sondern 19. ... De6! 20. e4 Le4: 21. Th3 Dh3: 22. Dh3: Lc2: und Schwarz behält mit T+L+B für die Dame mindestens die ausgeglichene Stellung.

Die Lasker-Verteidigung

5. e2-e3 0-0
6. Sg1-f3 h7-h6
7. Lg5-h4 Sf6-e4

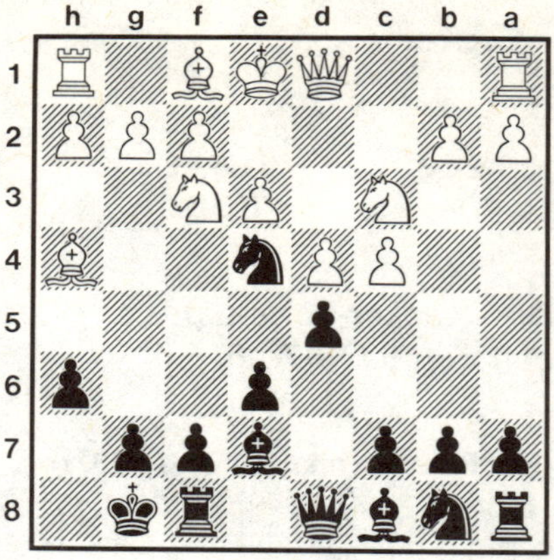

Stellung nach 7. ... Sf6-e4

Wir folgen einer Partie
Schaufelberger (CH) - Ciric (YU)
(Montreux 1977):

8. Lh4xe7 Dd8xe7
9. Ta1-c1

Weiß kann mit 9. c4xd5 die Spannung im Zentrum aufheben, beziehungsweise neue Spannungen schaffen. Aber auch 9. Dd1-c2 kann diesem Zweck dienen. Wir untersuchen diese zwei Möglichkeiten später; dazu noch den Tausch 9. Sc3xe4.

9. ... Se4xc3
10. Tc1xc3 c7-c6
11. Dd1-b1 a7-a5

Gegen den Ausfall b2-b4 gerichtet.

12. Lf1-e2 Sb8-d7
13. 0-0 d5xc4
14. Le2xc4 e6-e5 =
(0:1/32)

9. Dd1-c2 c7-c6
10. Lf1-d3

Weil das zweifache Schlagen auf e4 wegen anschließend Db4† Weiß in Nachteil bringen könnte.

10. ... Se4xc3
11. Dc2xc3 d5xc4
12. Ld3xc4 b7-b6
13. 0-0 Lc8-b7
14. Tf1-d1 Sb8-d7

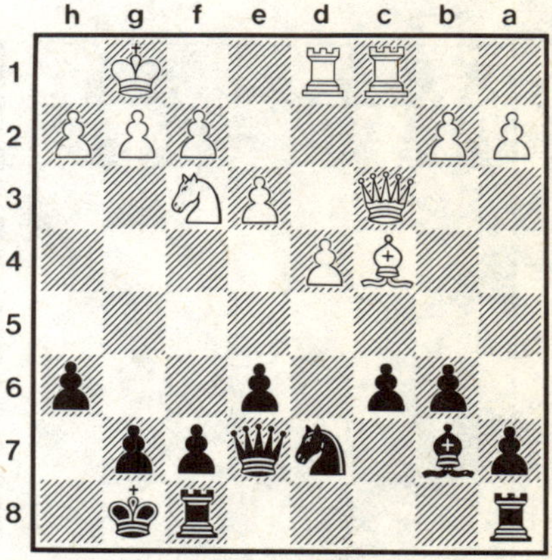

Stellung nach 14. ... Sb8-d7

Schwarz ist zufriedenstellend entwickelt. Nach 15. b2-b4 Sd7-f6 16. Sf3-e5 sollte Schwarz Sf6-d5 spielen = (Aksimov - Michaltschischin, SU, 1977).

Es kann auch kleine Zugumstellungen geben, um zur Lasker-Verteidigung zu kommen, wie folgende Partie beweist:

Uhlmann – Awerbach
(Polen 1975):
(1. c4 Sf6 2. Sc3 e6 3. Sf3 d5 4. d4 Le7 5. Lg5 h6 6. Lh4 Se4 7. Le7: De7:)

8. e2-e3	0-0
9. c4xd5	Sd5xc3
10. b2xc3	e6xd5
11. Lf1-d3	

Ein lebenswichtiges Abspiel zur Lasker-Verteidigung, das schon aus den dreißiger Jahren stammt, erscheint bei 11. Dd1-b3, siehe Diagramm:

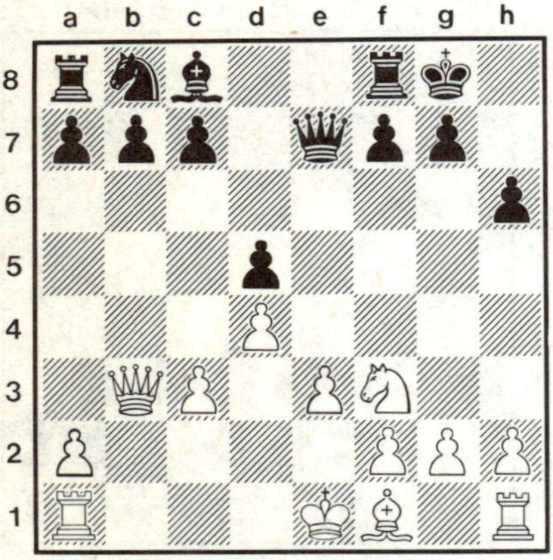

Stellung bei 11. Dd1-b3

Dieses Diagramm jetzt deshalb von Weiß aus gesehen, weil hier der Anziehende der aktive Part ist. In den bisherigen anderen Abspielen wollen wir ja wissen: Wie spielt man mit Schwarz gegen das Orthodoxe Damengambit?

Es kommt jetzt genau auf die Reihenfolge der Züge von Schwarz an, um nicht in Nachteil zu geraten:

11. ...	Tf8-d8!
12. c3-c4	d5xc4
13. Ld3xc4	Sb8-c6
14. Lc4-e2	Td8-d6! =

Fahren wir fort in der Partie Uhlmann – Awerbach:

11. ...	c7-c5
12. 0-0	Sb8-c6
13. h2-h3	Lc8-e6
14. Tf1-e1	Tf8-d8

($^1/_2$/41)

Die Lasker-Verteidigung ohne den Zug 6. ... h7-h6:

Taimanow – Ree
(Hochofenturnier Holland 1981)
(1. d4 d5 2. c4 e6 3. Sc3 Sf6 4. Lg5 Le7 5. Sf3 0-0 6. e3)

6. ...	Sb8-d7
7. Ta1-c1	c7-c6
8. Dd1-c2	Sf6-e4
9. Lg5xe7	Dd8xe7
10. Lf1-d3	

Nichts bringt 10. Se4: de4: 11. De4: Db4† usw.

10. ...	Se4xc3
11. Dc2xc3	d5xc4
12. Ld3xc4	b7-b6
13. 0-0	Lc8-b7
14. Tf1-d1	c7-c5 =

Im Bundesligafinale Solingen – Porz 1981 sah man ähnlich bei *Lau – Dr. Tröger:* 6. e3 Se4 7. Le7: De7: 8. Dc2 Sc3: 9. Dc3: c6 10. Ld3 dc4: 11. Lc4: Sd7 12. 0-0 b6 13. e4 Lb7 14. Tfe1 c5 15. d5 ed5: 16. ed5: Dd6 17. Sg5 Tae8 18. Dg3 Dg3: 19. hg3: Sf6 (1/2/33).

Die Tartakower-Verteidigung

Nach 1. d4 d5 2. c4 e6 3. Sc3 Sf6 4. Lg5 Le7 5. Sf3 0-0 6. e3 h6 7. Lh4 b6

8. Ta1-c1 Lc8-b7

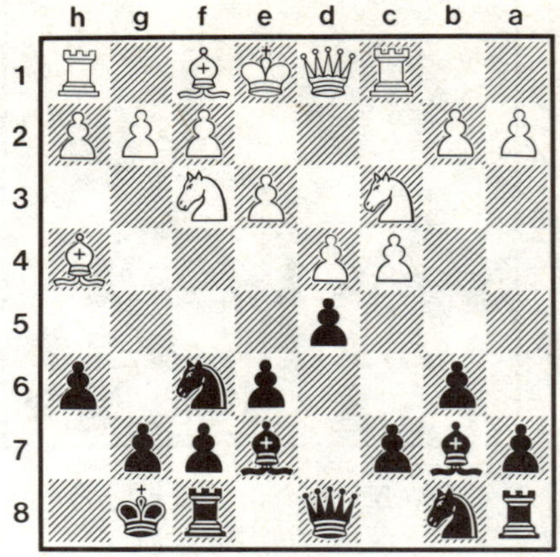

Stellung nach 8. ... Lc8-b7

Grundsätzliches zur Tartakower-Verteidigung: Es ist wichtig, die Entwicklung des Damenspringers auf b8 zurückzuhalten; dieser Springer muß vorläufig für alle Fälle das Feld c6 kontrollieren (bei allfälligem Se5 von Weiß). Ferner muß Schwarz nicht in allen Fällen Lc8-b7 spielen!

In den Fällen, in denen Weiß vorher auf d5 tauscht, Schwarz mit e6xd5 zurücknimmt (eventuell auch cd5: Sd5:, Sd5: ed5:), wird Schwarz anschließend den Zug Lc8-e6 spielen, obwohl vorher die Flankierung beabsichtigt war.

9. Lh4xf6	Le7xf6
10. c4xd5	e6xd5
11. b2-b4	

Die neue Masche. Der Zug wurde in allen Kandidatenwettkämpfen der Jahre 1974 bis 1978 angewandt; aber Entscheidendes kam trotzdem nicht heraus für Weiß.
Wir folgen der Partie
Browne - Hort
(Reykjavik 1978):

11. ...	c7-c6
12. Lf1-e2	Dd8-d6

Ein universaler Zug, den man gerne in allen möglichen Lagen für Schwarz anwendet; die schwarzen Kräfte werden koordiniert.

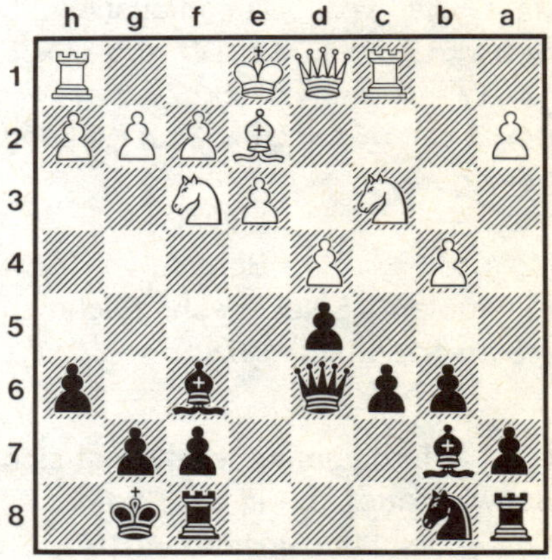

Stellung nach 12. ... Dd8-d6

Bei Kortschnoi - Spasski (Kandidatenwettkampf 1978) geschah noch 12. Le2 Sd7 13. 0-0 a5 (7. Partie) und

12. Ld3 Te8 13. 0-0 Sd7 14. Db3 Sf8 mit dem Ergebnis: einmal 1:0 und einmal 0:1!

Ein neuer Tip zu dieser Variante heißt: Man nimmt auf d5 nicht mit dem Bauern, sondern mit dem Läufer!

7. Lg5-h4	b7-b6
8. Dd1-b3	Lc8-b7
9. Lh4xf6	Le7xf6
10. c4xd5	Lb7xd5!

Der Vorschlag wurde im Schach-Informator schon 1974 von Tukmakow gemacht.

Bei Uhlmann – Spasski (Solingen 1974) folgte in etwas anderer Stellung mit 8. Tc1 Lb7 9. cd5: Sd5: 10. Sd5: Ld5: 11. Le7: De7: Remis im 23. Zug.

11. Lf1-c4

Im Falle von Damentausch 11. Sb3xd5 Dd8xd5 12. Db3xd5 e6xd5 13. Ta1-c1 kann nach c7-c5 bei 14. d4xc5 der Lf6 mit Lf6xb2 zur Wirkung gelangen.

11. ...	Ld5xf3
12. g2xf3	Sb8-c6!

mit gutem Spiel nach Pachman (»Schach aktuell« 1978).

Die Läuferdiagonale b7-f3 legt sich Schwarz auch frei in der Partie *Ree – Timman* (Amsterdam 1978):

Nach 1. d4 d5 2. c4 e6 3. Sc3 Sf6 4. Sf3 Le7

5. Lc1-g5	0-0
6. e2-e3	h7-h6
7. Lg5-h4	b7-b6
8. Lf1-d3	

Ein anderer neutraler Zug wie oben 8. Db3; Weiß legt sich weder mit Lf6: noch mit cd5: fest.

8. ...	d5xc4
9. Ld3xc4	Lc8-b7

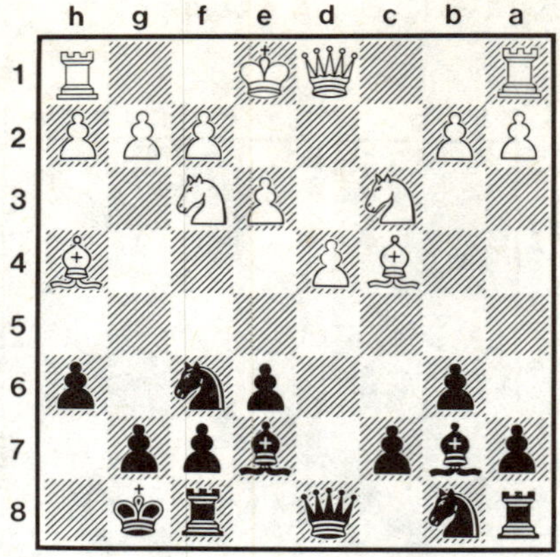

Stellung nach 9. ... Lc8-b7

10. 0-0	Sb8-d7
11. Dd1-e2	c7-c5
12. Tf1-d1	Sf6-e4

Voller Ausgleich nach erst 12 Zügen, weshalb auch nicht? Selbst wenn die Spieler ein »Salonremis« verabredet haben, so sind die Züge doch korrekt. Remis nach 13. Lg5xe7 Dd8xe7 14. Sc3xe4 =

Zum Abschluß dieser Variante erhalten die Weltmeisterschaftskämpfer von Baguio 1978 das Wort:

In der 13. Partie im WM-Match *Karpow – Kortschnoi* wurde die Tartakower-Verteidigung angewandt:

(1. c4 Sf6 2. Sc3 e6 3. Sf3 d5 4. d4 Le7 5. Lg5 h6 6. Lh4 0-0)

7. Ta1-c1	b7-b6
8. Lh4xf6	Le7xf6
9. c4xd5	e6xd5
10. g2-g3	c7-c6

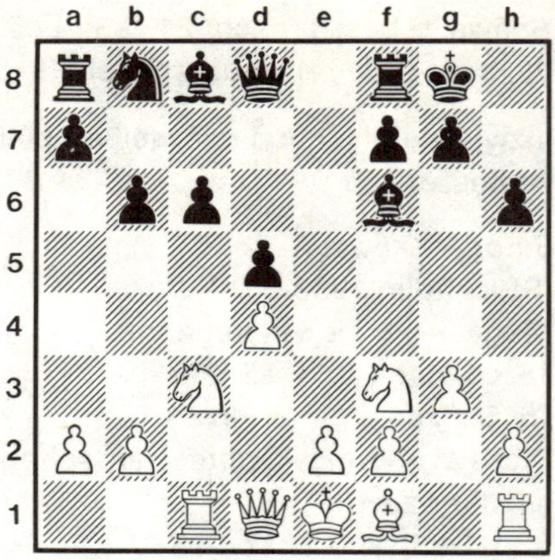

Stellung nach dem 10. Zug

Kortschnoi hatte in der 1. Partie wie folgt gespielt und nichts erreicht: 7. e2-e3 b7-b6 8. Ta1-c1 Lc8-b7 9. Lf1-d3 d5xc4 10. Ld3xc4 Sb8-d7 11. 0-0 c7-c5 12. d4xc5 Sd7xc5 Remis im 18. Zug.

11. Lf1-g2	Lc8-f5!

Nicht nach b7, sondern nach der anderen Schräge zieht der Läufer!

12. 0-0	Dd8-d6
13. e2-e3	Sb8-d7
14. Sf3-e1	Tf8-e8
15. Se1-d3	g7-g6 =

(0:1/61)

5. Lc1-f4 – ein Ärgernis für Schwarz?

Dem bisher als harmlos geltenden Läuferzug im Damengambit nach f4 wurde im WM-Match Karpow – Kortschnoi neue Bedeutung eingeräumt. GM Gligoric sieht sogar ein »neues Ärgernis für Schwarz« in dem relativ harmlos ausschauenden Zug:

1. d2-d4	d7-d5
2. c2-c4	e7-e6
3. Sb1-c3	Sg8-f6
4. Sg1-f3	Lf8-e7

Folgen wir zuerst der 23. Matchpartie Kortschnoi – Karpow 1978:

5. Lc1-f4	0-0
6. e2-e3	c7-c5
7. d4xc5	Le7xc5
8. Dd1-c2	Sb8-c6
9. Ta1-d1	Dd8-a5
10. a2-a3	Lc5-e7

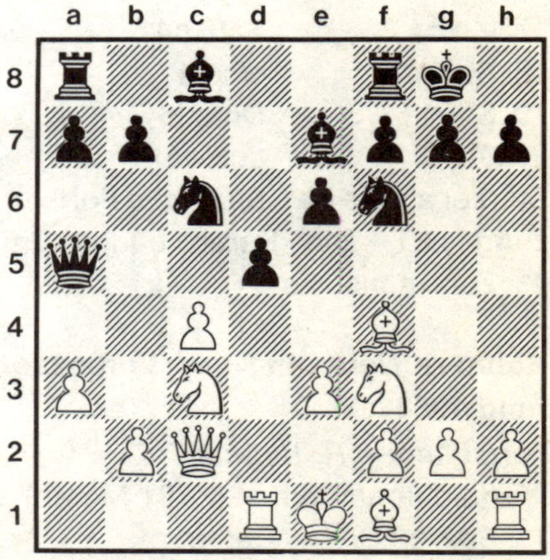

Stellung nach 10. ... Lc5-e7

Riskant und schlecht wäre das aggressive 10. ... Se4? gewesen, zum

Beispiel 11. cd5: Sc3: 12. bc3: ed5: 13. Sg5 g6 14. Td5: Da3: 15. Lc4 Sd8 16. Sh7:! Kh7: 17. Th5† Kg8 18. Le5 f6 19. Tg5! und gewinnt (Aus »Schach-WM 78« von Kortschnoi/ Pachman im W. Rau Verlag).

Bis hierher sind die 9. und 23. Partie identisch. Außerdem ist die 9. Partie gleichlautend mit einer Eröffnung Portisch – Spasski 1966 bis zum 16. Zuge!

Weil aber Schwarz in der 9. Partie etwas in Schwierigkeiten geraten war, folgt in der 23. Partie die vom sowjetischen Beraterstab (mit Tal, Balaschow, Saizew) ausgearbeitete Folge:

11. Sf3-d2	e6-e5
12. Lf4-g5	d5-d4
13. Sd2-b3	Da5-b6
14. Lg5xf6	Le7xf6
15. Sc3-d5	Db6-d8
16. Lf1-d3	g7-g6
17. e3xd4	Sc6xd4
18. Sb3xd4	e5xd4
19. Sd5xf6†	Dd8xf6
20. 0-0	Lc8-e6! =

Stärker als die bisher übliche Fortsetzung Ld7. Die Partie endete im 41. Zug remis.

Hübners Neuerung und Verbesserung 1983

Kortschnoi – R. Hübner
(Kandidatenmatch 1980/81 Meran)

13. Sd2-b3	Da5-d8
14. Lf1-e2	a7-a5!

Die von Hort und Hübner vorbereitete Neuerung. In der 9. Matchpartie Kortschnoi – Karpow 1978 folgte 14. ... h6.

15. Lg5xf6	Le7xf6
16. 0-0	a5-a4

Auf diesem Bauernopfer basiert die Neuerung.

17. Sb3-c5	Dd8-a5
18. Sc3xa4	Lf6-e7
19. b2-b4	Da5-a7
20. Le2-f3	d4xe3

Schwarz besaß nach 21. fe3: Lc5: 22. Sc5: Da3: sehr gutes Spiel.

Inzwischen ist auch das weiße Spiel verbessert:

Bator – Kaiszauri
(Stockholm 1983)
(Züge 1–14 wie vorstehend)

15. e3xd4!	a5-a4
16. Sc3xa4	Ta8xa4

Diese Wendung kannte man schon ein Jahr zuvor.

17. d4-d5	Sc6-a5

Infrage kommt noch 16. ... Sd4: 17. Sd4: ed4: 18. b3 Da5† 19. Dd2! usw.

18. d5-d6	Le7xd6
19. c4-c5	Lc8-f5
20. Dc2xf5	Sa5xb3
21. Lg5xf6	Dd8-a5†
22. Ke1-f1	Ta4-f4
23. Df5-g5	

Und nach Tf6: 24. Td6: Td6: 25. cd6: Sd2† 26. Kg1 Se4 27. Dc1 Td8 28. Ld3 Sd6: soll die Lage ausgeglichen sein, jedoch 1:0/35.

Wenn Weiß Katalanisch spielt

Eröffnet Weiß Katalanisch, spielt also in Zusammenhang mit d2-d4 und c2-c4 den Zug g2-g3, dann stehen

Schwarz vor allem zwei Möglichkeiten zur Verfügung:
Entweder der *symmetrische Aufbau mit g7-g6,* oder aber nach d7-d5 die Abstützung des Zentrums zuerst mit c7-c6 und danach der *Läuferausfall Lc8-f5,* oder - ganz modern - der Läuferausfall *bereits im zweiten Zug mit 2. .. Lc8-g4!*
Untersuchen wir einige Möglichkeiten:

Kortschnoi - Karpow
(19. Matchpartie 1978):

1. c2-c4	Sg8-f6
2. g2-g3	e7-e6
3. Lf1-g2	d7-d5

Wieder steht das System d5/e6/Sf6/Le7/0-0 seinen Mann, wie sogar der Weltmeister dokumentiert.

4. Sg1-f3	Lf8-e7
5. d2-d4	0-0

Auch Weltmeister Karpow spielt unser einfaches System mit Schwarz!

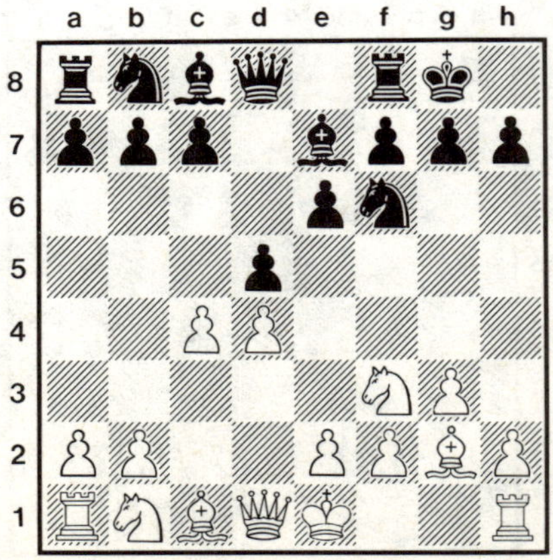

Stellung nach dem 5. Zug

Es folgte:

6. Sb1-d2	b7-b6
7. 0-0	Lc8-b7
8. c4xd5	e6xd5
9. Sf3-e5	Sb8-d7
10. Sd2-f3	

Nichts ergab in einer Partie Kirow - Padewski 10. Sd2-c4 Sf6-e4! 11. Dd1-c2 Sd7xe5 12. Sf3xe5 c7-c5 usw.

10. ...	c7-c5
11. b2-b3	a7-a5
12. Lc1-b2	Sf6-e4
13. Ta1-c1	Tf8-e8
14. Se5xd7	Dd8xd7

($^1/_2$/39)

Im Großmeisterturnier München 1979 spielten *Hübner - Pachmann:*

1. c4 Sf6 2. Sf3 e6 3. g3 d5 4. Lg2 Le7
Für Pachman handelte es sich darum, mit Schwarz gegen den führenden deutschen Großmeister nicht in der Eröffnung in Nachteil zu kommen. Das Betonsystem d5/e6/Sf6/Le7, hier gefolgt von Sbd7/0-0/b6, garantiert vollen Ausgleich, auch gegen die flexibelsten Finessen von Weiß.
5. d4 Sbd7 6. 0-0 7. b3 b6 8. Lb2 Lb7 9. Sbd2 c5 10. Tc1 Tc8 11. e3 dc4: 12. Sc4: b5! 13. Sce5 Se5: 14. Se5: Lg2: 15. Kg2: Dd5† 16. Df3 c4 = ($^1/_2$/25).

Camara - Ivkov
(Sao Paulo 1978):
Schwarz verzichtet auf alle Spielweisen, die mit dem Schlagen d5xc4 gekoppelt sind. So vermeidet die Verteidigung komplizierte Varianten.

1. Sg1-f3	Sg8-f6
2. c2-c4	e7-e6
3. g2-g3	d7-d5
4. d2-d4	Lf8-e7
5. Lf1-g2	0-0
6. 0-0	Sb8-d7
7. Sb1-c3	c7-c6

Schwarz weicht nicht von seinem Konzept ab: *die Bauernkette d5/e6/f7 wird aufrechterhalten!*

8. Dd1-d3	b7-b6
9. c4xd5	c6xd5
10. Lc1-f4	Lc8-b7
11. Ta1-c1	Sf6-h5
12. Lf4-d2	Ta8-c8
13. Tc1-c2	a7-a6
14. a2-a4	Le7-d6
15. Tf1-c1	Sh5-f6
16. Sc3-a2	Tc8xc2
17. Tc1xc2	Sf6-e4 =

(0:1/64)

Alburt – Cholmov
(SU 1977):

1. d2-d4	Sg8-f6
2. c2-c4	e7-e6
3. g2-g3	d7-d5
4. Lf1-g2	Lf8-e7
5. Sg1-f3	0-0
6. 0-0	b7-b6

In den meisten Fällen wird das System mit der Flankierung des Damenläufers kombiniert; vor allem Weltmeister Karpow wendet es sozusagen »in allen Lebenslagen« an und gerät dabei mit Schwarz nie in Schwierigkeiten.

7. Sf3-e5	Lc8-b7
8. Dd1-a4	Dd8-e8!

Schwarz pariert sofort den Druck gegen die weißen Felder c6/d7 (Sb8-d7? 9. Se5-c6!)

9. Da4-c2

Ein Anzugsvorteil läßt sich nicht mehr aufrechterhalten; deshalb konnte ebenso gut 9. Da4xe8 Tf8xe8 10. Sb1-c3 Sb8-a6 11. Lc1-g5 Sf6-e4 = spielen, wie Cholmov vorschlägt.

9. ...	Sb8-c6
10. Se5xc6	De8xc6

(0:1/40)

Auch gegen das »Doppelloch-System« funktioniert die Damengambit-Aufstellung:

Miles – Nikolac
(IMB-Turnier 1978):

1. d2-d4	d7-d5
2. c2-c4	e7-e6
3. g2-g3	c7-c6
4. Lf1-g2	Sg8-f6
5. Sg1-f3	Sb8-d7
6. 0-0	Lf8-e7
7. Dd1-c2	0-0
8. b2-b3	b7-b6

Weiß fianchettiert beide Läufer, im Volksmund »Doppelloch« genannt.

Stellung nach dem 8. Zug

Interessant nun, welches Gegenspiel Schwarz am Damenflügel aufzieht, das eigentlich positionell vorgezeichnet ist.

9. Tf1-d1	Lc8-b7
10. Sb1-c3	Dd8-c8
11. Lc1-b2	b6-b5!
12. Ta1-c1	b5xc4
13. b3xc4	Sd7-b6
14. c4xd5	c6xd5
15. Dc2-b3	Sb6-c4 ±

(0:1/39)

Das Reti-Barcza-System

Im Reti-Barcza-System spielt Weiß nicht d2-d4, sondern stellt sich zunächst mit g3/Sf3/Lg2/0-0 auf, um dann d2-d3 zu spielen.
Dagegen kann sich Schwarz mit der Aufstellung c7-c6 und Lc8-f5 verteidigen:

Smejkal - Hübner
(Wijk a. Z. 1975):

1. Sg1-f3	Sg8-f6
2. g2-g3	d7-d5
3. Lf1-g2	c7-c6
4. 0-0	Lc8-f5
5. d2-d3	e7-e6

Zugunsten von c7-c6 und Lc8-f5 ist Schwarz mit den Normalzügen Lf8-e7/0-0 in Rückstand geraten. Doch das wird sogleich aufgeholt.

6. Sb1-d2	Lf8-e7
7. b2-b3	0-0
8. Lc1-b2	a7-a5
9. a2-a3	h7-h6
10. c2-c4	Lf5-h7

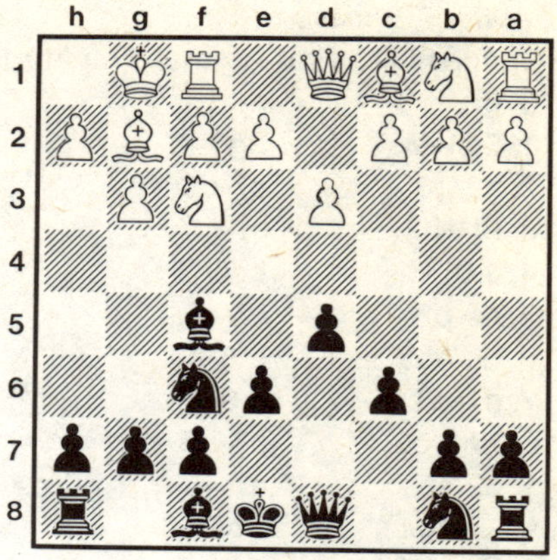

Ein Präventivzug gegen allfälliges e2-e4.

11. Dd1-c2	Sb8-a6
12. Lb2-c3	b7-b5!

Schwarz steht bereits ausgezeichnet.

13. c4xb5	c6xb5
14. Dc2-b2	b5-b4
15. a3xb4	Sa6xb4 =

(aber 1:0/38)

Dr. Pfleger - Dr. Hübner
(München 1979):
1. Sf3 Sf6 2. g3 d5 3. Lg2 Lf5 4. d3 e6 5. 0-0 c6 6. b3 h6 7. Lb2 Le7 8. Sbd2 0-0 9. c4 Lh7 Schwarz muß immer gegen den Vorstoß e2-e4 gewappnet sein, daher stets der prophylaktische Rückzug. 10. Dc2 a5 11. a3 Sbd7 12. Tfc1 Db8 13. Lc3 b5 14. cd5: ed5: Die Züge 10 bis 13 sind der Rückhalt des schwarzen Gegenspiels.
15. b4 ab4: 16. Lb4: Lb4: 17. ab4: Dd6 18. Tab1 e5 19. Se1 Lf5 20. Kf1 Tfc8 Weiß tauschte die Dame gegen die 2 Türme, unterlag aber im 36. Zug.

Bassler - Bialas
(Bundesliga Frankenthal-Frankfurt 1978):

1. Sg1-f3	Sg8-f6
2. g2-g3	d7-d5
3. Lf1-g2	c7-c6
4. 0-0	Lc8-f5
5. b2-b3	e7-e6
6. Lc1-b2	Lf8-e7
7. d2-d3	0-0
8. Sb1-d2	h7-h6
9. e2-e3	a7-a5
10. a2-a3	Sb8-a6
11. Dd1-e2	Tf8-e8
12. Sf3-e5	Sa6-c5
13. f2-f4	Sf6-d7
14. g3-g4	Lf5-h7
15. Se5xd7	Sc5xd7
16. e3-e4	a5-a4

Schwarz mit einer guten Auffangstellung am Königsflügel kann seine Pläne am Damenflügel verfolgen. Dabei übersieht Weiß eine teuflische Finesse.

17. b3-b4	c6-c5
18. b4xc5	Sd7xc5
19. e4-e5?	

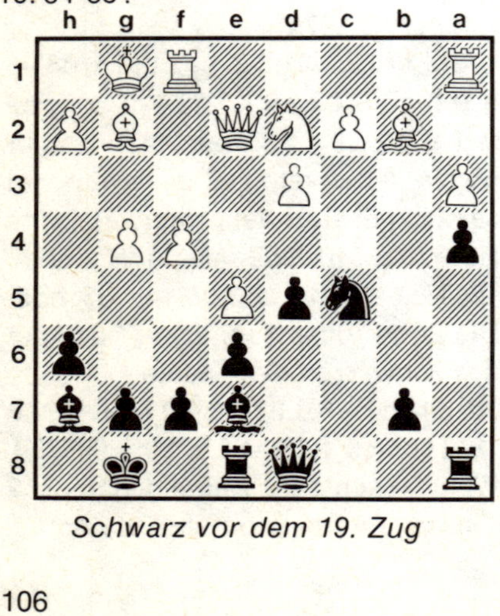

Schwarz vor dem 19. Zug

Weiß ließ es an Vorsicht fehlen, seinen König aus der Schrägen a7-g1 zu ziehen. Ein bekanntes Kombinationsmotiv taucht auf.

19. ...	Sc5xd3!
20. c2xd3	Dd8-b6†
21. Kg1-h1	Db6xb2

Weiß ist verloren, weil auch 22. Tfb1 Dc3 mit Angriff auf d3 (aber auch den Ta1) nichts bringt (0:1/31).

Mit diesem schönen Schluß des deutschen Meisters Wolfram Bialas, Kampfgefährte aus der Deutschen Meisterschaft von Höchst 1955, beenden wir die Zusammenstellung »Was spielt man gegen d2-d4?« Gleichzeitig auch verabschiedet sich der Autor von seinen Lesern in der Hoffnung, dem mit Schwarz spielenden Schachfreund manche Anregung vermittelt zu haben.

Namensverzeichnis der angeführten Partiebeispiele

Gesamt-Programm

Hobby

Aquarellmalerei leicht gemacht. (5099) Von Thomas Hinz, 64 S., 79 Farbfotos, Pappband.	**DM**/Fr **12.80** S 98,–
Naive Malerei leicht gemacht. (5083) Von Felizitas Krettek, 64 S., 76 Farbfotos, Pappband.	**DM**/Fr **12.80** S 98,–
Ölmalerei leicht gemacht. (5073) Von Heiner Karsten, 64 S., 62 Farbfotos, Pappband.	**DM**/Fr **12.80** S 98,–
Zeichnen Sie mal – malen Sie mal (5095) Von Ferry Ahrlé und Volker Kühn, 112 S., 16 Farbtafeln, viele Zeichnungen, kartoniert.	**DM**/Fr **14.80** S 118,–
Bauernmalerei als Kunst und Hobby. (4057) Von Arbo Gast und Hannie Stegmüller, 128 S., 239 Farbfotos, 26 Riß-Zeichnungen, gebunden.	**DM**/Fr **36,–** S 288,–

Hobby-Bauernmalerei (0436) Von Senta Ramos und Jo Roszak, 80 S., 116 Farbfotos und 28 Motivvorlagen, kartoniert.	**DM**/Fr **19.80** S 158,–
Bauernmalerei – leicht gemacht. (5039) Von Senta Ramos, 64 S., 78 Farbfotos, Pappband.	**DM**/Fr **12.80** S 98,–
Glasmalerei als Kunst und Hobby. (4088) Von Felizitas Krettek und Suzanne Beeh-Lustenberger, 132 S., mit 182 Farbfotos, 38 Motivvorlagen, gebunden.	**DM**/Fr **39,–** S 312,–
Glasritzen – ein neues Hobby. (5109) Von Gerlind Mégroz, 64 S., 110 Farbfotos, 15 Zeichnungen, Pappband.	**DM**/Fr **14.80** S 118,–
Brandmalerei leicht gemacht. (5106) Von Klaus Reinhardt, 64 S., 68 Farbfotos, 23 Zeichnungen, Pappband.	**DM**/Fr **12.80** S 98,–
Töpfern als Kunst und Hobby. (4073) Von Johann Fricke, 132 S., 37 Farbfotos, 222 s/w-Fotos, gebunden.	**DM**/Fr **29.80** S 238,–
Arbeiten mit Ton (5048) Von Johann Fricke, 128 S., 15 Farbtafeln, 166 s/w-Fotos, kartoniert.	**DM**/Fr **14.80** S 118,–
Keramik kreativ gestalten (5072) Von Ewald Stark, 64 S., 117 Farbfotos, 2 Zeichnungen, Pappband.	**DM**/Fr **12.80** S 98,–
Fotografie – Das schöne als Ziel Zur Ästhetik und Psychologie der visuellen Wahrnehmung. (4122) Von Ewald Stark, 208 S., 252 Farbfotos, 63 Zeichnungen, Ganzleinen, mit vierfarbigem Schutzumschlag.	**DM**/Fr **78,–** S 624,–
Freude am Fotografieren Die neue praktische Fotoschule mit über 500 Farbfotos. (4127) Von der Fachredaktion Kodak, 312 S., über 500 Farbfotos, Pappband.	Subskript. **DM**/Fr **39,–** S 320,–
So macht man bessere Fotos Das meistverkaufte Fotobuch der Welt. (0614) Von Martin L. Taylor, 192 S., 457 Farbfotos, 15 Abbildungen, kartoniert.	**DM**/Fr **14.80** S 118,–
Schöne Geschenke selber machen (4128) Von M. Kühnle, 128 S., 278 Farbfotos, 85 farbige Zeichnungen, mit vierfarbigem Schutzumschlag.	**DM**/Fr **39,–** S 320,–
Schöne Sachen Selbermachen 88 Ideen zum Modellieren und Verschenken. (5117) Von Evelyn Guder-Thelen, 64 S., 73 Farbfotos, Pappband.	**DM**/Fr **12.80** S 98,–
Modellieren mit selbsthärtendem Material. (5085) Von Klaus Reinhardt, 64 S., 93 Farbfotos, Pappband.	**DM**/Fr **12.80** S 98,–
Formen Gießen und Bemalen (0639) Von H. Berger, 32. S., 46 Farbfotos, Spiralbindung.	**DM**/Fr **6.80** S 55,–
Hobby Seidenmalerei (0611) Von Renate Henge, 88 S., 106 Farbfotos, 28 Zeichnungen, kartoniert.	**DM**/Fr **19.80** S 158,–
Hobby Holzschnitzen Von der Astholzfigur zur Vollplastik. (5101) Von Heinz-D. Wilden, 112 S., 16 Farbtafeln, 135 s/w-Fotos, kartoniert.	**DM**/Fr **14.80** S 118,–
Holzspielzeug selbst gebaut und bemalt. (5104) Von Mathias Kern, 64 S., 103 Farbfotos, 9 Zeichnungen, Pappband.	**DM**/Fr **12.80** S 98,–
Marionetten entwerfen · gestalten · führen. (5118) Von Axel Krause und Alfred Bayer, 64 S., 83 Farbfotos, 2 s/w-Fotos, 40 Zeichnungen, Pappband.	**DM**/Fr **14.80** S 118,–
Papiermachen ein neues Hobby. (5105) Von Ralf Weidenmüller, 64 S., 84 Farbfotos, 9 s/w-Fotos, 14 Zeichnungen, Pappband.	**DM**/Fr **14.80** S 118,–
Origami – die Kunst des Papierfaltens. (0280) Von Robert Harbin, 160 S., über 600 Zeichnungen, kartoniert.	**DM**/Fr **9.80** S 78,–
Phantasieblumen aus Strumpfgewebe, Tauchlack, Papier, Federn. (5091) Von Ruth Scholz-Peters, 64 S., 70 Farbfotos, Pappband.	**DM**/Fr **12.80** S 98,–
Kerzen und Wachsbilder gießen · modellieren · bemalen. (5108) Von Christa Riess, 64 S., 110 Farbfotos, Pappband.	**DM**/Fr **12.80** S 98,–
Zinngießen leicht gemacht. (5076) Von Käthi Knauth, 64 S., 85 Farbfotos, Pappband.	**DM**/Fr **12.80** S 98,–
Das Herbarium Pflanzen sammeln, bestimmen und pressen. Gestalten mit Blüten, Blättern und Gräsern. (5113) Von Ingrid Gabriel, 96 S., 140 Farbtafeln, 6 farbige Zeichnungen, Pappband.	**DM**/Fr **16.80** S 134,–
Hobby Trockenblumen Gewürzsträuße, Gestecke, Kränze, Buketts (0643) Von Rosemie Strobel-Schulze, ca. 80 S., ca. 150 Farbfotos, kartoniert, Voraussichtl. Erscheinungstermin: April '83	ca.* **DM**/Fr **19.80** S 158,–
Trockenblumen und Gewürzsträuße (5084) Von Gabriele Vocke, 64 S., 63 Farbfotos, Pappband.	**DM**/Fr **12.80** S 98,–
Flechten mit Bast, Stroh und Peddigrohr. (5098) Von Hanne Hangleiter, 64 S., 47 Farbfotos, 76 Zeichnungen, Pappband.	**DM**/Fr **12.80** S 98,–
Schmuck und Objekte aus Metall und Email (5078) Von Johann Fricke, 120 S., 183 Abbildungen, kartoniert.	**DM**/Fr **16.80** S 134,–
Gestalten mit Glasperlen Fädeln · Stricken · Weben. (0640) Von A. Kähler, 32 S., 53 Farbfotos, Spiralbindung.	**DM**/Fr **6.80** S 55,–
Makramee als Kunst und Hobby. (4085) Von Eva Andersen, 128 S., 114 Farbfotos, 157 s/w-Fotos, gebunden.	**DM**/Fr **34,–** S 272,–

FALKEN VERLAG

Makramee Knüpfarbeiten leicht gemacht. (5075) Von Birte Pröttel, 64 S., 95 Farbfotos, Pappband. **DM**/Fr **12.80** S 98,–

Häkeln und Makramee Techniken – Geräte – Arbeitsmuster. (0320) Von Dr. Marianne Stradal, 104 S., 191 Abbildungen und Schemata, kartoniert. **DM**/Fr **6.80** S 55,–

Selbstgestrickte Puppen Materialien und Arbeitsanleitungen (0638) Von B. Wehrle, 32 S., 20 Farbfotos, 24 Zeichnungen, Spiralbindung. **DM**/Fr **6.80** S 55,–

Falken-Handbuch Stricken Abc der Stricktechniken und Strickmuster in ausführlichen Schritt-für-Schritt-Bildfolgen. (4137) Von Maria Natter, 320 S., 32 Farbtafeln, über 800 Fotos und Zeichnungen, Pappband. Voraussichtl. Erscheinungstermin: April '83 ca.* **DM**/Fr **28,–** S 220,–

Strick mit! Ein Kurs für Anfänger. (5094) Von Birte Pröttel, 120 S., 72 Farbfotos, 188 s/w-Abbildungen, kartoniert. **DM**/Fr **14.80** S 118,–

Restaurieren von Möbeln Stilkunde, Materialien, Techniken, Arbeitsanleitungen. (4120) Von Ellinor Schnaus-Lorey, 152 S., 418 Zeichnungen, s/w-und Farbfotos, gebunden, mit vierfarbigem Schutzumschlag. **DM**/Fr **39,–** S 320,–

Stoff- und Kuscheltiere stricken, häkeln, nähen. (5090) Von Birte Pröttel, 64 S., 50 Farbfotos, Pappband. **DM**/Fr **12.80** S 98,–

Formen mit Backton trocknen · backen · bemalen · Neu: Töpfern ohne Brennofen. (0612) Von Angelika Köhler, 32 S., ca. 51 Farbfotos, Spiralbindung. **DM**/Fr **6.80** S 55,–

Hobby Salzteig (0662) Von Isolde Kiskalt, 80 S., ca. 120 Farbfotos, kartoniert. Voraussichtl. Erscheinungstermin: Februar '83 ca.* **DM**/Fr **19.80** S 158,–

Gestalten mit Salzteig Formen · Bemalen · Lackieren. (0613) Von Wolf-Ulrich Cropp, 32 S., 56 Farbfotos, 17 Zeichnungen. **DM**/Fr **6.80** S 55,–

Leder schneiden · prägen · besticken. (5125) Von Karl-Heinz Bühler, 64 S., ca. 90 Farbfotos und Zeichnungen, Pappband. **DM**/Fr **14.80** S 118,–

Gestalten mit Naturmaterialien Zweige, Kerne, Federn Muscheln und anderes (5128) Von I. Krohn, 64 S., 101 Farbfotos, 11 farbige Zeichnungen, Pappband. **DM**/Fr **14.80** S 118,–

Textiles Gestalten Spinnen · Weben · Stoffdruck · Batik · Makramee · Sticken. (5123) Von Johann Fricke, 136 S., 67 Farb- und 189 s/w-Fotos, 15 Zeichnungen, kartoniert. **DM**/Fr **16.80** S 134,–

Hobby Stoffdruck und Stoffmalerei (0555) Von Anneliese Ursin, 80 S., 68 Farbfotos, 68 Zeichnungen, kartoniert. **DM**/Fr **19.80** S 158,–

Stoffmalerei und Stoffdruck leicht gemacht. (5074) Von Heide Gehring, 64 S., 110 Farbfotos, Pappband. **DM**/Fr **12.80** S 98,–

Batik leicht gemacht. (5112) Von Arbo Gast, 64 S., 105 Farbfotos, Pappband. **DM**/Fr **12.80** S 98,–

Graphische Drucktechniken Holzschnitt · Radierung · Linolschnitt · Lithographie · Siebdruck (5126) Von J. Fricke, ca. 128 S., ca. 120 Fotos, Pappband. ca.* **DM**/Fr **14.80** S 118,–

Zugeschaut und mitgebaut Band 1 Helmut Scheuer im Hobby-Keller. (5031) Von Helmut Scheuer, 96 S., 218 Farb- und s/w-Fotos, kartoniert. **DM**/Fr **14.80** S 118,–

Zugeschaut und mitgebaut Band 3 Helmut Scheuer im Hobby-Keller. (5077) Von Hemut Scheuer, 120 S., 291 Farb- und s/w-Fotos, kartoniert. **DM**/Fr **14.80** S 118,–

Zugeschaut und mitgebaut Band 4 Helmut Scheuer im Hobby-Keller. (5093) Von Helmut Scheuer, 120 S., 122 Farbfotos, 113 s/w-Abbildungen, kartoniert. **DM**/Fr **14.80** S 118,–

Falken-Handbuch **Heimwerken** Reparieren und selbermachen in Haus und Wohnung – über 1100 Farbfotos. Sonderteil: Praktisches Energiesparen. (4117) Von Thomas Pochert, 440 S., 1103 Farbfotos, 100 ein- und zweifarbige Abbildungen, gebunden. **DM**/Fr **49,–** S 392,–

Möbel aufarbeiten, reparieren, pflegen (0386) Von Ellinor Schnaus-Lorey, 96 S., 28 Fotos und 101 Zeichnungen, kartoniert. **DM**/Fr **6.80** S 55,–

Mineralien und Steine erkennen und benennen. Farben · Formen · Fundorte. (0409) Von Rudolf Graubner, 136 S., 100 Farbfotos, kartoniert. **DM**/Fr **14.80** S 118,–

Findet den ersten Stein! Mineralien, Steine und Fossilien Grundkenntnisse für Hobbysammler. (0437) Von Dieter Stobbe, 96 S., 16 Farbtafeln, 14 s/w-Fotos, 10 Zeichnungen, kartoniert. **DM**/Fr **9.80** S 78,–

Der Verseschmied Kleiner Leitfaden für Hobbydichter. Mit Reimlexikon (0597) Von Theodor Parisius, 96 S., 28 Zeichnungen, kartoniert. **DM**/Fr **7.80** S 65,–

Briefmarken sammeln für Anfänger. (0481) Von Dieter Stein, 120 S., 4 Farbtafeln, 98 s/w-Abbildungen, kartoniert. **DM**/Fr **7.80** S 65,–

Münzen Ein Brevier für Sammler. (0353) Von Erhard Dehnke, 128 S., 4 Farbtafeln, 17 s/w-Abbildungen, kartoniert. **DM**/Fr **9.80** S 78,–

Papiergeld Ein Brevier für Sammler. (0501) Von Albert Pick, 116 S., 51 s/w-Fotos, kartoniert. **DM**/Fr **9.80** S 78,–

Astronomie als Hobby Sternbilder und Planeten erkennen und benennen. (0572) Von D. Block, 176 S., 16 Farbtafeln, 49 s/w-Fotos, 93 Zeichnungen, kartoniert. **DM**/Fr **14.80** S 118,–

Modellflug-Lexikon (0549) Von Werner Thies, 280 S., 98 s/w-Fotos, 234 Zeichnungen, Pappband. **DM**/Fr **36,–** S 288,–

Flugmodelle bauen und einfliegen. (0361) Von Werner Thies und Willi Rolf, 160 S., 63 Abbildungen und 7 Faltpläne, kartoniert. **DM**/Fr **12.80** S 98,–

Ferngelenkte Motorflugmodelle bauen und fliegen. (0400) Von Werner Thies, 184 S., mit Zeichnungen und Detailplänen, kartoniert. **DM**/Fr **12.80** S 98,–

Das große Modell-Motorenbuch (0560) Von Roland Schwarz, 236 S., 142 s/w-Fotos, 120 Zeichnungen, kartoniert. **DM**/Fr **29.50** S 236,–

Ferngelenkte Segelflugmodelle bauen und fliegen. (0446) Von Werner Thies, 176 S., 22 s/w-Fotos, 115 Zeichnungen, kartoniert. **DM**/Fr **14.80** S 118,–

Schiffsmodelle selber bauen. (0500) Von Dietmar und Reinhard Lochner, 200 S., 93 Zeichnungen, 2 Faltpläne, kartoniert. **DM**/Fr **14.80** S 118,–

Moderne Fotopraxis Bildgestaltung · Aufnahmepraxis · Kameratechnik · Fotolexikon. (4030) Von Wolfgang Freihen, 304 S., davon 50 vierfarbig, gebunden. **DM**/Fr **36,–** S 288,–

Falken-Handbuch **Dunkelkammerpraxis** Laboreinrichtung · Arbeitsabläufe · Fehlerkatalog. Mit den neuesten Farbentwicklungsverfahren. (4140) Von Bernd Bruns, Eugen Pauli, ca. 192 S., ca. 400 s/w-Fotos, ca. 90 Zeichnungen, Pappband. Voraussichtl. Erscheinungstermin: April '83 ca.* **DM**/Fr **24.80** S 198,–

Moderne Schmalfilmpraxis Ausrüstungen · Drehbuch · Aufnahme · Schnitt · Vertonung. (4043) Von Uwe Ney, 328 S., über 200 Abbildungen, gebunden. **DM**/Fr **29.80** S 238,–

Schmalfilmen Ausrüstung · Aufnahmepraxis · Schnitt · Ton. (0342) Von Uwe Ney, 108 S., 4 Farbtafeln, 25 s/w-Fotos, kartoniert. **DM**/Fr **6.80** S 55,–

Schmalfilme selbst vertonen (0593) Von Uwe Ney, 96 S., 57 s/w-Fotos, 14 Zeichnungen, kartoniert. **DM**/Fr **9.80** S 78,–

Falken-Handbuch **Videofilmen** Systeme, Kameras, Aufnahme, Ton und Schnitt. (4093) Von Peter Lanzendorf 288 S., 8 Farbtafeln, 165 s/w-Fotos, 25 Zeichnungen, gebunden. **DM**/Fr **36,–** S 288,–

Falken-Handbuch **Trickfilmen** Flach-, Sach- und Zeichentrickfilme – von der Idee zur Ausführung. (4131) Von Heinz D. Wilden, ca. 160 S., ca. 200 Zeichnungen und Fotos, Pappband. Voraussichtlicher Erscheinungstermin: März '83 **DM**/Fr **36,–** S 288,–

Gitarre spielen Ein Grundkurs für den Selbstunterricht. (0534) Von Atti Roßmann, 96 S., 1 Schallfolie, 150 Zeichnungen, durchgehend zweifarbig, kartoniert. **DM**/Fr **19.80** S 158,–

Sport

Die neue Tennis-Praxis Der individuelle Weg zu erfolgreichem Spiel. (4097) Von Richard Schönborn, 240 S., 202 Farbzeichnungen, gebunden. **DM**/Fr **39,–** S 312,–

Erfolgreiche Tennis-Taktik (4086) Von Robert Ford Greene, übersetzt von Michael Rolf Fischer, 181 S., 87 Abbildungen, kartoniert. **DM**/Fr **19,80** S 158,–

Frust und Freud beim Tennis Psychologische Studien der Spielertypen und Verhaltensweisen. (4079) Von H. Cath, A. Kahn und N. Cobb, 176 S., gebunden. **DM**/Fr **19,80** S 158,–

Tennis Technik – Taktik – Regeln. (0375) Von Harald Elschenbroich, 112 S., 81 Abbildungen, kartoniert. **DM**/Fr **6,80** S 55,–

Squash Ausrüstung – Technik – Regeln. (0539) Von Dietrich von Horn und Hein-Dirk Stünitz, 96 S., 55 s/w-Fotos, 25 Zeichnungen, kartoniert. — **DM**/Fr **8,80** S 70,–

Tennis kompakt Der erfolgreiche Weg zu Spiel, Satz und Sieg. (5116) Von Wilfried Taferner, 128 S., 82 s/w-Fotos, 67 Zeichnungen, kartoniert. — **DM**/Fr **12,80** S 98,–

Golf Ausrüstung – Technik – Regeln. (0343) Von J.C. Jessop, übersetzt von Heinz Biemer, mit einem Vorwort von H. Krings, Präsident des Deutschen Golf-Verbandes, 160 S., 65 Abbildungen, Anhang Golfregeln des DGV, kartoniert. — **DM**/Fr **16.80** S 134,–

Tischtennis modern gespielt mit TT-Quiz 17:21. (0363) Von Ossi Brucker und Tibor Harangozo, 120 S., 65 Abbildungen, kartoniert. — **DM**/Fr **9.80** S 78,–

Basketball Technik und Übungen für Schule und Verein. (0279) Von Chris Kyriasogiou, 116 S., mit 252 Übungen zur Basketballtechnik, 186 s/w-Fotos und 164 Zeichnungen, kartoniert. — **DM**/Fr **12.80** S 98,–

Fußball Training und Wettkampf. (0448) Von Holger Obermann und Peter Walz, 166 S., 93 s/w-Fotos, 56 Zeichnungen, kartoniert. — **DM**/Fr **9.80** S 78,–

Mein bester Freund, der Fußball (5107) Von Detlev Brüggemann und Dirk Albrecht, 144 S., 171 Abbildungen, kartoniert. — **DM**/Fr **16.80** S 134,–

Handball Technik – Taktik – Regeln. (0426) Von Fritz und Peter Hattig, 128 S., 91 s/w-Fotos, 121 Zeichnungen, kartoniert. — **DM**/Fr **9.80** S 78,–

Volleyball Technik – Taktik – Regeln. (0351) Von Henner Huhle, 102 S., 330 Abbildungen, kartoniert. — **DM**/Fr **9.80** S 78,–

Segeln (4207) Von Claus Hehner, 96 S., 106 großformatige Farbfotos, Pappband. — **DM**/Fr **24.80** S 198,–

Falken-Handbuch **Tauchsport** Theorie · Geräte · Technik · Training. (4062) Von Wolfgang Freihen, 264 S., 252 Farbfotos, gebunden. — **DM**/Fr **36,–** S 288,–

Sporttauchen Theorie und Praxis des Gerätetauchens (0647) Von Siegfried Müßig, ca. 176 S., 8 Farbtafeln, ca. 100 Zeichnungen und Fotos, kartoniert. Voraussichtl. Erscheinungstermin: Februar '83 — ca.* **DM**/Fr **9,80** S 78,–

Falken-Handbuch **Angeln** in Binnengewässern und im Meer. (4090) Von Helmut Oppel, 344 S., 24 Farbtafeln, 66 s/w-Fotos, 151 Zeichnungen, gebunden. — **DM**/Fr **39,–** S 312,–

Angeln Kleine Fibel für den Sportfischer. (0198) Von E. Bondick, 96 S., 116 Abbildungen, kartoniert. — **DM**/Fr **6.80** S 55,–

Sportfischen Fische – Geräte – Technik. (0324) Von Helmut Oppel, 144 S., 49 s/w-Fotos, 8 Farbtafeln, kartoniert. — **DM**/Fr **9.80** S 78,–

Windsurfing Lehrbuch für Grundschein und Praxis. (5028) Von Calle Schmidt, 64 S., 60 Farbfotos, Pappband. — **DM**/Fr **12.80** S 98,–

Skilanglauf Skiwandern Ausrüstung und Techniken (5129) Von T. Reiter, R. Kerler, 80 S., 8 Farbtafeln, 85 Zeichnungen und s/w-Fotos, kartoniert. — **DM**/Fr **12,80** S 98,–

Skischule Ausrüstung · Technik · Gymnastik. (0369) Von Richard Kerler, 128 S., 100 Abbildungen, kartoniert. — **DM**/Fr **7.80** S 65,–

Ski-Gymnastik Fit für Piste und Loipe. (0450) Von Hannelore Pilss-Samek, 104 S., 67 s/w-Fotos, 20 Zeichnungen, kartoniert. — **DM**/Fr **6.80** S 55,–

Reiten Vom ersten Schritt zum Reiterglück. (5033) Von Herta F. Kraupa-Tuskany, 64 S., 34 Farbfotos, 2 Zeichnungen, Pappband. — **DM**/Fr **12.80** S 98,–

Reiten Dressur · Springen · Gelände. (0415) Von Ute Richter, 168 S., 235 Abbildungen, kartoniert. — **DM**/Fr **12,80** S 98,–

Voltigieren Pflicht – Kür – Wettkampf. (0455) Von Josephine Bach, 120 S., 4 Farbtafeln, 88 s/w-Fotos, kartoniert. — **DM**/Fr **12.80** S 98,–

Fechten Florett – Degen – Säbel. (0449) Von Emil Beck, 88 S., 219 Fotos und Zeichnungen, kartoniert. — **DM**/Fr **11.80** S 94,–

Hockey Technische und taktische Grundlagen. (0398) Von Horst Wein, 152 S., mit vielen Zeichnungen und Fotos, kartoniert. — **DM**/Fr **16.80** S 134,–

Fibel für Kegelfreunde Sport- und Freizeitkegeln · Bowling. (0191) Von G. Bocsai, 72 S., mit über 60 Abbildungen, kartoniert. — **DM**/Fr **5.80** S 49,–

Beliebte und neue Kegelspiele (0271) Von Georg Bocsai, 92 S., 62 Abbildungen, kartoniert. — **DM**/Fr **4.80** S 39,–

Pool-Billard (0484) Herausgegeben vom Deutschen Pool-Billard-Bund, von Manfred Bach, Karl-Werner Kühn, 88 S., mit über 80 Abbildungen, kartoniert. — **DM**/Fr **7.80** S 65,–

Die Erben Lilienthals **Sportfliegen heute** (4054) Von Günter Brinkmann, 240 S., 32 Farbtafeln, 176 s/w-Fotos, 33 Zeichnungen, gebunden. — **DM**/Fr **39,–** S 312,–

Sportschießen für jedermann. (0502) Von Anton Kovacic, 124 S. 116 s/w-Fotos, kartoniert. — **DM**/Fr **14.80** S 118,–

Isometrisches Training Übungen für Muskelkraft und Entspannung. (0529) Von Lothar M. Kirsch, 140 S., 164 s/w-Fotos, kartoniert. — **DM**/Fr **9.80** S 78,–

Radsport Radtouristik und Rennen, Technik, Typen. (0550) Von Karl Ziegler und Rolf Lehmann, 120 S., 55 Abbildungen, kartoniert. — **DM**/Fr **9.80** S 78,–

Spaß am Laufen Jogging für die Gesundheit. (0470) Von Werner Sonntag, 140 S., 41 s/w-Fotos, 1 Zeichnung, kartoniert. — **DM**/Fr **9.80** S 78,–

Falken-Handbuch **Schach** Das Handbuch für Anfänger und Könner. (4051) Von Theo Schuster, 360 S., über 340 Diagramme, gebunden. — **DM**/Fr **29,80** S 238,–

Einführung in das Schachspiel (0104) Von W. Wollenschläger und K. Colditz, 92 S., 65 Diagramme, kartoniert. — **DM**/Fr **5.80** S 49,–

Spielend Schach lernen (2002) Von Theo Schuster, 128 S., kartoniert. — **DM**/Fr **6.80** S 55,–

Schach für Fortgeschrittene Taktik und Probleme des Schachspiels. (0219) Von Rudolf Teschner, 96 S., 85 Schachdiagramme, kartoniert. — **DM**/Fr **5.80** S 49,–

Schach-WM '81 Karpow – Kortschnoi. Mit ausführlichem Kommentar zu allen Partien. (0583) Von Großmeister H. Pfleger, O. Borik, 179 S., zahlreiche Diagramme und Fotos, kartoniert. — **DM**/Fr **16.80** S 134,–

Neue Schacheröffnungen (0478) Von Theo Schuster, 108 S., 100 Diagramme, kartoniert. — DM/Fr 8.80 · S 70,–

Kinder- und Jugendschach Offizielles Lehrbuch zur Erringung der Bauern-, Turm- und Königsdiplome des Deutschen Schachbundes. (0561) Von B.J. Withuis und Dr. H. Pfleger, 144 S., 11 s/w-Fotos, 223 Abbildungen, kartoniert. — DM/Fr 12.80 · S 98,–

Zug um Zug Schach für jedermann 1 Offizielles Lehrbuch des Deutschen Schachbundes zur Erringung des Bauerndiploms (0648) Von Helmut Pfleger, Eugen Kurz, ca. 80 S., über 60 Diagramme, kartoniert. Voraussichtl. Erscheinungstermin: Januar '83. — DM/Fr 6.80 · S 55,–

Lehr-, Übungs- und Testbuch der Schachkombinationen (0649) Von Karl Colditz, ca. 144 S., über 200 Diagramme, kartoniert. Voraussichtl. Erscheinungstermin: März '83. — ca.* DM/Fr 12,80 · S 98,–

Schach dem Weltmeister Karpow (0433) Von Theo Schuster, 164 S., 19 Abbildungen, 83 Diagramme, kartoniert. — DM/Fr 12.80 · S 98,–

Schach TV-Worldcup '82 Turnier der Schachgroßmeister (4133) Von Helmut Pfleger und Eugen Kurz, 208 S., 41 s/w-Fotos, 3 Zeichnungen, gebunden. — DM/Fr 26,80 · S 218,–

Schachstrategie Ein Intensivkurs mit Übungen und ausführlichen Lösungen. (0584) Von Alexander Koblenz, dt. Bearb. von Karl Colditz, 212 S., 240 Diagramme, kartoniert. — DM/Fr 16,80 · S 134,–

Die besten Partien der deutschen Schachgroßmeister (4121) Von Helmut Pfleger, ca. 160 S., ca. 20 Fotos, ca. 90 Diagramme, Pappband. Voraussichtl. Erscheinungstermin: März '83. — ca.* DM/Fr 28,– · S 220,–

Bodybuilding Anleitung zum Muskel- und Konditionstraining für sie und ihn. (0604) Von Reinhard Smolana, 160 S., 172 Fotos, kartoniert. — DM/Fr 9,80 · S 78,–

Bodybuilding für Frauen Wege zu Ihrer Idealfigur (0661) Von Hans Schulz, ca. 128 S., ca. 60 Fotos, großes vierfarbiges Übungsposter, kartoniert. Voraussichtl. Erscheinungstermin: April '83. — ca.* DM/Fr 14.80 · S 118,–

Walking Fit, schlank und gesund durch Sportgehen. (0602) Von Gary D. Yanker, 104 S., 47 s/w-Fotos, kartoniert. — DM/Fr 12.80 · S 98,–

Leistungsfähiger durch Krafttraining Eine Anleitung für Fitness-Sportler, Trainer und Athleten (0617) Von W. Kieser, 100 S., 20 s/w-Fotos, 62 Zeichnungen, kartoniert. — DM/Fr 9.80 · S 78,–

Budo

Judo Grundlagen des Stand- und Bodenkampfes. (4013) Von Wolfgang Hofmann, 244 S., 589 Fotos, gebunden. — DM/Fr 29.80 · S 238,–

Neue Lehrmethoden der Judo-Praxis (0424) Von Pierre Herrmann, 223 S., 475 Abbildungen, kartoniert. — DM/Fr 16,80 · S 134,–

Judo Grundlagen – Methodik. (0305) Von Mahito Ohgo, 208 S., 1025 Fotos, kartoniert. — DM/Fr 14,80 · S 118,–

Wir machen Judo (5069) Von Riccardo Bonfranchi und Ulrich Klocke, 92 S., mit Bewegungsabläufen in cartoonartigen zweifarbigen Zeichnungen, kartoniert. — DM/Fr 12,80 · S 98,–

Fußwürfe für Judo, Karate und Selbstverteidigung. (0439) Von Hayward Nishioka, übersetzt von Hans-Jürgen Hesse, 96 S., 260 Abbildungen, kartoniert. — DM/Fr 9,80 · S 78,–

Das Karate-Buch-Ereignis seit Jahren! Alles Wissen über KARATE – diese hohe Kunst der Selbstverteidigung – erscheint in einer 8bändigen Buchserie.

Nakayamas Karate perfekt 1 Einführung. (0487) Von Masatoshi Nakayama, 136 S., 605 s/w-Fotos, kartoniert. — DM/Fr 19.80 · S 158,–

Nakayamas Karate perfekt 2 Grundtechniken. (0512) Von Masatoshi Nakayama, 136 S., 354 s/w-Fotos, 53 Zeichnungen, kartoniert. — DM/Fr 19.80 · S 158,–

Nakayamas Karate perfekt 3 Kumite 1: Kampfübungen. (0538) Von Masatoshi Nakayama, 128 S., 424 s/w-Fotos, kartoniert. — DM/Fr 19.80 · S 158,–

Nakayamas Karate perfekt 4 Kumite 2: Kampfübungen. (0547) Von Masatoshi Nakayama, 128 S., 394 s/w-Fotos, kartoniert. — DM/Fr 19.80 · S 158,–

Nakayamas Karate perfekt 5 Kata 1: Heian, Tekki. (0571) Von Masatoshi Nakayama, 144 S., 1229 s/w-Fotos, kartoniert. — DM/Fr 19.80 · S 158,–

Nakayamas Karate perfekt 6 Kata 2: Bassai-Dai, Kanku-Dai. (0600) Von Masotoshi Nakayama, Übers. Hans-Jürgen Hesse, 144 S., ca. 1300 Fotos, kartoniert. — DM/Fr 19.80 · S 158,–

Nakayamas Karate perfekt 7 Kata 3: Jitte, Hangetsu, Empi (0618) Von M. Nakayama, 144 S., 1988 s/w-Fotos, 105 Zeichnungen, kartoniert. — DM/Fr 19,80 · S 158,–

Nakayamas Karate perfekt 8 Gankaku, Jion (0650) 144 S., ca. 1200 Fotos, kartoniert. Voraussichtl. Erscheinungstermin: Februar '83. — DM/Fr 19,80 · S 158,–

Karate für Frauen und Mädchen Sport und Selbstverteidigung. (0425) Von Albrecht Pflüger, 168 S., 259 s/w-Fotos, kartoniert. — DM/Fr 9.80 · S 78,–

Karate I Einführung · Grundtechniken (0227) Von Albrecht Pflüger, 148 S., 195 s/w-Fotos und Zeichnungen, kartoniert. — DM/Fr 9.80 · S 78,–

Karate II Kombinationstechniken · Katas. (0239) Von Albrecht Pflüger, 176 S., 452 s/w-Fotos und Zeichnungen, kartoniert. — DM/Fr 9.80 · S 78,–

Karate-Do Das Handbuch des modernen Karate. (4028) Von Albrecht Pflüger, 360 S., 1159 Abbildungen, gebunden. — DM/Fr 29.80 · S 238,–

Karate für alle Karate-Selbstverteidigung in Bildern. (0314) Von Albrecht Pflüger, 112 S., 356 s/w-Fotos, kartoniert. — DM/Fr 8.80 · S 70,–

Kontakt-Karate Ausrüstung · Technik · Training. (0396) Von Albrecht Pflüger, 112 S., 238 s/w-Fotos, kartoniert. — DM/Fr 14.80 · S 118,–

Bo-Karate Kukishin-Ryu – die Techniken des Stockkampfes. (0447) Von Georg Stiebler, 176 S., 424 s/w-Fotos, 38 Zeichnungen, kartoniert. — DM/Fr 16,80 · S 134,–

Der König des Kung-Fu **Bruce Lee** Sein Leben und Kampf. (0392) Von seiner Frau Linda. Deutsch von W. Nottrodt, 136 S., 104 s/w-Fotos, mit großem Bruce-Lee-Poster, kartoniert. — DM/Fr 19.80 · S 158,–

Bruce Lees Jeet Kune Do (0440) Von Bruce Lee übersetzt von Hans-Jürgen Hesse, 192 S., mit 105 eigenhändigen Zeichnungen von Bruce Lee, kartoniert. — DM/Fr 19.80 · S 158,–

Bruce Lees Kampfstil 1 Grundtechniken. (0473) Von Bruce Lee und M. Uyehara, 109 S., 220 Abbildungen, kartoniert. **DM**/Fr **9,80** S 78,–

Bruce Lees Kampfstil 2 Selbstverteidigungstechniken. (0486) Von Bruce Lee und M. Uyehara, 128 S., 310 Abbildungen, kartoniert. **DM**/Fr **9,80** S 78,–

Bruce Lees Kampfstil 3 Trainingslehre. (0503) Von Bruce Lee und M. Uyehara, 112 S., 246 Abbildungen, kartoniert. **DM**/Fr **9,80** S 78,–

Bruce Lees Kampfstil 4 Kampftechniken. (0523) Von Bruce Lee und M. Uyehara, 104 S., 211 Abbildungen, kartoniert. **DM**/Fr **9,80** S 78,–

Kung-Fu und Tai-Chi Grundlagen und Bewegungsabläufe. (0367) Von Bruce Tegner, 182 S., 370 s/w-Fotos, kartoniert. **DM**/Fr **14.80** S 118,–

Kung-Fu II Theorie und Praxis klassischer und moderner Stile. (0376) Von Manfred Pabst, 160 S., 330 Abbildungen, kartoniert. **DM**/Fr **12.80** S 98,–

Shaolin-Kempo – Kung-Fu Chinesisches Karate im Drachenstil. (0395) Von Ronald Czerni und Klaus Konrad, 236 S., 723 Abbildungen, kartoniert. **DM**/Fr **19.80** S 158,–

Ju-Jutsu Grundtechniken – Moderne Selbstverteidigung. (0276) Von Werner Heim und Franz J. Gresch, 160 S., 460 s/w-Fotos, kartoniert. **DM**/Fr **9,80** S 78,–

Ju-Jutsu 2 für Fortgeschrittene und Meister. (0378) Von Werner Heim und Franz J. Gresch, 164 S., 798 s/w-Fotos, kartoniert. **DM**/Fr **19.80** S 158,–

Ju-Jutsu 3 Spezial-, Gegen- und Weiterführungstechniken. (0485) Von Werner Heim und Franz J. Gresch, 214 S., über 600 s/w-Fotos, kartoniert. **DM**/Fr **19.80** S 158,–

Nunchaku Waffe · Sport · Selbstverteidigung. (0373) Von Albrecht Pflüger, 144 S., 247 Abbildungen, kartoniert. **DM**/Fr **16,80** S 134,–

Shuriken · Tonfa · Sai Stockfechten und andere bewaffnete Kampfsportarten aus Fernost. (0397) Von Andreas Schulz, 96 S., 253 s/w-Fotos, kartoniert. **DM**/Fr **12,80** S 98,–

Illustriertes Handbuch des Taekwon-Do Koreanische Kampfkunst und Selbstverteidigung. (4053) Von Konstantin Gil, 248 S., 1026 Abbildungen, gebunden. **DM**/Fr **29.80** S 238,–

Taekwon-Do Koreanischer Kampfsport. (0347) Von Konstantin Gil, 152 S., 408 Abbildungen, kartoniert. **DM**/Fr **12.80** S 98,–

Aikido Lehren und Techniken des harmonischen Weges. (0537) Von Rolf Brand, 280 S., 697 Abbildungen, kartoniert. **DM**/Fr **19,80** S 158,–

Hap Ki Do Grundlagen und Techniken koreanischer Selbstverteidigung. (0379) Von Kim Sou Bong, 112 S., 153 Abbildungen, kartoniert. **DM**/Fr **14,80** S 118,–

Dynamische Tritte Grundlagen für den Zweikampf. (0438) Von Chong Lee, übersetzt von Manfred Pabst, 96 S., 398 s/w-Fotos, 10 Zeichnungen, kartoniert. **DM**/Fr **9,80** S 78,–

Wissen und Technik

Antiquitäten-(Ver)führer Stilkunde – Wert – Echtheitsbestimmung. (5057) Von Margot Lutze, 128 S., 191 Farbfotos, Pappband. **DM**/Fr **19,80** S 158,–

Heiße Öfen Motorräder · Motorsport. (5008) Von Horst Briel, 64 S., 63 Farbfotos, Pappband. **DM**/Fr **12,80** S 98,–

Dampflokomotiven (4204) Von Werner Jopp, 96 S., 134 großformatige Farbfotos, Pappband. **DM**/Fr **24.80** S 198,–

Der Sklave Calvisius Alltag in einer römischen Provinz 150 n. Chr. (4058) Von Alice Ammermann, Tilmann Röhrig, Gerhard Schmidt, 120 S., 99 Farbfotos und farbige Zeichnungen, 47 s/w-Fotos und Zeichnungen, Pappband. **DM**/Fr **19.80** S 158,–

ZDF · ORF · DRS **KOMPASS Jugend-Lexikon** (4096) Von Richard Kerler, Jochen Blum, unter Mitarbeit von Ursula Kopp, 336 S., 766 Farbfotos, 39 s/w-Fotos und Zeichnungen, Pappband. **DM**/Fr **29,80** S 238,–

Freizeit mit dem Mikroskop (0291) Von Martin Deckart, 132 S., 69 s/w-Fotos, 4 Zeichnungen, kartoniert. **DM**/Fr **9,80** S 78,–

Keine Angst vorm Fliegen (0463) Von Rudolf Braunburg und R.J. Pieritz, 159 S., 15 Farbtafeln, 68 s/w-Fotos, kartoniert. **DM**/Fr **12,80** S 98,–

Die tollsten Motorflugzeuge aller Zeiten (4208) Von Richard J. Höhn und Hans G. Isenberg, 96 S., 86 großformatige Farbfotos, Pappband. **DM**/Fr **24,80** S 198,–

Zivilflugzeuge Vom Kleinflugzeug zum Überschall-Jet. (4218) Von Richard J. Höhn und Hans G. Isenberg, 96 S., 115 großformatige Farbfotos, Pappband. **DM**/Fr **24,80** S 198,–

Die schnellsten Autos der Welt (4201) Von Hans G. Isenberg, und Dirk Maxeiner, 96 S., 110 meist vierfarbige Abbildungen, Pappband. **DM**/Fr **24,80** S 198,–

CB-Code Wörterbuch und Technik. (0435) Von Richard Kerler, 120 S., mit technischen Abbildungen, kartoniert. **DM**/Fr **7.80** S 65,–

Die rasantesten Rallyes der Welt (4213) Von Hans G. Isenberg und Dirk Maxeiner, 96 S., 116 großformatige Farbfotos, Pappband. **DM**/Fr **24.80** S 198,–

Auto-Rallyes für jedermann Planen – ausrichten – mitfahren. (0457) Von Rüdiger Hagelberg, 104 S., kartoniert. **DM**/Fr **9.80** S 78,–

Raketen auf Rädern Autos und Motorräder an der Schallgrenze. (4220) Von Hans G. Isenberg, 96 S., 112 großformatige Farbfotos, 21 s/w-Fotos, Pappband. **DM**/Fr **24.80** S 198,–

Motorrad-Hits Chopper, Tribikes, Heiße Öfen (4221) Von Hans Georg Isenberg, 96 S., 119 Farbfotos, Pappband. **DM**/Fr **24.80** S 198,–

Die schnellsten Motorräder der Welt (4206) Von Hans G. Isenberg und Dirk Maxeiner, 96 S., 100 großformatige Farbfotos, Pappband. **DM**/Fr **24.80** S 198,–

Energie aus Sonne, Wasser, Wind und Eis Alles über Wärmedämmung, Wärmepumpen, Sonnendächer und andere Systeme. (0552) Von Volker Petzold, 216 S., 124 Abbildungen, kartoniert. **DM**/Fr **16.80** S 134,–

Pflanzen, Garten, Tiere

Faszination Berg zwischen Alpen und Himalaya. (4214) Von Toni Hiebeler, 96 S., 100 großformatige Farbfotos, Pappband. — DM/Fr 24.80 / S 198,–

Die bunte Welt der Wiesenblumen (4217) Von Friedrich Jantzen, 96 S., 121 großformatige Farbfotos, Pappband. — DM/Fr 24.80 / S 198,–

Gefährdete und geschützte Pflanzen erkennen und benennen. (0596) Von Wieland Schnedler und Karl Wolfstetter, 160 S., 140 Farbfotos, 4 Zeichnungen, kartoniert. — DM/Fr 19.80 / S 158,–

Großes Kräuter- und Gewürzbuch (4026) Von Heinz Görz, 584 S., 40 Farbtafeln, 152 Abbildungen, gebunden. — DM/Fr 39,– / S 312,–

Leben im Naturgarten So wird man erfolgreicher Bio-Gärtner. (4124) Von Norbert Jorek, 136 S., 68 s/w-Fotos, kartoniert. — DM/Fr 12.80 / S 98,–

Arzneikräuter und Wildgemüse erkennen und benennen. (0459) Von Jörg Raithelhuber, 144 S., 108 Farbfotos, kartoniert. — DM/Fr 14.80 / S 118,–

Die farbige Kräuterfibel (0245) Von Ingrid Gabriel, 196 S., 49 farbige und 97 s/w-Abbildungen, Pappband. — DM/Fr 14.80 / S 118,–

Bäume und Sträucher erkennen und benennen. (0509) Von Jörg Raithelhuber, 116 S., 108 Farbfotos, kartoniert. — DM/Fr 16.80 / S 134,–

Beeren und Waldfrüchte erkennen und benennen, eßbar oder giftig? (0401) Von Jörg Raithelhuber, 120 S., 94 Farbfotos, kartoniert. — DM/Fr 16.80 / S 134,–

Falken-Handbuch **Pilze** Mit über 250 Farbfotos und Rezepten. (4061) Von Martin Knoop, 276 S., 250 Farbfotos, 28 Zeichnungen, gebunden. — DM/Fr 36,– / S 288,–

Pilze erkennen und benennen. (0380) Von Jörg Raithelhuber, 136 S., 110 Farbfotos, kartoniert. — DM/Fr 14.80 / S 118,–

Falken-Handbuch **Der Garten** Das moderne illustrierte Standardwerk. (4044) Von Gerhard Bambach, unter Mitarbeit von Ulrich Kaiser, Wolfgang Velte und Joachim Zech, 808 S., 40 Farbtafeln, 77 Farbfotos, 787 s/w-Fotos, 147 Zeichnungen, gebunden. — DM/Fr 49,– / S 392,–

Das Gartenjahr Arbeitsplan für draußen und drinnen. (4075) Von Gerhard Bambach, 152 S., 16 Farbtafeln, viele Abbildungen, kartoniert. — DM/Fr 12.80 / S 98,–

Gärtnern (5004) Von Inge Manz, 64 S., 38 Farbfotos, Pappband. — DM/Fr 12.80 / S 98,–

Steingärten Anlage – Pflanzen – Pflege. (5092) Von Martin Haberer, 64 S., 90 Farbfotos, Pappband. — DM/Fr 12.80 / S 98,–

Gartenteiche und Wasserspiele planen, anlegen und pflegen. (4083) Von Horst R. Sikora, 160 S., 16 Farbtafeln, über 100 Skizzen und Abbildungen, Pappband. — DM/Fr 29.80 / S 238,–

Ziersträucher und -bäume im Garten (5071) Von Inge Manz, 64 S., 91 Farbfotos, Pappband. — DM/Fr 12.80 / S 98,–

Unkraut im Garten erkennen und erfolgreich bekämpfen. (0637) Von Friedrich und Heidrun Jantzen, 144 S., 190 Farbfotos, kartoniert. Voraussichtl. Erscheinungstermin: März '83. — ca.* DM/Fr 16,80 / S 134,–

Blumenpracht im Garten (5014) Von Inge Manz, 64 S., 93 Farbfotos, Pappband. — DM/Fr 12.80 / S 98,–

Rosen Arten – Pflanzung – Pflege. (5065) Von Inge Manz, 64 S., 60 Farbfotos, Pappband. — DM/Fr 12.80 / S 98,–

Frühbeet und Kleingewächshaus (5055) Von Gustav Schoser, 64 S., 43 Farbfotos, Pappband. — DM/Fr 12.80 / S 98,–

Gemüse und Kräuter frisch und gesund aus eigenem Anbau. (5024) Von Mechthild Hahn, 64 S., 71 Farbfotos, Pappband. — DM/Fr 12.80 / S 98,–

Mischkultur im Nutzgarten Mit Jahreskalender und Anbauplänen (0651) Von Helmut Oppel, ca. 128 S., 8 Farbtafeln, ca. 70 Zeichnungen und Fotos, kartoniert. Voraussichtlicher Erscheinungstermin: Februar '83 — ca.* DM/Fr 9,80 / S 78,–

Der richtige Schnitt von Obst- und Ziergehölzen, Rosen und Hecken (0619) Von E. Zettl, 88 S., 8 Farbtafeln, 39 Zeichnungen, 21 s/w-Fotos, kartoniert. — DM/Fr 7,80 / S 65,–

Der Obstgarten Pflanzung · Pflege · Baumschnitt · Neuheiten. (5100) Von Joachim Zech, 64 S., 54 Farbfotos, Pappband. — DM/Fr 12.80 / S 98,–

Balkons in Blütenpracht zu allen Jahreszeiten. (5047) Von Nikolaus Uhl, 64 S., 82 Farbfotos, Pappband. — DM/Fr 12.80 / S 98,–

Grabgestaltung Bepflanzung und Pflege zu jeder Jahreszeit. (5120) Von Nikolaus Uhl, 64 S., 77 Farbfotos, 2 Zeichnungen, Pappband. — DM/Fr 14.80 / S 118,–

Bonsai Japanische Miniaturbäume und Miniaturlandschaften. Anzucht, Gestaltung und Pflege. (4091) Von Benedikt Lesniewicz, 160 S., 106 Farbfotos, 46 s/w-Fotos, 115 Zeichnungen, gebunden. — DM/Fr 58,– / S 460,–

Falken-Handbuch **Zimmerpflanzen** 1600 Pflanzenporträts. (4082) Von Rolf Blaich, 432 S., 480 Farbfotos, 84 Zeichnungen, 1600 Pflanzenbeschreibungen, gebunden. — DM/Fr 39,– / S 312,–

Zimmerpflanzen in Farbe. (5010) Von Inge Manz, 64 S., 98 Farbfotos, Pappband. — DM/Fr 12.80 / S 98,–

Zimmerbäume, Palmen und andere Blattpflanzen (5111) Von Gustav Schoser, 96 S., 98 Farbfotos, 7 Zeichnungen, Pappband. — DM/Fr 16.80 / S 134,–

Zimmerpflanzen in Hydrokultur Leitfaden für problemlose Blumenpflege (0660) Von Hans-August Rotter, 32 S., ca. 30 Farbfotos, kartoniert, Spiralbindung. Voraussichtl. Erscheinungstermin: März '83. — ca.* DM/Fr 6,80 / S 55,–

Das Blumenjahr Arbeitsplan für drinnen und draußen (4142) Von Gabriele Vocke, 136 S., 15 Farbtafeln, kartoniert. Voraussichtlicher Erscheinungstermin: März '83 — ca.* DM/Fr 12,80 / S 98,–

Hydrokultur Pflanzen ohne Erde – mühelos gepflegt. (4080) Von Hans-August Rotter, 120 S., 67 farbige und s/w-Abbildungen sowie Zeichnungen, gebunden. — DM/Fr 19.80 / S 158,–

Blütenpracht in Grolit 2000 Der neue, mühelose Weg zu farbenprächtigen Zimmerpflanzen. (5127) Von Gabriele Vocke, 64 S., 50 Farbfotos, Pappband. — DM/Fr 12.80 / S 98,–

Faszinierende Formen und Farben **Kakteen** (4211) Von Katharina und Franz Schild, 96 S., 127 großformatige Farbfotos, Pappband. — DM/Fr 24.80 / S 198,–

Biologisch zimmergärtnern Zier- und Nutzpflanzen natürlich pflegen. (4144) Von Norbert Jorek, ca. 136 S., 15 Farbtafeln, zahlreiche Fotos. Pappband. Voraussichtl. Erscheinungstermin: April '83. — ca.* DM/Fr 19,80 / S 158,–

Kakteen Herkunft, Anzucht, Pflege, Klimabedingungen. (5021) Von Werner Hoffmann, 64 S., 70 Farbfotos, Pappband. — DM/Fr 12,80 / S 98,–

Fibel für Kakteenfreunde (0199) Von H. Herold, 102 S., 8 Farbtafeln, kartoniert. — DM/Fr 7,80 / S 65,–

Kakteen und andere Sukkulenten 300 Arten mit über 500 Farbfotos (4116) Von Günter Andersohn, 316 S., 520 Farbtafeln, 193 Zeichnungen, gebunden, mit vierfarbigem Schutzumschlag. — DM/Fr 46,– / S 368,–

Sukkulenten Mittagsblumen, Lebende Steine, Wolfsmilchgewächse u.a. (5070) Von Werner Hoffmann, 64 S., 82 Farbfotos, Pappband. — DM/Fr 12,80 / S 98,–

Kübelpflanzen für Balkon, Terrasse und Dachgarten (5132) Von Martin Haberer, 64 S., ca. 60 Farbfotos, Pappband. Voraussichtl. Erscheinungstermin: April '83. — ca.* DM/Fr 12,80 / S 98,–

Keime, Sprossen, Küchenkräuter, am Fenster ziehen – rund ums Jahr (0658) Von Friedrich und Heidrun Jantzen, 32 S., ca. 30 Fotos, kartoniert, Spiralbindung. Voraussichtl. Erscheinungstermin: März '83. — ca.* DM/Fr 6,80 / S 55,–

Orchideen (4215) Von Gustav Schoser, 96 S., 143 großformatige Farbfotos, Pappband. — DM/Fr 24,80 / S 198,–

Orchideen Eigenart – Schnittblumen – Topfkultur – Pflege. (5038) Von Gustav Schoser, 64 S., 75 Farbfotos, Pappband. — DM/Fr 14,80 / S 118,–

Sag's mit Blumen Pflege und Arrangieren von Schnittblumen. (5103) Von Peter Möhring ca. 64 S., ca. 70 Farbfotos, Pappband. Voraussichtl. Erscheinungstermin: 1. Halbjahr '83 — ca.* DM/Fr 12,80 / S 98,–

Ikebana Einführung in die japanische Kunst des Blumensteckens. (0548) Von Gabriele Vocke, 152 S., 47 Farbfotos, kartoniert. — DM/Fr 19,80 / S 158,–

Blumengestecke im Ikebanastil (5041) Von Gabriele Vocke, 64 S., 37 Farbfotos, viele Zeichnungen, kartoniert. — DM/Fr 14,80 / S 118,–

Dauergestecke mit Zweigen, Trocken- und Schnittblumen. (5121) Von Gabriele Vocke, 64 S., 57 Farbfotos, Pappband. — DM/Fr 14,80 / S 118,–

Falken-Handbuch **Hunde** (4118) Von Horst Bielfeld, 176 S., 222 Farbfotos und Farbzeichnungen, 73 s/w-Abbildungen, gebunden. — DM/Fr 39,– / S 312,–

Hunde Rassen · Erziehung · Haltung. (4209) Von Horst Bielfeld, 96 S., 101 großformatige Farbfotos, Pappband. — DM/Fr 24.80 / S 198,–

Das neue Hundebuch Rassen · Aufzucht · Pflege. (0009) Von W. Busack, überarbeitet von Dr. med. vet. A.H. Hacker, 104 S., viele Abbildungen, kartoniert. — DM/Fr 8.80 / S 70,–

Falken-Handbuch **Der Deutsche Schäferhund** (4077) Von Ursula Förster, 228 S., 160 farbige und s/w-Abbildungen sowie Zeichnungen, gebunden. — DM/Fr 29.80 / S 238,–

Der Deutsche Schäferhund (0073) Von Alfred Hacker, 104 S., 24 Abbildungen, kartoniert. — DM/Fr 7.80 / S 65,–

Dackel, Teckel, Dachshund Aufzucht · Pflege · Ausbildung. (0508) Von Marianne Wein-Gysae, 112 S., 4 Farbtafeln, 43 s/w-Fotos, 2 Zeichnungen, kartoniert. — DM/Fr 9.80 / S 78,–

Hunde-Ausbildung Verhalten – Gehorsam – Abrichtung. (0346) Von Prof. Dr. R. Menzel, 96 S., 18 Fotos, kartoniert. — DM/Fr 7.80 / S 65,–

Hundekrankheiten Erkennung und Behandlung · Steuerung des Sexualverhaltens. (0570) Von Dr. med. vet. Rolf Spangenberg, 128 S., 68 s/w-Fotos, 10 Zeichnungen, kartoniert. — DM/Fr 9.80 / S 78,–

Papageien und Sittiche Arten · Pflege · Sprechunterricht. (0591) Von Horst Bielfeld, 112 S., 8 Farbtafeln, kartoniert. — DM/Fr 9.80 / S 78,–

Vögel Die wichtigsten Arten Mitteleuropas. Erkennen und benennen. (0554) Von Joachim Zech, 152 S., 135 Farbfotos, 4 s/w-Fotos, 5 Zeichnungen, kartoniert. — DM/Fr 16.80 / S 134,–

Schmetterlinge Tagfalter Mitteleuropas erkennen und benennen. (0510) Von Thomas Ruckstuhl, 156 S., 136 Farbfotos, kartoniert. — DM/Fr 16.80 / S 134,–

Insekten Mitteleuropas erkennen und benennen. (0588) Von Helmut Bechtel, 144 S., 129 Farbfotos, 18 Zeichnungen, kartoniert. — DM/Fr 16.80 / S 134,–

Ponys Rassen, Haltung, Reiten. (4205) Von Stefan Braun, 96 S., 84 großformatige Farbfotos, Pappband. — DM/Fr 24.80 / S 198,–

Dinosaurier und andere Tiere der Urzeit. (4219) Von Gerolf Alschner, 96 S., 81 großformatige Farbzeichnungen, 4 s/w-Fotos, Pappband. — DM/Fr 24.80 / S 198,–

Süßwasser-Aquaristik Exotische Welt im Glas. (5080) Von Lothar Scheller, 64 S., 67 Farbfotos und Zeichnungen, Pappband. — DM/Fr 14.80 / S 118,–

Das Süßwasser-Aquarium Einrichtung – Pflege – Fische – Pflanzen (0153) Von H.J. Mayland, 132 S., 163 Zeichnungen, 8 Farbtafeln, kartoniert. — DM/Fr 8.80 / S 70,–

Aquarienfische des tropischen Süßwassers. (5003) Von Hans J. Mayland, 64 S., 98 Farbfotos, Pappband. — DM/Fr 12.80 / S 98,–

Das Meerwasser-Aquarium Einrichtung – Pflege – Fische und niedere Tiere. (0281) Von Hans J. Mayland, 146 S., 30 farbige und 228 s/w-Abbildungen, kartoniert. — DM/Fr 14.80 / S 118,–

Falken-Handbuch **Das Terrarium** (4069) Von Burkhard Kahl, Paul Gaupp, Dr. Günter Schmidt, 336 S., 215 Farbfotos, gebunden. — DM/Fr 48,– / S 384,–

Katzen Rassen · Haltung · Pflege. (4216) Von Brigitte Eilert-Overbeck, 96 S., 82 großformatige Farbfotos, Pappband. — DM/Fr 24.80 / S 198,–

Das neue Katzenbuch Rassen – Aufzucht – Pflege. (0427) Von Brigitte Eilert-Overbeck, 136 S., 14 Farbfotos, 26 s/w-Fotos, kartoniert. — DM/Fr 8.80 / S 70,–

Katzenkrankheiten Erkennung und Behandlung (0652) Von Dr. med. vet. Rolf Spangenberg, ca. 176 S., ca. 60 Fotos, kartoniert. Voraussichtl. Erscheinungstermin: Februar '83. — ca.* DM/Fr 12,80 / S 98,–

Das Aquarium Einrichtung, Pflege und Fische für Süß- und Meerwasser. (4029) Von Hans J. Mayland, 334 S., über 415 Farbfotos und Farbtafeln, 150 Zeichnungen, gebunden. — DM/Fr 39,– / S 312,–

Süßwasser-Aquarienfische (4212) Von Burkhard Kahl, 96 S., 108 großformatige Farbfotos, Pappband. — DM/Fr 24.80 / S 198,–

Essen und Trinken

Kochen, was allen schmeckt 1700 Koch- und Backrezepte für jede Gelegenheit. (4098) Von Anneliese und Gerhard Eckert, 796 S., 60 Farbtafeln, Pappband. DM/Fr 19.80 S 158,–

Omas Küche und unsere Küche heute (4089) Von J. Peter Lemcke, 160 S., 8 Farbtafeln, 95 Zeichnungen, Pappband. DM/Fr 24.80 S 198,–

Was koche ich heute? Neue Rezepte für Fix-Gerichte. (0608) Von Annette Badelt-Vogt, 112 S., 16 Farbtafeln, kartoniert. DM/Fr 9.80 S 78,–

Schnelle Küche (4095) Von Anneliese und Gerhard Eckert, 136 S., 15 Farbtafeln, 61 Zeichnungen, kartoniert. DM/Fr 12.80 S 98,–

Kochen für 1 Person Rationell wirtschaften, abwechslungsreich und schmackhaft zubereiten. (0586) Von M. Nicolin, 144 S., 8 Farbtafeln, 20 Zeichnungen, kartoniert. DM/Fr 9.80 S 78,–

Die besten Eintöpfe und Aufläufe (5079) Von Anneliese und Gerhard Eckert, 64 S., 49 Farbfotos, Pappband. DM/Fr 12.80 S 98,–

Kalte und warme Vorspeisen einfach · herzhaft · raffiniert. (5045) Von Karin Iden, 64 S., 43 Farbfotos, Pappband. DM/Fr 12.80 S 98,–

Süße Nachspeisen (0601) Von Petra Lohmann, 96 S., 8 Farbtafeln, 28 Zeichnungen, kartoniert. DM/Fr 8,80 S 70,–

Nudelgerichte – lecker, locker, leicht zu kochen. (0466) Von Christiane Stephan, 80 S., 8 Farbtafeln, kartoniert. DM/Fr 6.80 S 55,–

Weltmeister-Soßen Die Krönung der feinen Küche. (0357) Von Giovanni Cavestri, 100 S., 14 Farbtafeln, kartoniert. DM/Fr 9.80 S 78,–

Desserts (5020) Von Margrit Gutta, 64 S., 38 Farbfotos, Pappband. DM/Fr 12.80 S 98,–

Gesund kochen wasserarm · fettfrei · aromatisch. (4060) Von Margrit Gutta, 240 S., 16 Farbtafeln, Pappband. DM/Fr 19.80 S 158,–

Alternativ essen Die gesunde Sojaküche. (0553) Von Uwe Kolster, 112 S., 8 Farbtafeln, kartoniert. DM/Fr 9.80 S 78,–

Gesunde Kost aus dem Römertopf (0442) Von Jutta Kramer, 128 S., 8 Farbtafeln, 13 Zeichnungen, kartoniert. DM/Fr 8.80 S 70,–

Ganz und gar mit Mikrowellen (4094) Von Tina Peters, 208 S., 24 Farbtafeln, 12 Zeichnungen, Pappband. DM/Fr 29.80 S 238,–

Das neue Mikrowellen-Kochbuch (0434) Von Hermann Neu, 64 S., 4 Farbtafeln, kartoniert. DM/Fr 5.80 S 49,–

Kochen und backen im Heißluftherd Vorteile, Gebrauchsanleitung, Rezepte. (0516) Von Katharina Kölner, 72 S., 8 Farbtafeln, kartoniert. DM/Fr 7.80 S 65,–

Schnell gekocht – gut gekocht mit vielen Rezepten für Schnellkochtöpfe und Schnellbratpfannen. (0265) Von Irmgard Pérsy, 96 S., 8 Farbtafeln, kartoniert. DM/Fr 7.80 S 65,–

Das neue Fritieren geruchlos, schmackhaft und gesund. (0365) Von Petra Kühne, 96 S., 8 Farbtafeln, kartoniert. DM/Fr 7.80 S 65,–

Hobby-Kochbuch für Tiefkühlkost (0302) Von Ruth Vollmer-Ruprecht, 104 S., 8 Farbtafeln, kartoniert. DM/Fr 8.80 S 70,–

Köstliche Suppen für jede Tages- und Jahreszeit. (5122) Von Elke Fuhrmann, 64 S., 38 Farbfotos, Pappband. DM/Fr 12.80 S 98,–

Alles über Einkochen, Einlegen, Einfrieren Gesund und herzhaft. (4055) Von Birgit Müller, 152 S., 16 Farbtafeln, kartoniert. DM/Fr 12.80 S 98,–

Einkochen nach allen Regeln der Kunst. (0405) Von Birgit Müller, 96 S., 8 Farbtafeln kartoniert. DM/Fr 6.80 S 55,–

Natursammlers Kochbuch Wildfrüchte und -gemüse, Pilze, Kräuter – finden und zubereiten. (4040) Von Christa-Maria Kerler, 140 S., 12 Farbtafeln, gebunden. DM/Fr 19.80 S 158,–

Kräuter- und Heilpflanzen-Kochbuch für eine gesunde Lebensweise. (4066) Von Pia Pervenche, 143 S., 15 Farbtafeln, kartoniert. DM/Fr 12.80 S 98,–

Das neue große Kochbuch für Diabetiker (4132) Von Monika Toeller, Waltraud Schumacher, Anne Christiane Groote, ca. 240 S., ca. 100 Farbfotos, gebunden.
Voraussichtlicher Erscheinungstermin: März '83 ca.* DM/Fr 19,80 S 158,–

Miekes Kräuter- und Gewürzkochbuch (0323) Von Irmgard Persy und Klaus Mieke, 96 S., 8 Farbtafeln, kartoniert. DM/Fr 8.80 S 70,–

Wildgerichte einfach bis raffiniert. (5115) Von Margrit Gutta, 64 S., 43 Farbfotos, Pappband. DM/Fr 12.80 S 98,–

Wild und Geflügel (4056) Von Christine Schönherr, 256 S., 122 großformatige Farbfotos, gebunden. DM/Fr 48,– S 384,–

Geflügel Die besten Rezepte aus aller Welt. (5050) Von Margrit Gutta, 64 S., 32 Farbfotos, Pappband. DM/Fr 12.80 S 98,–

Köstlichkeiten vom Grill Mehr Freude und Erfolg beim Grillen (4141) Von Alfred Berliner, ca. 168 S., durchgehend vierfarbig, ca. 100 großformatige Farbfotos, Pappband.
Voraussichtl. Erscheinungstermin: April '83. ca.* DM/Fr 19,80 S 158,–

Grillen – drinnen und draußen. (4047) Von Claus Arius, 152 S., 30 Farbtafeln, kartoniert. DM/Fr 12.80 S 98,–

Grillen Fleisch · Fisch · Beilagen · Soßen. (5001) Von Elke Fuhrmann, 64 S., 38 Farbfotos, Pappband. DM/Fr 12.80 S 98,–

Die neue Grillküche Garen und backen im Quarz-Grill. (0419) Von Marianne Bormio, 80 S., 8 Farbtafeln, kartoniert. DM/Fr 7.80 S 65,–

Raffinierte Steaks und andere Fleischgerichte. (5043) Von Gerhard Eckert, 64 S., 37 Farbfotos, Pappband. DM/Fr 12.80 S 98,–

Falken-Kombi-Kochbuch Die Kochidee mit neuem Dreh **Fleischgerichte** (4099) Von Alfred Berliner, 48 S., 69 Farbfotos, Spiralbindung, Pappband. DM/Fr 19.80 S 158,–

Internationale Spezialitäten (4130) Von C. Schönherr, 240 S., 116 Farbfotos, gebunden, mit vierfarbigem Schutzumschlag. DM/Fr 48,– S 384,–

Chinesisch kochen Rezepte für die häusliche Küche. (5011) Von Karl-Heinz Haß, 64 S., 36 Farbfotos, Pappband. DM/Fr 12.80 S 98,–

Chinesisch kochen mit dem WOK-Topf und dem Mongolen-Topf. (0557) Von Christiane Korn, 64 S., 8 Farbtafeln, kartoniert. DM/Fr 7.80 S 65,–

Deutsche Spezialitäten (5025) Von R. Piwitt, 64 S., 37 Farbfotos, Pappband. DM/Fr 12.80 S 98,–

Exotisches Obst und Gemüse Rezepte für Vorspeisen, Hauptgerichte und Desserts. (5114) Von Christiane Stephan, 64 S., 58 Farbfotos, Pappband. DM/Fr 12.80 S 98,–

Französisch kochen (5016) Von Margrit Gutta, 64 S., 35 Farbfotos, Pappband. DM/Fr 12.80 S 98,–

Italienische Küche (5026) Von Margrit Gutta 64 S., 35 Farbfotos, Pappband. — **DM**/Fr **12.80** S 98,–

Japanische Küche schmackhaft und bekömmlich. (5087) Von Hiroko Toi, 64 S., 36 Farbfotos, Pappband. — **DM**/Fr **12.80** S 98,–

Nordische Küche Speisen und Getränke von der Küste. (5082) Von Jutta Kürtz, 64 S., 44 Farbfotos, Pappband. — **DM**/Fr **12.80** S 98,–

Ostasiatische Küche schmackhaft und bekömmlich. (5066) Von Taki Sozuki, 64 S., 39 Farbfotos, Pappband. — **DM**/Fr **12.80** S 98,–

Portugiesische Küche und Weine Kulinarische Reise durch Portugal. (0607) Von Enrique Kasten, 96 S., 16 Farbtafeln, kartoniert. — **DM**/Fr **8.80** S 70,–

Köstliche Pizzas, Toasts, Pasteten (5081) Von Anneliese und Gerhard Eckert, 64 S., 48 Farbfotos, Pappband. — **DM**/Fr **12.80** S 98,–

Raffinierte Rezepte mit Oliven (5119) Von Lutz Helger, 64 S., 53 Farbfotos, 4 Zeichnungen, Pappband. — **DM**/Fr **14.80** S 118,–

Köstliche Pilzgerichte Rezepte für die meistvorkommenden Speisepilze. (5133) Valerie Spicker-Noack, Martin Knoop, 64 S., ca. 50 Farbfotos, Pappband. Voraussichtlicher Erscheinungstermin: April '83 — ca.* **DM**/Fr **12.80** S 98,–

Fondues und fritierte Leckerbissen. (0471) Von Stefanie Stein, 80 S., 8 Farbtafeln, kartoniert. — **DM**/Fr **6.80** S 55,–

Fondues (5006) Von Eva Exner, 64 S., 50 Farbfotos, Pappband. — **DM**/Fr **12.80** S 98,–

Der schön gedeckte Tisch (5005) Von Rolf Stender, 64 S., 60 Farbfotos, Pappband. — **DM**/Fr **12.80** S 98,–

Fondues · Raclettes · Flambiertes (4081) Von Renate Peiler und Marie-Louise Schult, 136 S., 15 Farbtafeln, 28 Zeichnungen, kartoniert. — **DM**/Fr **12.80** S 98,–

Rezepte rund um Raclette und Hobby-Rechaud (0420) Von Jack W. Hochscheid, 72 S., 8 Farbtafeln, kartoniert. — **DM**/Fr **7.80** S 65,–

Neue, raffinierte Rezepte mit dem Raclettegrill (0558) Von Lutz Helger, 56 S., 8 Farbtafeln, kartoniert. — **DM**/Fr **7.80** S 65,–

Die große farbige Kalte Küche Vom Partyhappen zum Kalten Buffet (4134) Von C. Schönherr, 400 S., über 220 farbige Abbildungen, gebunden, mit vierfarbigem Schutzumschlag. — **DM**/Fr **25,–** S 200,–

Kalte Platten (4064) Von Maître Pierre Pfister, 240 S., 135 großformatige Farbfotos, gebunden. — **DM**/Fr **48,–** S 384,–

Kalte Platten – Kalte Büfetts (5015) Von Margrit Gutta, 64 S., 34 Farbfotos, Pappband. — **DM**/Fr **12.80** S 98,–

Kleine Kalte Küche für Alltag und Feste. (5097) Von Anneliese und Gerhard Eckert, 64 S., 45 Farbfotos, Pappband. — **DM**/Fr **12.80** S 98,–

Kalte Happen und Partysnacks. (5029) Von Dolly Peters, 64 S., 35 Farbfotos, Pappband. — **DM**/Fr **12.80** S 98,–

Salate (4119) Von Christine Schönherr, 240 S., 115 Farbfotos, gebunden, mit vierfarbigem Schutzumschlag. — **DM**/Fr **48,–** S 384,–

Salate für alle Gelegenheiten. (5002) Von Elke Fuhrmann, 64 S., 47 Farbfotos, Pappband. — **DM**/Fr **12.80** S 98,–

111 köstliche Salate Erprobte Rezepte mit Pfiff. (0222) Von Christine Schönherr, 112 S., 8 Farbtafeln, 30 Zeichnungen, kartoniert. — **DM**/Fr **8.80** S 70,–

Kuchen und Torten (5067) Von Klaus Groth, 64 S., 42 Farbfotos, Pappband. — **DM**/Fr **12.80** S 98,–

Schönes Hobby: Backen Erprobte Rezepte mit modernen Backformen. (0451) Von Elke Blome, 96 S., 8 Farbtafeln, kartoniert. — **DM**/Fr **7.80** S 65,–

Kleingebäck Plätzchen · Kekse · Guetzli. (5089) Von Margrit Gutta, 64 S., 50 Farbfotos, Pappband. — **DM**/Fr **12.80** S 98,–

Waffeln süß und pikant. (0522) Von Christiane Stephan, 64 S., 4 Farbtafeln, kartoniert. — **DM**/Fr **6.80** S 55,–

Backen (4113) Von Margrit Gutta, 240 S., 123 Farbfotos, gebunden. — **DM**/Fr **48,–** S 384,–

Brotspezialitäten backen und kochen. (5088) Von Jack W. Hochscheid und Lutz Helger, 64 S., 50 Farbfotos, Pappband. — **DM**/Fr **12.80** S 98,–

Selbst Brotbacken Über 50 erprobte Rezepte. (0370) Von Jens Schiermann, 80 S., 6 Zeichnungen, 4 Farbtafeln, kartoniert. — **DM**/Fr **6.80** S 55,–

Meine Vollkornbackstube Brot · Kuchen · Aufläufe. (0616) Von R. Raffelt, 96 S., 4 Farbtafeln, 4 s/w-Fotos, 8 Zeichnungen, kartoniert. — **DM**/Fr **6.80** S 55,–

Mixen mit und ohne Alkohol (5017) Von Holger Hofmann, 64 S., 35 Farbfotos, Pappband. — **DM**/Fr **12.80** S 98,–

Cocktails und Mixereien (0075) Von Jonny Walker, 104 S., 25 Zeichnungen, kartoniert. — **DM**/Fr **6.80** S 55,–

Neue Cocktails und Drinks mit und ohne Alkohol. (0517) Von Siegfried Späth, 128 S., 4 Farbtafeln, Pappband. — **DM**/Fr **9.80** S 78,–

Die besten Punsche, Grogs und Bowlen (0575) Von Friedel Dingden, 64 S., 2 Farbtafeln, kartoniert. — **DM**/Fr **6.80** S 55,–

Kaffee für Genießer (0492) Von Christiane Barthel, 88 S., 8 Farbtafeln, kartoniert. — **DM**/Fr **6.80** S 55,–

Heißgeliebter Tee Sorten, Rezepte und Geschichten. (4114) Von Curt Maronde, 153 S., 16 Farbtafeln, 93 Zeichnungen, gebunden. — **DM**/Fr **24.80** S 198,–

Tee für Genießer Sorten · Riten · Rezepte. (0356) Von Marianne Nicolin, 64 S., 4 Farbtafeln, kartoniert. — **DM**/Fr **5.80** S 49,–

Tee Herkunft · Mischungen · Rezepte. (0515) Von Sonja Ruske, 96 S., 4 Farbtafeln, viele Abbildungen, Pappband. — **DM**/Fr **9.80** S 78,–

Gesundheit und Schönheit

Die Frau als Hausärztin (4072) Von Dr. med. Anna Fischer-Dückelmann, 808 S., 16 Farbtafeln, 174 s/w-Fotos, 238 Zeichnungen, gebunden. **DM**/Fr **58,–** S 460,–

Heiltees und Kräuter für die Gesundheit (4123) Von Gerhard Leibold, 136 S., 15 Farbtafeln, 16 Zeichnungen, kartoniert. **DM**/Fr **12.80** S 98,–

Der praktische Hausarzt (4100) Von Dr. med. R. Jäkel, 608 S., 201 s/w-Fotos, 118 Zeichnungen, Pappband. **DM**/Fr **29.80** S 238,–

Autogenes Training Anwendung · Heilwirkungen · Methoden. (0541) Von Rolf Faller, 128 S., 3 Zeichnungen, kartoniert. **DM**/Fr **9.80** S 78,–

Eigenbehandlung durch Akupressur Heilwirkungen – Energielehre – Meridiane. (0417) Von Gerhard Leibold, 152 S., 78 Abbildungen, kartoniert. **DM**/Fr **9.80** S 78,–

Hypnose und Autosuggestion Methoden – Heilwirkungen – praktische Beispiele. (0483) Von Gerhard Leibold, 116 S., kartoniert. **DM**/Fr **7.80** S 65,–

Tanz und Spiele für Bewegungsbehinderte Ein Anfängerkurs für alle, die mitmachen wollen. Empfohlen vom Bundesverband für Tanztherapie e.V. (0581) Von Wally Kaechele, 96 S., 105 s/w-Fotos, 9 Zeichnungen, kartoniert, Spiralbindung. **DM**/Fr **19.80** S 158,–

Ärztlicher Rat Richtige Lebensführung und Ernährung bei Leber- und Gallenleiden. (0653) Von Dr. med. Herrmann Müller und Pia Pervenche, ca. 128 S., kartoniert. Voraussichtlicher Erscheinungstermin: April '83 ca.* **DM**/Fr **9,80** S 78,–

Die Brot-Diät ein Schlankheitsplan ohne Extreme. (0452) Von Prof. Dr. Erich Menden und Waltraute Aign, 92 S., 8 Farbtafeln, kartoniert. **DM**/Fr **7.80** S 65,–

Neue Rezepte für Diabetiker-Diät Vollwertig-abwechslungsreich-kalorienarm (0418) Von Monika Oehlrich, 120 S., 8 Farbtafeln, kartoniert. **DM**/Fr **9.80** S 78,–

Wer schlank ist, lebt gesünder Tips und Rezepte zum Schlankwerden und -bleiben. (0562) Von Renate Mainer, 80 S., 8 Farbtafeln, kartoniert. **DM**/Fr **7.80** S 65,–

Die 4444-Joule-Diät Schlankessen mit Genuß. (0530) Von Hans J. Fahrenkamp, 160 S., 8 Farbtafeln, kartoniert. **DM**/Fr **9.80** S 78,–

Rohkost abwechslungsreich · schmackhaft · gesund. (5044) Von Ingrid Gabriel, 64 S., 40 Farbfotos, Pappband. **DM**/Fr **12.80** S 98,–

Alles mit Joghurt tagfrisch selbstgemacht mit vielen Rezepten. (0382) Von Gerda Volz, 88 S., 8 Farbtafeln, kartoniert. **DM**/Fr **7.80** S 65,–

Gesund leben – schlank werden mit der **Biokur** (0657) Von Sylvia Winter, ca. 80 S., ca. 8 Farbtafeln, kartoniert. Voraussichtlicher Erscheinungstermin: April '83 ca.* **DM**/Fr **6.80** S 55,–

Biologische Ernährung für eine natürliche und gesunde Lebensweise. (4125) Von C. Leibold, 136 S., 15 Farbtafeln, 47 Zeichnungen, kartoniert. **DM**/Fr **12.80** S 98,–

Falken-Handbuch **Bio-Medizin** Alles über die moderne Naturheilpraxis. (4136) Von Gerhard Leibold, ca. 450 S., 16 Farbtafeln, Pappband. Voraussichtlicher Erscheinungstermin April '83 ca.* **DM**/Fr **39,–** S 312,–

Falken-Handbuch **Heilkräuter** Modernes Lexikon der Pflanzen und Anwendungen. (4076) Von Gerhard Leibold, 392 S., 183 Farbfotos, gebunden. **DM**/Fr **39,–** S 312,–

So lebt man länger nach Dr. Le Comptes Erfolgsmethode! Vital und gesund bis ins hohe Alter. (4129) Von Dr. H. Le Compte, P. Pervenche, 224 S., gebunden. **DM**/Fr **24.80** S 198,–

Kalorien – Joule Eiweiß · Fett · Kohlenhydrate tabellarisch nach gebräuchlichen Mengen. (0374) Von Marianne Bormio, 88 S., kartoniert. **DM**/Fr **5.80** S 49,–

Schönheitspflege Kosmetische Tips für jeden Tag. (0493) Von Heide Zander, 180 S., 25 Abbildungen, kartoniert. **DM**/Fr **7.80** S 65,–

10 Minuten täglich Tele-Gymnastik (5102) Von Beate Manz und Kafi Biermann, 128 S., 381 Abbildungen, kartoniert. **DM**/Fr **12.80** S 98,–

Gesund und fit durch Gymnastik (0366) Von Hannelore Pilss-Samek, 132 S., 150 Abbildungen, kartoniert. **DM**/Fr **7.80** S 65,–

Yoga für jeden (0341) Von Kareen Zebroff, 156 S., 135 Abbildungen, kartoniert. **DM**/Fr **20.–** S 160,–

Gesundheit und Spannkraft durch Yoga (0321) Von Lothar Frank und Ursula Ebbers, 112 S., 50 s/w-Fotos, kartoniert. **DM**/Fr **7.80** S 65,–

Yoga gegen Haltungsschäden und Rückenschmerzen (0394) Von Alois Raab, 104 S., 215 Abbildungen, kartoniert. **DM**/Fr **6.80** S 55,–

Die fernöstliche Fingerdrucktherapie Shiatsu Anleitungen zur Selbsthilfe – Heilwirkungen. (0615) Von G. Leibold, 196 S., 180 Abbildungen, kartoniert. **DM**/Fr **16.80** S 134,–

Briefsteller

Moderne Korrespondenz (4014) Von Hans Kirst und Wolfgang Manekeller, 568 S., gebunden. **DM**/Fr **39,–** S 312,–

Der neue Briefsteller (0060) Von I. Wolter-Rosendorf, 112 S., kartoniert. **DM**/Fr **5.80** S 49,–

Geschäftliche Briefe des Privatmanns, Handwerkers und Kaufmanns. (0041) Von Alfred Römer, 96 S., kartoniert. **DM**/Fr **5.80** S 49,–

Behördenkorrespondenz Musterbriefe – Anträge – Einsprüche. (0412) Von Elisabeth Ruge, 120 S., kartoniert. **DM**/Fr **6.80** S 55,–

Musterbriefe für alle Gelegenheiten. (0231) Herausgegeben von Olaf Fuhrmann, 240 S., kartoniert. **DM**/Fr **9.80** S 78,–

Privatbriefe Muster für alle Gelegenheiten. (0114) Von Irmgard Wolter-Rosendorf, 132 S., kartoniert. **DM**/Fr **6.80** S 55,–

Worte und Briefe der Anteilnahme (0464) Von Elisabeth Ruge, 128 S., mit vielen Abbildungen, kartoniert. **DM**/Fr **8.80** S 70,–

Großes Buch der Reden und Ansprachen für jeden Anlaß. (4009) Herausgegeben von F. Sicker, 454 S., Lexikonformat, gebunden. **DM**/Fr **39,–** S 312,–

Die Redekunst · Rhetorik · Rednererfolg (0076) Von Kurt Wolter, überarbeitet von Dr. W. Tappe, 80 S., kartoniert. **DM**/Fr **4.80** S 39,–

Festreden und Vereinsreden Ansprachen für festliche Gelegenheiten. (0069) Von K. Lehnhoff und E. Ruge, 88 S., kartoniert. **DM**/Fr **4.80** S 39,–

In Anerkennung Ihrer..., Lob und Würdigung in Briefen und Reden (0535) Von Hans Friedrich, 136 S., kartoniert. **DM**/Fr **7.80** S 65,–

Erfolgreiche Kaufmannspraxis Wirtschaftliche Grundlagen, Geld, Kreditwesen, Steuern, Betriebsführung, Recht, EDV. (4046) Von Wolfgang Göhler, Herbert Gölz, Manfred Heibel, Dr. Detlev Machenheimer, mit einem Vorwort von Dr. Karl Obermayr, 544 S., gebunden. **DM**/Fr **34,–** S 272,–

Die Bewerbung Der moderne Ratgeber für Bewerbungsbriefe, Lebenslauf und Vorstellungsgespräche. (4138) Von Wolfgang Manekeller, ca. 304 S., Pappband. Voraussichtlicher Erscheinungstermin: Februar '83 — ca.* **DM**/Fr **19.80** S 158,–

Erfolgreiche Bewerbungsbriefe und Bewerbungsformen. (0138) Von W. Manekeller, 88 S., kartoniert. — **DM**/Fr **4.80** S 39,–

Die erfolgreiche Bewerbung Bewerbung und Vorstellung. (0173) Von Wolfgang Manekeller, 156 S., kartoniert. — **DM**/Fr **8.80** S 70,–

Vorstellungsgespräche sicher und erfolgreich führen. (0636) Von H. Friedrich, 144 S., kartoniert. — **DM**/Fr **9.80** S 78,–

Lebenslauf und Bewerbung Beispiele für Inhalt, Form und Aufbau. (0428) Von Hans Friedrich, 112 S., kartoniert. — **DM**/Fr **6.80** S 55,–

Zeugnisse im Beruf richtig schreiben richtig verstehen. (0544) Von Hans Friedrich, 112 S., kartoniert. — **DM**/Fr **9.80** S 78,–

Fortbildung und Beruf

Schülerlexikon der Mathematik Formeln, Übungen und Begriffserklärungen für die Klassen 5-10. (0430) Von Robert Müller, 176 S., 96 Zeichnungen, kartoniert. — **DM**/Fr **9.80** S 78,–

Mathematik verständlich Zahlenbereiche, Mengenlehre, Algebra, Geometrie, Wahrscheinlichkeitsrechnung, Kaufmännisches Rechnen. (4135) Von Robert Müller, ca. 600 S., über 900 farbige Abbildungen, über 2500 Beispiele und Übungen mit Lösungen, Pappband. Voraussichtlicher Erscheinungstermin: April '83 — ca.* **DM**/Fr **59,–** S 479,–

Mathematische Formeln für Schule und Beruf Mit Beispielen und Erklärungen. (0499) Von Robert Müller, 156 S., 210 Zeichnungen, kartoniert. — **DM**/Fr **9.80** S 78,–

Rechnen aufgefrischt für Schule und Beruf. (0100) Von Helmut Rausch, 144 S., kartoniert. — **DM**/Fr **6.80** S 55,–

Buchführung leicht gefaßt. Ein Leitfaden für Handwerker und Gewerbetreibende. (0127) Von H.R. Pohl, 104 S., kartoniert. — **DM**/Fr **7.80** S 65,–

So lernt man leicht und schnell **Maschinenschreiben** (0568) Lehrbuch für Selbstunterricht und Kurse. Von Jean W. Wagner, 80 S., 31 s/w-Fotos, 36 Zeichnungen, kartoniert, Spiralbindung. — **DM**/Fr **19.80** S 158,–

Maschinenschreiben durch Selbstunterricht Teil 1. (0170) Von A. Fonfara, 84 S., mit vielen Abbildungen, kartoniert. — **DM**/Fr **5.80** S 49,–

Maschinenschreiben durch Selbstunterricht Teil 2. (0252) Von Hanns Kaus, 84 S., kartoniert. — **DM**/Fr **5.80** S 49,–

Stenografie – leicht gemacht im Kursus oder Selbstunterricht. (0266) Von Hanns Kaus, 64 S., kartoniert. — **DM**/Fr **5.80** S 49,–

Mehr Erfolg in der Schule und Beruf **Besseres Deutsch** mit Übungen und Beispielen für: Rechtschreibung, Diktate, Zeichensetzung, Aufsätze, Grammatik, Literaturbetrachtung, Stil, Briefe, Fremdwörter, Reden. (4115) Von Kurt Schreiner, 444 S., 7 s/w-Fotos, 27 Zeichnungen, Pappband. — **DM**/Fr **29.80** S 238,–

Richtiges Deutsch Rechtschreibung · Zeichensetzung · Grammatik · Stilkunde. (0551) Von Kurt Schreiner, 128 S., kartoniert. — **DM**/Fr **9.80** S 78,–

Aufsätze besser schreiben Förderkurs für die Klassen 4-10. (0429) Von Kurt Schreiner, 144 S., 4 s/w-Fotos, 27 Zeichnungen, kartoniert. — **DM**/Fr **9.80** S 78,–

Diktate besser schreiben Übungen zur Rechtschreibung für die Klassen 4-8. (0469) Von Kurt Schreiner, 149 S., kartoniert. — **DM**/Fr **9.80** S 78,–

Glückwünsche

Die Silberhochzeit Vorbereitung · Einladung · Geschenkvorschläge · Festablauf · Menüs · Reden · Glückwünsche. (0542) Von Karin F. Merkle, 120 S., 41 Zeichnungen, kartoniert. — **DM**/Fr **9.80** S 78,–

Poesiealbumverse Heiteres und Besinnliches. (0578) Von Anne Göttling, 112 S., 20 Abbildungen, Pappband. — **DM**/Fr **14.80** S 118,–

Kindergedichte zur Grünen, Silbernen und Goldenen Hochzeit (0318) Von Hans-Jürgen Winkler, 104 S., 20 Abbildungen, kartoniert. — **DM**/Fr **5.80** S 49,–

Ins Gästebuch geschrieben (0576) Von Kurt H. Trabeck, 96 S., 24 Zeichnungen, kartoniert. — **DM**/Fr **7.80** S 65,–

Trinksprüche, Richtsprüche, Gästebuchverse (0224) Von Dieter Kellermann, 80 S., kartoniert. — **DM**/Fr **4.80** S 39,–

Reden und Sprüche zu Grundsteinlegung, Richtfest und Einzug Musteransprachen für viele Gelegenheiten. (0598) Von A. Bruder, G. Georg, 96 S., kartoniert. — **DM**/Fr **6.80** S 55,–

Großes Buch der Glückwünsche (0255) Herausgegeben von Olaf Fuhrmann, 240 S., 64 Zeichnungen und viele Gestaltungsvorschläge, kartoniert. — **DM**/Fr **9.80** S 78,–

Neue Glückwunschfibel für Groß und Klein. (0156) Von Reneé Christian-Hildebrandt, 96 S., kartoniert. — **DM**/Fr **4.80** S 39,–

Glückwunschverse für Kinder (0277) Von Bettina Ulrici, 80 S., kartoniert. — **DM**/Fr **4.80** S 39,–

Verse fürs Poesiealbum (0241) Von Irmgard Wolter, 96 S., 20 Abbildungen, kartoniert. — **DM**/Fr **4.80** S 39,–

Rosen, Tulpen, Nelken... **Beliebte Verse fürs Poesiealbum** (0431) Von Waltraud Pröve, 96 S., mit Faksimile-Abbildungen, kartoniert. — **DM**/Fr **5.80** S 49,–

Von der Verlobung zur Goldenen Hochzeit Vorbereitung · Festgestaltung · Glückwünsche. (0393) Von Elisabeth Ruge, 120 S., kartoniert. — **DM**/Fr **6.80** S 55,–

Glückwünsche Toasts und Festreden zur Hochzeit. (0264) Von I. Wolter, 128 S., kartoniert. — **DM**/Fr **7.80** S 65,–

Hochzeitszeitungen Muster, Tips und Anregungen. (0288) Von Hans-Jürgen-Winkler, mit vielen Text- und Gestaltungsanregungen, 116 S., 15 Abbildungen, 1 Musterzeitung, kartoniert. — **DM**/Fr **6.80** S 55,–

Reden zur Hochzeit Musteransprachen für Hochzeitstage (0654) Von Günter Georg, 112 S., kartoniert. Voraussichtlicher Erscheinungstermin: Februar '83 — ca.* **DM**/Fr **7.80** S 65,–

Deutsch für Ausländer

Deutsch für Ausländer im Selbstunterricht Ausgabe für Spanier (0253) Von Juan Manuel Puente und Ernst Richter, 136 S., 62 Zeichnungen, kartoniert. — **DM**/Fr **9.80** S 78,–

Ausgabe für Italiener (0254) Von Italo Nadalin und Ernst Richter, 156 S., 62 Zeichnungen, kartoniert. — **DM**/Fr **9.80** S 78,–

Ausgabe für Jugoslawen (0261) Von I. Hladek und Ernst Richter, 132 S., 62 Zeichnungen, kartoniert. — **DM**/Fr **9.80** S 78,–

Ausgabe für Türken (0262) Von B.I. Rasch und Ernst Richter, 136 S., 62 Zeichnungen, kartoniert. — **DM**/Fr **9.80** S 78,–

Deutsch – Ihre neue Sprache. Grundbuch (0327) Von H.J. Demetz und J.M. Puente, 204 S., mit über 200 Abbildungen, kartoniert. — **DM**/Fr **14.80** S 118,–

Glossar Italienisch (0329) Von H.J. Demetz und J.M. Puente, 74 S., kartoniert. — **DM**/Fr **9.80** S 78,–

In gleicher Ausstattung:
Glossar Spanisch (0330) — **DM**/Fr **9.80** S 78,–

Glossar Serbokroatisch (0331) — **DM**/Fr **9.80** S 78,–

Glossar Türkisch (0332) — **DM**/Fr **9.80** S 78,–

Glossar Arabisch (0335) — **DM**/Fr **9.80** S 78,–

Glossar Englisch (0336) — **DM**/Fr **9.80** S 78,–

Glossar Französisch (0337) — **DM**/Fr **9.80** S 78,–

Das Deutschbuch
Ein Sprachprogramm für Ausländer, Erwachsene und Jugendliche. Autorenteam: Juan Manuel Puente, Hans-Jürgen Demetz, Sener Sargut, Marianne Spohner.

Grundbuch Jugendliche (4915) Von Puente, Demetz, Sargut, Spohner, Hirschberger, Kersten, von Stolzenwaldt, 256 S., durchgehend zweifarbig, kartoniert. — **DM**/Fr **19.80** S 158,–

Grundbuch Erwachsene (4901) Von Puente, Demetz, Sargut, Spohner, 292 S., durchgehend zweifarbig, kartoniert. — **DM**/Fr **24.80** S 198,–

Arbeitsheft zum Grundbuch Erwachsene und Jugendliche. (4903) Von Puente, Demetz, Sargut, Spohner, 160 S., durchgehend zweifarbig, kartoniert. — **DM**/Fr **16.80** S 134,–

Aufbaukurs (4902) Von Puente, Sargut, Spohner, 230 S., durchgehend zweifarbig, kartoniert. — **DM**/Fr **22.80** S 182,–

Lehrerhandbuch Grundbuch Erwachsene (4904) 144 S., kartoniert. — **DM**/Fr **14.80** S 118,–

Lehrerhandbuch Grundbuch Jugendliche (4929) 120 S., kartoniert. — **DM**/Fr **14.80** S 118,–

Lehrerhandbuch Aufbaukurs (4930) 64 S., kartoniert. — **DM**/Fr **9.80** S 78,–

Glossare Erwachsene.
Türkisch (4906) 100 S., kartoniert. — **DM**/Fr **9.80** S 78,–

Englisch (4912) 100 S., kartoniert. — **DM**/Fr **9.80** S 78,–

Französisch (4911) 104 S., kartoniert. — **DM**/Fr **9.80** S 78,–

Spanisch (4909) 98 S., kartoniert. — **DM**/Fr **9.80** S 78,–

Italienisch (4908) 100 S., kartoniert. — **DM**/Fr **9.80** S 78,–

Serbokroatisch (4914) 100 S., kartoniert. — **DM**/Fr **9.80** S 78,–

Griechisch (4907) 102 S., kartoniert. — **DM**/Fr **9.80** S 78,–

Portugiesisch (4910) 100 S., kartoniert. — **DM**/Fr **9.80** S 78,–

Polnisch (4913) 102 S., kartoniert. — **DM**/Fr **9.80** S 78,–

Arabisch (4905) 100 S., kartoniert. — **DM**/Fr **9.80** S 78,–

Glossare Jugendliche
Türkisch (4927) 105 S., kartoniert. — **DM**/Fr **9.80** S 78,–

Tonband Grundbuch Erwachsene (4916) Ø 18 cm. — **DM**/Fr **125,–** S 1000,–

Tonband Grundbuch Jugendliche (4917) Ø 18 cm. — **DM**/Fr **125,–** S 1000,–

Tonband Aufbaukurs (4918) Ø 18 cm. — **DM**/Fr **125,–** S 1000,–

Tonband Arbeitsheft (4919) Ø 18 cm. — **DM**/Fr **89,–** S 712,–

Kassetten Grundbuch Erwachsene (4920) 2 St. à 90 min. Laufzeit. — **DM**/Fr **39,–** S 312,–

Kassetten Grundbuch Jugendliche (4921) 2 St. à 90 min. Laufzeit. — **DM**/Fr **39,–** S 312,–

Kassetten Aufbaukurs (4922) 2 St. à 90 min. Laufzeit. — **DM**/Fr **39,–** S 312,–

Kassette Arbeitsheft (4923) 60 min. Laufzeit. — **DM**/Fr **19.80** S 158,–

Overheadfolien Grundbuch Erwachsene (4924) 60 St. — **DM**/Fr **159,–** S 1270,–

Overheadfolien Grundbuch Jugendliche (4925) 59 St. — **DM**/Fr **159,–** S 1270,–

Overheadfolien Aufbaukurs (4931) 54 St. — **DM**/Fr **159,–** S 1270,–

Diapositive Grundbuch Erwachsene (4926) 300 St. — **DM**/Fr **398,–** S 3184,–

Bildkarten zum Grundbuch Jugendliche und Erwachsene, (4928) 200 St. — **DM**/Fr **159,–** S 1270,–

Arbeitshefte für ausländische Jugendliche in der Berufsvorbereitung **Fachsprache im projektorientierten/fachübergreifenden Unterricht Metall 1** Materialien zu „Das Deutschbuch" (4937) Von S. Sargut, M. Spohner, ca. 64 S., 30 Farbfotos, 100 Zeichnungen und Fotos, kartoniert. — **DM**/Fr **14.80** S 118,–

Glossar Jugendliche Italienisch (4932) Von Alexandra Baumgartner, ca. 100 S., kartoniert. — **DM**/Fr **9.80** S 78,–

Glossar Jugendliche Spanisch (4933) Von M. Weidemann, ca. 100 S., kartoniert — **DM**/Fr **9.80** S 78,–

Glossar Jugendliche Serbokroatisch (4934) Von Milan Vuckovic, ca. 100 S., kartoniert. — **DM**/Fr **9.80** S 78,–

Glossar Jugendliche Arabisch (4935) Von Dr. Cherifa Magdi, ca. 100 S., kartoniert. — **DM**/Fr **9.80** S 78,–

Glossar Jugendliche Griechisch (4936) Von Dr. Georg Tzounakis, 112 S., kartoniert. — **DM**/Fr **9.80** S 78,–

Denksport

Das Super-Kreuzwort-Rätsel-Lexikon Über 150.000 Begriffe (4126) Von Hans Schiefelbein, 688 S., Pappband. — **DM**/Fr **19.80** S 158,–

Denksport und Schnickschnack für Tüftler und fixe Köpfe. (0362) Von Jürgen Barto, 100 S., 45 Abbildungen, kartoniert. DM/Fr 6.80 S 55,–

Quiz Mehr als 1500 ernste und heitere Fragen aus allen Gebieten. (0129) Von R. Sautter und W. Pröve, 92 S., 9 Zeichnungen, kartoniert. DM/Fr 6.80 S 55,–

Der große Rätselknacker Über 100.000 Rätselfragen. (4022) Zusammengestellt von H.J. Winkler, 544 S., kartoniert. DM/Fr 19.80 S 158,–

Großes Rätsel-ABC (0246) Von H. Schiefelbein, 416 S., Pappband. DM/Fr 16.80 S 134,–

Rätsel lösen – ein Vergnügen Ein Lexikon für Rätselfreunde. (0182) Von Erich Maier, 240 S., kartoniert. DM/Fr 9.80 S 78,–

Der Würfel Lösungswege (0565) Von Josef Trajber, 144 S., 887 Diagramme, kartoniert. DM/Fr 6.80 S 55,–

Als Pappband. DM/Fr 12.80 S 98,–

Der Würfel für Fortgeschrittene Neue Züge · Neue Muster · 3-D-Logik. Mit Lösungswegen für Walzenwürfel und Teufelstonne. (0590) Von Josef Trajber, 144 S., 879 Diagramme, kartoniert. DM/Fr 6.80 S 55,–

Zauberturm, Teufelstonne und magische Pyramide (0606) Von Michael Mrowka, Wolfgang Weber, 128 S., 525 Zeichnungen, kartoniert. DM/Fr 6.80 S 55,–

Die Zauberschlange (0609) Von Michael Balfour, 96 S., 170 Zeichnungen, kartoniert. DM/Fr 6.80 S 55,–

Rätselspiele, Quiz- und Scherzfragen für gesellige Stunden. (0577) Von K.H. Schneider, 168 S., über 100 Zeichnungen, Pappband. DM/Fr 16.80 S 134,–

Knobeleien und Denksport (2019) Von Klas Rechberger, 142 S., mit vielen Zeichnungen, kartoniert. DM/Fr 7.80 S 65,–

Geselligkeit

Die schönsten Wander- und Fahrtenlieder (0462) Herausgegeben von Franz R. Miller, empfohlen vom Deutschen Sängerbund, 80 S., mit Noten und Zeichnungen, kartoniert. DM/Fr 5.80 S 49,–

Die schönsten Volkslieder (0432) Herausgegeben von Dietmar Walther, 128 S., mit Noten und Zeichnungen, kartoniert. DM/Fr 4.80 S 39,–

Die schönsten Berg- und Hüttenlieder (0514) Herausgegeben von Franz R. Miller, empfohlen vom Deutschen Sängerbund, 104 S., mit Noten und Zeichnungen, kartoniert. DM/Fr 5.80 S 49,–

Wir lernen tanzen Standard- und lateinamerikanische Tänze. (0200) Von Ernst Fern, 168 S., 118 s/w-Fotos, 47 Zeichnungen, kartoniert. DM/Fr 9.80 S 78,–

Tanzstunde 1 (5018) Von Gerd Hädrich, 176 S., 442 s/w-Fotos, 140 Zeichnungen, Pappband. DM/Fr 19.80 S 158,–

Disco-Tänze (0491) Von Barbara und Felicitas Weber, 104 S., 104 Abbildungen, kartoniert. DM/Fr 6.80 S 55,–

So tanzt man Rock'n'Roll Grundschritte · Figuren · Akrobatik. (0573) Von Wolfgang Steuer und Gerhard Marz, 224 S., 303 Abbildungen, kartoniert. DM/Fr 16.80 S 134,–

Wir geben eine Party (0192) Von Elisabeth Ruge, 88 S., 8 Farbtafeln, 23 Zeichnungen, kartoniert. DM/Fr 6.80 S 55,–

Neue Spiele für Ihre Party (2022) Von Gerda Blechner, 120 S., 54 Zeichnungen von Fee Buttig, kartoniert. DM/Fr 7.80 S 65,–

Der Gute Ton Ein moderner Knigge. (0063) Von Irmgard Wolter, 168 S., 38 Zeichnungen, kartoniert. DM/Fr 9.80 S 78,–

Tischkarten und Tischdekorationen (5063) Von Gabriele Vocke, 64 S., 79 Farbfotos, Pappband. DM/Fr 12.80 S 98,–

Reden zum Jubiläum Musteransprachen für viele Gelegenheiten. (0595) Von Günter Georg, 112 S., kartoniert. DM/Fr 6.80 S 55,–

Lustige Tanzspiele und Scherztänze für Parties und Feste. (0165) Von E. Bäulke, 80 S., 53 Abbildungen, kartoniert. DM/Fr 4.80 S 39,–

Straßenfeste, Flohmärkte und Basare Praktische Tips für Organisation und Durchführung. (0592) Von Hugo Schuster, ca. 112 S., ca. 50 Fotos und Zeichnungen, kartoniert. ca.* DM/Fr 12.80 S 98,–
Voraussichtlicher Erscheinungstermin: März '83

Humor

Vergnügliches Vortragsbuch (0091) Von Joseph Plaut, 192 S., kartoniert. DM/Fr 7.80 S 65,–

Lachen, Witz und gute Laune Lustige Texte für Ansagen und Vorträge. (0149) Von Erich Müller, 104 S., 44 Abbildungen, kartoniert. DM/Fr 6.80 S 55,–

Vergnügliche Sketche (0476) Von Horst Pillau, 96 S., mit lustigen Zeichnungen, kartoniert. DM/Fr 6.80 S 55,–

Heitere Vorträge (0528) Von Erich Müller, 182 S., 14 Zeichnungen, kartoniert. DM/Fr 9.80 S 78,–

Die große Lachparade Neue Texte für heitere Vorträge und Ansagen. (0188) Von Erich Müller, 108 S., kartoniert. DM/Fr 6.80 S 55,–

So feiert man Feste fröhlicher Heitere Vorträge und Gedichte. (0098) Von Dr. Allos, 96 S., 15 Abbildungen, kartoniert. DM/Fr 5.80 S 49,–

Fidelitas und Trallala Vorschläge zur Gestaltung fröhlicher Abende. (0120) Von Dr. Allos, 104 S., viele Abbildungen, kartoniert. DM/Fr 7.80 S 65,–

Lustige Vorträge für fröhliche Feiern Sketche, Vorträge und Conferencen für Karneval und fröhliche Feste. (0284) Von Karl Lehnhoff, 96 S., kartoniert. DM/Fr 6.80 S 55,–

Humor und Stimmung Ein heiteres Vortragsbuch. (0460) Von Günter Wagner, 112 S., kartoniert. DM/Fr 6.80 S 55,–

Humor und gute Laune Ein heiteres Vortragsbuch. (0635) Von G. Wagner, 112 S., kartoniert. DM/Fr 8.80 S 70,–

Tolle Sachen zum Schmunzeln und Lachen Lustige Ansagen und Vorträge. (0163) Von Erich Müller, 92 S., kartoniert. DM/Fr 6.80 S 55,–

Humor für jedes Ohr Fidele Sketche und Ansagen. (0157) Von Heinz Ehnle, 96 S., kartoniert. DM/Fr 6.80 S 55,–

Sketche und spielbare Witze für bunte Abende und andere Feste. (0445) Von Hartmut Friedrich, 120 S., 7 Zeichnungen, kartoniert. DM/Fr 6.80 S 55,–

Sketsche Kurzspiele zu amüsanter Unterhaltung. (0247) Von Margarete Gering, 132 S., 16 Abbildungen, kartoniert. DM/Fr 6.80 S 55,–

Tolle Sketche mit zündenden Pointen – zum Nachspielen. (0656) Von Eberhard Cohrs, ca. 112 S., kartoniert. ca.* DM/Fr 9.80 S 78,–
Voraussichtlicher Erscheinungstermin: Februar '83

Non Stop Nonsens Sketche und Witze mit Spielanleitungen. (0511) Von Dieter Hallervorden, 160 S., gebunden. DM/Fr 14.80 S 118,–

Dalli-Dalli-Sketche aus dem heiteren Ratespiel von und mit Hans Rosenthal. (0527) Von Horst Pillau, 144 S., 18 Zeichnungen, kartoniert. DM/Fr 9.80 S 78,–

Gereimte Vorträge für Bühne und Bütt. (0567) Von Günter Wagner, 96 S., kartoniert. DM/Fr 7.80 S 65,–

Narren in der Bütt Leckerbissen aus dem rheinischen Karneval. (0216) Zusammengestellt von Theo Lücker, 112 S., kartoniert. DM/Fr 6.80 S 55,–

Rings um den Karneval Karnevalsscherze und Büttenreden. (0130) Von Dr. Allos, 136 S., kartoniert. DM/Fr 9.80 S 78,–

Helau + Alaaf Närrisches aus der Bütt. (0304) Von Erich Müller, 112 S., kartoniert. DM/Fr 6.80 S 55,–

Helau + Alaaf 2 Neue Büttenreden. (0477) Von Edmund Luft, 104 S., kartoniert. DM/Fr 7.80 S 65,–

Damen in der Bütt Scherze, Büttenreden, Sketche. (0354) Von Traudi Müller, 136 S., kartoniert. DM/Fr 6.80 S 55,–

Die besten Witze und Cartoons des Jahres 1 (0454) Herausgegeben von Karl Hartmann, 288 S., 125 Zeichnungen, gebunden. DM/Fr 14.80 S 118,–

Die besten Witze und Cartoons des Jahres 2 (0488) Herausgegeben von Karl Hartmann, 288 S., 148 Zeichnungen, gebunden. DM/Fr 14.80 S 118,–

Die besten Witze und Cartoons des Jahres 3 (0524) Herausgegeben von Karl Hartmann, 288 S., 105 Zeichnungen, Pappband. DM/Fr 14.80 S 118,–

Die besten Witze und Cartoons des Jahres 4 (0579) Herausgegeben von Karl Hartmann, 288 S., 140 Zeichnungen, Pappband. DM/Fr 14.80 S 118,–

Die besten Witze und Cartoons des Jahres 5 (0642) Von K. Hartmann, 288 S., 88 Zeichnungen, Pappband. DM/Fr 14.80 S 118,–

Das große Buch der Witze (0384) Von E. Holz, 320 S., 36 Zeichnungen, gebunden. DM/Fr 16.80 S 134,–

Witze am laufenden Band (0461) Von Fips Asmussen, 118 S., kartoniert. DM/Fr 5.80 S 49,–

Witzig, witzig (0507) Von Erich Müller, 128 S., 16 Zeichnungen, kartoniert. DM/Fr 5.80 S 49,–

Die besten Ärztewitze (0399) Zusammengestellt von Britta Zorn, 272 S., mit 42 Karikaturen von Ulrich Fleischhauer, gebunden. DM/Fr 14.80 S 118,–

Ich lach mich kaputt! Die besten Kinderwitze (0545) Von Erwin Hannemann, 128 S., 15 Zeichnungen, kartoniert. DM/Fr 5.80 S 49,–

Lach mit! Witze für Kinder, gesammelt von Kindern. (0468) Herausgegeben von Waltraud Pröve, 128 S., 17 Zeichnungen, kartoniert. DM/Fr 5.80 S 49,–

Olympische Witze Sportlerwitze in Wort und Bild. (0505) Von Wolfgang Willnat, 112 S., 126 Zeichnungen, kartoniert. DM/Fr 5.80 S 49,–

Lach mit den Schlümpfen (0610) Von Peyo, 64 S., viele Abbildungen, kartoniert. DM/Fr 6.80 S 55,–

Die besten Ostfriesenwitze (0495) Herausgegeben von Onno Freese, 112 S., 17 Zeichnungen, kartoniert. DM/Fr 5.80 S 49,–

Die besten Tierwitze (0496) Herausgegeben von Peter Hartlaub und Silvia Pappe, 112 S., 25 Zeichnungen, kartoniert. DM/Fr 5.80 S 49,–

Herrenwitze (0589) Von Georg Wilhelm, ca. 112 S., 11 Zeichnungen, kartoniert. DM/Fr 5.80 S 49,–

Die besten Beamtenwitze (0574) Herausgegeben von Waltraud Pröve, 112 S., 61 Cartoons, kartoniert. DM/Fr 5.80 S 49,–

Horror zum Totlachen **Gruselwitze** (0536) Von Franz Lautenschläger, 96 S., 44 Zeichnungen, kartoniert. DM/Fr 5.80 S 49,–

Fred Metzlers Witze mit Pfiff (0368) Von Fred Metzler, 120 S., kartoniert. DM/Fr 5.80 S 49,–

O frivol ist mir am Abend Pikante Witze von Fred Metzler. (0388) Von Fred Metzler, 128 S., mit Karikaturen, kartoniert. DM/Fr 5.80 S 49,–

Robert Lembkes Witzauslese (0325) Von Robert Lembke, 160 S., mit 10 Zeichnungen von E. Köhler, gebunden. DM/Fr 14.80 S 118,–

Wilhelm-Busch-Album Jubiläumsausgabe mit 1700 farbigen Bildern. (3028) 408 S., Großformat, gebunden. DM/Fr 39,– S 312,–

Spielen

Kartenspiele (2001) Von Claus D. Grupp, 144 S., kartoniert. DM/Fr 7.80 S 65,–

Neues Buch der siebzehn und vier Kartenspiele (0095) Von Karl Lichtwitz, 96 S., kartoniert. DM/Fr 6.80 S 55,–

Falken-Handbuch **Bridge** Von den Grundregeln zum Turniersport. (4092) Von Wolfgang Voigt und Karl Ritz, 276 S., 792 Zeichnungen, gebunden. DM/Fr 39,– S 312,–

Spielend Bridge lernen (2012) Von Josef Weiss, 108 S., kartoniert. DM/Fr 7.80 S 65,–

Spieltechnik im Bridge (2004) Victor Mollo und Nico Gardener, deutsche Adaption von Dirk Schröder, 216 S., kartoniert. DM/Fr 16.80 S 134,–

Besser Bridge spielen Reiztechnik, Spielverlauf und Gegenspiel. (2026) Von Josef Weiss, 143 S., mit vielen Diagrammen, kartoniert. DM/Fr 14.80 S 118,–

Alles über Pokern Regeln und Tricks. (2024) Von Claus D. Grupp, 120 S., 29 Kartenbilder, kartoniert. DM/Fr 8.80 S 70,–

Romeé und Canasta in allen Variationen. (2025) Von Claus D. Grupp, 124 S., 24 Zeichnungen, kartoniert. DM/Fr 9.80 S 78,–

Schafkopf, Doppelkopf, Binokel, Cego, Gaigel, Jaß, Tarock und andere „Lokalspiele". (2015) Von Claus D. Grupp, 152 S., kartoniert. DM/Fr 9.80 S 78,–

Gesellschaftspiele für drinnen und draußen. (2006) Von Heinz Görz, 128 S., kartoniert. **DM**/Fr **6.80** S 55,–

Spielen mit Rudi Carell 113 Spiele für Party und Familie. (2014) Von Rudi Carell, 160 S., 50 Abbildungen, gebunden. **DM**/Fr **9.80** S 78,–

Spiele für Theke und Stammtisch (2021) Von Claus D. Grupp, 104 S., 27 Zeichnungen, kartoniert. **DM**/Fr **6.80** S 55,–

Roulette richtig gespielt Systemspiele, die Vermögen brachten. (0121) Von M. Jung, 96 S., zahlreiche Tabellen, kartoniert. **DM**/Fr **6.80** S 55,–

Würfelspiele für jung und alt. (2007) Von Friedrich Puss, 112 S., kartoniert. **DM**/Fr **7.80** S 65,–

Mini-Spiele für unterwegs und überall. (2016) Von Irmgard Wolter, 152 S., kartoniert. **DM**/Fr **9.80** S 78,–

Backgammon für Anfänger und Könner. (2008) Von G.W. Fink und G. Fuchs, 116 S., 41 Abbildungen, kartoniert. **DM**/Fr **9.80** S 78,–

Dame Das Brettspiel in allen Variationen. (2028) Von Claus D. Grupp, 104 S., viele Diagramme, kartoniert. **DM**/Fr **9.80** S 78,–

Das japanische Brettspiel GO (2020) Von Winfried Dörholt, 104 S., 182 Diagramme, kartoniert. **DM**/Fr **9.80** S 78,–

Das Skatspiel Eine Fibel für Anfänger. (0206) Von Karl Lehnhoff, überarbeitet von P.A. Höfges, 96 S., kartoniert. **DM**/Fr **5.80** S 49,–

Alles über Skat (2005) Von Günter Kirschbach, 144 S., kartoniert. **DM**/Fr **8.80** S 70,–

Patiencen in Wort und Bild. (2003) Von Irmgard Wolter, 136 S., kartoniert. **DM**/Fr **7.80** S 65,–

Kartentricks (2010) Von T.A. Rosee, 80 S., 13 Zeichnungen, kartoniert. **DM**/Fr **6.80** S 55,–

Neue Kartentricks (2027) Von Klaus Pankow, 104 S., 20 Abbildungen, kartoniert. **DM**/Fr **7.80** S 65,–

Mah-Jongg Das chinesische Glücks-, Kombinations- und Gesellschaftsspiel. (2030) Von Ursula Eschenbach, 80 S., 30 s/w-Fotos, 5 Zeichnungen, kartoniert. **DM**/Fr **9.80** S 78,–

Falken-Handbuch **Zaubern** Über 400 verblüffende Tricks. (4063) Von Friedrich Stutz, 368 S., über 1200 Zeichnungen, gebunden. **DM**/Fr **29.80** S 238,–

Zaubertricks Das große Buch der Magie. (0282) Von Jochen Zmeck, 244 S., 113 Abbildungen, kartoniert. **DM**/Fr **14.80** S 118,–

Zaubern einfach – aber verblüffend. (2018) Von Dieter Bouch, 84 S., mit Zeichnungen, kartoniert. **DM**/Fr **6.80** S 55,–

So gewinnt man gegen Video und Computerspiele (0644) Von C. Kerler, 160 S., 25 Zeichnungen, 21 s/w-Fotos, kartoniert. **DM**/Fr **6.80** S 55,–

Kinderbeschäftigung

Punkt, Punkt, Komma, Strich (0564) Zeichenstunden für Kinder. Von Hans Witzig, 144 S., über 250 Zeichnungen, kartoniert. **DM**/Fr **6.80** S 55,–

Einmal grad und einmal krumm Zeichenstunden für Kinder. (0599) Von Hans Witzig, 144 S., 363 Abbildungen, kartoniert. **DM**/Fr **6.80** S 55,–

Scherzfragen, Drudel und Blödeleien gesammelt von Kindern. (0506) Herausgegeben von Waltraud Pröve, 112 S., 57 Zeichnungen, kartoniert. **DM**/Fr **5.80** S 49,–

Kartenspiele für Kinder (0533) Von Claus D. Grupp, 136 S., 24 Abbildungen, kartoniert. **DM**/Fr **6.80** S 55,–

Kinder lernen spielend backen (5110) Von Margrit Gutta, 64 S., 50 Farbfotos, Pappband. **DM**/Fr **12.80** S 98,–

Kinder lernen spielend kochen (5096) Von Margrit Gutta, 64 S., 45 Farbfotos, Pappband. **DM**/Fr **12.80** S 98,–

Lirum, Larum, Löffelstiel Ein Kinder-Kochkurs. (5007) Von Ingeborg Becker, 64 S., mit vielen farbigen Abbildungen, Spiralbindung. **DM**/Fr **9.80** S 78,–

Kinderspiele die Spaß machen. (2009) Von Helen Müller-Stein, 112 S., 28 Abbildungen, kartoniert. **DM**/Fr **6.80** S 55,–

Spiele für Kleinkinder (2011) Von Dieter Kellermann, 80 S., kartoniert. **DM**/Fr **5.80** S 49,–

Kinderfeste daheim und in Gruppen. (4033) Von Gerda Blecher, 240 S., 320 Abbildungen, gebunden. **DM**/Fr **24.80** S 198,–

Kindergeburtstag Vorbereitung, Spiel und Spaß. (0287) Von Dr. Ilse Obrig, 104 S., 40 Abbildungen, 11 Zeichnungen, 9 Lieder mit Noten, kartoniert. **DM**/Fr **5.80** S 49,–

Kasperletheater Spieltexte und Spielanleitungen · Basteltips für Theater und Puppen. (0641) Von U. Lietz, 136 S., 4 Farbtafeln, 12 s/w-Fotos, 39 Zeichnungen, kartoniert. **DM**/Fr **8.80** S 70,–

Tipps und Tapps Maschinenschreib-Fibel für Kinder. (0274) Von Hanns Kaus, 48 S., farbige Abbildungen, kartoniert. **DM**/Fr **5.80** S 49,–

Rat und Wissen für die ganze Familie

Advent und Weihnachten Basteln – Backen – Schmücken – Feiern. (4067) Von Margrit Gutta, Hanne Hangleiter, Felicitas Buttig, Ingeborg Rathmann, Gabriele Vocke, 152 S., 15 Farbtafeln, zahlreiche Abbildungen, kartoniert. **DM**/Fr **12.80** S 98,–

Alterssicherung Vorsorge nach Maß. Renten-Versicherungen – Geld und Wertanlagen. (0532) Von Johannes Beuthner, 224 S., kartoniert. **DM**/Fr **16.80** S 134,–

Die neue Lebenshilfe **Biorhythmik** Höhen und Tiefen der persönlichen Lebenskurven vorausberechnen und danach handeln. (0458) Von Walter A. Appel, 157 S., 63 Zeichnungen, Pappband. **DM**/Fr **9.80** S 78,–

So deutet man Träume Die Bildersprache des Unbewußten. (0444) Von Georg Haddenbach, 160 S., Pappband. **DM**/Fr **9.80** S 78,–

Sexualberatung (0402) Von Dr. Marianne Röhl, 168 S., 8 Farbtafeln, 17 Zeichnungen, Pappband. **DM**/Fr **19.80** S 158,–

Umgangsformen heute Die Empfehlungen des Fachausschusses für Umgangsformen. (4015) 282 S., 160 s/w-Fotos und 25 Zeichnungen, gebunden. **DM**/Fr **29.80** S 238,–

Vorbereitung auf die Geburt Schwangerschaftsgymnastik, Atmung, Rückbildungsgymnastik. (0251) Von Sabine Buchholz, 112 S., 98 s/w-Fotos, kartoniert. **DM**/Fr **6.80** S 55,–

Das Babybuch Pflege · Ernährung · Entwicklung. (0531) Von Annelore Burkert, 136 S., 8 Farbtafeln, zahlreiche s/w-Fotos, kartoniert. **DM**/Fr **12.80** S 98,–

Wenn Sie ein Kind bekommen (4003) Von Ursula Klamroth, 240 S., 86 s/w-Fotos, 30 Zeichnungen, gebunden. **DM**/Fr **19.80** S 158,–

Babys lernen schwimmen (0497) Von Jean Fouace, 96 S., 46 Abbildungen, kartoniert. **DM**/Fr **9.80** S 78,–

Endlich 18 und nun? Rechte und Pflichten mit der Volljährigkeit. (0646) Von C. Spahn, 224 S., 27 Zeichnungen, kartoniert. **DM**/Fr **12.80** S 98,–

Scheidung und Unterhalt nach dem neuen Eherecht. (0403) Von Rechtsanwalt H.T. Drewes, 109 S., mit Kosten- und Unterhaltstabellen, kartoniert. **DM**/Fr **7.80** S 65,–

Mietrecht Leitfaden für Mieter und Vermieter. (0479) Von Johannes Beuthner, 196 S., kartoniert. **DM**/Fr **12.80** S 98,–

Arbeitsrecht Praktischer Ratgeber für Arbeitnehmer und Arbeitgeber. (0594) Von Johannes Beuthner, ca. 192 S., kartoniert. **DM**/Fr **16.80** S 134,–

Wie soll es heißen? (0211) Von D. Köhr, 136 S., kartoniert. **DM**/Fr **5.80** S 49,–

Warum bekommen wir kein Kind? (0566) Von Dr. med. Johann Klahn, ca. 112 S., viele Zeichnungen, kartoniert. Voraussichtl. Erscheinungstermin August '83. ca.* **DM**/Fr **8.80** S 70,–

So wird das Wetter (0569) Von Joseph Braun, 144 S.,46 s/w-Fotos, 6 Zeichnungen, kartoniert. **DM**/Fr **9.80** S 78,–

Haus oder Eigentumswohnung Planung – Finanzierung – Bauablauf. (4070) Von Rainer Wolff, 352 S., 16 Farbtafeln, 237 Zeichnungen und Grafiken, gebunden. **DM**/Fr **39,–** S 312,–